UTB 3222

Eine Arbeitsgemeinschaft der Verlage

Böhlau Verlag · Köln · Weimar · Wien
Verlag Barbara Budrich · Opladen · Farmington Hills
facultas.wuv · Wien
Wilhelm Fink · München
A. Francke Verlag · Tübingen und Basel
Haupt Verlag · Bern · Stuttgart · Wien
Julius Klinkhardt Verlagsbuchhandlung · Bad Heilbrunn
Lucius & Lucius Verlagsgesellschaft · Stuttgart
Mohr Siebeck · Tübingen
Nomos Verlagsgesellschaft · Baden-Baden
Orell Füssli Verlag · Zürich
Ernst Reinhardt Verlag · München · Basel
Ferdinand Schöningh · Paderborn · München · Wien · Zürich
Eugen Ulmer Verlag · Stuttgart
UVK Verlagsgesellschaft · Konstanz
Vandenhoeck & Ruprecht · Göttingen · Oakville
vdf Hochschulverlag AG an der ETH Zürich

Thomas Hellmuth · Cornelia Klepp

Politische Bildung

Geschichte · Modelle · Praxisbeispiele

Böhlau Verlag Wien Köln Weimar

BM.W_F[a]
Gedruckt mit der Unterstützung durch das
Bundesministerium für Wissenschaft und Forschung in Wien

Bibliografische Information Der Deutschen Nationalbibliothek:
Die Deutsche Nationalbibliothek verzeichnet diese Publikation in
Der Deutschen Nationalbibliografie; detaillierte bibliografische Daten sind
im Internet über http://dnb.d-nb.de abrufbar.

ISBN 978-3-8252-3222-1 utb
ISBN 978-3-205-78344-2 Böhlau Verlag

http://www.boehlau.at
http://www.boehlau.de

Gedruckt auf umweltfreundlichem, chlor- und säurefrei gebleichtem Papier

Druck: fgb – Freiburger Graphische Betriebe, 79108 Freiburg/Breisgau

Inhaltsverzeichnis

III. Methodik

IV. Praxisbeispiele

Einleitung

Politische Bildung wurzelt in der Aufklärung des 18. Jahrhunderts, im „Ausgang des Menschen aus seiner selbstverschuldeten Unmündigkeit“ (Immanuel Kant), in der Forderung nach der Erziehung zum „mündigen Bürger“. Allerdings hinterließ die Ambivalenz der Aufklärung auch in der politischen Bildung ihre Spuren: Politische Bildung übernahm seit dem 19. Jahrhundert nicht selten die Aufgabe der Indoktrination, der Schaffung von Untertanen. Auch wenn sich Pädagogen und später auch Pädagoginnen immer wieder mit der Frage der Mündigkeit beschäftigten und fortschrittliche Konzepte von politischer Bildung bzw. Erziehung im Allgemeinen entwarfen, trat im deutschsprachigen Raum erst um 1960 eine „didaktische Wende“ (Kurt Gerhard Fischer) ein. Zunehmend wurden Konzepte und Modelle entworfen und zum Teil auch in der Praxis realisiert, die zur Herausbildung eines selbstbestimmten, zur eigenen Urteilsbildung fähigen „Citoyen“ beitragen sollten. Zunehmend wurde aber auch erkannt, dass das Individuum nicht völlig autonom ist, sondern von Sozialisationsprozessen bestimmt wird, womit die von den Aufklärern geforderte „Mündigkeit“ durch das „selbstreflexive Ich“ ergänzt bzw. modifiziert wurde.

Das vorliegende Buch versucht zunächst, in einem ersten historischen Teil die Entwicklung politischer Bildung zu umreißen. Dabei wird von der Existenz eines durch Widersprüche geprägten bürgerlich-aufgeklärten Kosmos ausgegangen, der zwar „Mündigkeit“ als zentralen Wert beinhaltet, allerdings auch Manipulation in der politischen Bildung zu verantworten hat(te) und letztlich sogar die Grundlagen für das Erziehungssystem des Nationalsozialismus legte. Faschismus wird folglich nicht als Barbarei im Gegensatz zur Zivilisation betrachtet, sondern – im Sinne Zygmunt Baumans – als eine Fehlentwicklung der bürgerlichen Gesellschaft. Politische Bildung, wie sie heute verstanden wird, hat daher nicht die Aufgabe, gehorsame Untertanen zu erziehen, sondern genau das Gegenteil zu bewirken: den „Aktivbürger", der sich über seine Eingebundenheit in Sozialisationsprozesse zwar bewusst ist, allerdings durch Urteils- und Kritikfähigkeit zur Fortentwicklung der demokratischen Gesellschaft beitragen kann. Eine solche politische Bildung ist gerade deshalb nicht indoktrinär, weil sie eben manipulative Tendenzen im gesellschaftlichen System hinterfragt und aufdeckt.

In zweiten und dritten Teil des Buches werden daher Modelle und Methoden politischer Bildung vorgestellt, die nicht auf das Eintrichtern von „Wissen" im Sinne von „trägem Wissen" beschränkt sind, wie die Lernpsychologie theoretisch vorhandenes, aber praktisch nicht anwendbares Wissen bezeichnet. Vielmehr wird – gemäß der Trends der letzten Jahre – die Herausbildung von Kompetenzen in den Mittelpunkt gerückt. Die bereits bestehenden Kompetenzmodelle werden zudem um subjekttheoretische Überlegungen erweitert und in einem eigenen Kapitel mit geschichtsdidaktischen Überlegungen verknüpft, nicht zuletzt deshalb, weil in der Schweiz und in Österreich politische Bildung meist an das Fach „Geschichte" gekoppelt ist. „Kompetenz" bleibt freilich ein schwieriger und problematischer Begriff, zumal die analytische Trennung von „Kompetenzen" und „Wissen" letztlich die Tatsache verschleiert, dass auch Kompetenzen

Bestandteile von Wissen im lernpsychologischen Sinn sind. Dennoch scheint durch die Verwendung dieses Begriffs zumindest deutlich zu werden, was eine zeitgemäße politische Bildung ausmachen sollte: die Entwicklung rationalen Denkens und sozialer Intelligenz, von Selbstreflexion, von Fähigkeiten und Fertigkeiten, die nicht nur nach Muster, sondern in unterschiedlichen Situationen angewendet werden können.

Es entspräche freilich pädagogisch-didaktischer Naivität, wenn eine gleichsam lineare Verwirklichung theoretischer Modelle in der Praxis angenommen würde. Modelle sind nur bedingt dazu geeignet, die unterschiedlichen strukturellen Unterrichtsbedingungen und Widersprüchlichkeiten schulischer Realität zu erfassen. Sie sind letztlich idealtypische Konstruktion, gleichsam Folien, die über die methodisch-didaktischen Überlegungen gelegt werden können bzw. sollten. Gleichzeitig muss aber auch die praktische Erfahrung berücksichtigt werden und auf die Theorie rückwirken, d. h. dass Modelle im Sinne eines dialektischen Verhältnisses immer auch modifiziert werden sollten. Ein starres Festhalten an den theoretischen Vorgaben würde letztlich zu Desillusionierung sowohl der Lehrenden als auch der Lernenden führen.

In einem letzten Teil werden schließlich Praxisbeispiele geboten, die versuchen, die theoretisch-methodischen Grundlagen für den Unterricht in politischer Bildung (und auch Geschichte) umzusetzen: Staatsbürgerkunde, bekanntlich eine eher „trockene" Angelegenheit, wird durch Handlungsorientierung gleichsam „belebt", Geschlechterrollen werden dekonstruiert, die Verbindung von Sport und Politik am Beispiel der Olympischen Spiele dargestellt und politischen

Inszenierungen mit unterschiedlichen Methoden, unter anderem mit Filmanalysen, nachgespürt. Dies geschieht freilich im Bewusstsein, dass ein gelungener Unterricht immer auch von strukturellen Unterrichtsbedingungen abhängig ist: Das Verhältnis der Schüler und Schülerinnen zueinander spielt eine Rolle, das Lernumfeld, in dem sich diese bewegen, zum Beispiel die Klassenräume, die zur Verfügung stehenden Medien oder auch das allgemeine soziale Klima in der Schule. „Unterrichtsrezepte“ existieren folglich nicht; vielmehr bleibt Unterricht letztlich in vielen Fällen ein Experimentierfeld, in dem aber nicht einfach ein „Laissez-faire“-Prinzip walten sollte. Das vorliegende Buch versteht sich daher als Anregung, auf einer theoretisch-methodischen Grundlage zu experimentieren.

I. Geschichte der politischen Bildung

Ein Stich von Daniel Chodowiecki mit dem Titel „Die Kinder Frankreichs drohen ihrer Mutter“, der die unmittelbar bevorstehende Machtübernahme der Jakobiner im Jahr 1792 thematisiert, zeigt eine Allegorie der konstitutionellen Monarchie. Diese ist umgeben von Kindern, die ihre Fäuste ballen, Dolche in den Händen halten und auf diese Weise eine drohende Konterrevolution abzuwenden beabsichtigen. Die Darstellung von Kindern als Repräsentanten des Aufbegehrens und der Freiheit, in der Malerei der Revolutionszeit im Übrigen ein häufiges Sujet, ist kein Zufall, sondern beruht auf dem Erziehungsideal der Aufklärung. (Richter 1987, S. 255) Während das Kind bis in das 18. Jahrhundert hinein noch als unvollständiger Erwachsener betrachtet worden war, als Wesen ohne spezifische Bedürfnisse, entdeckte die Aufklärung die Kindheit als eigene Lebensphase, in der mit Hilfe der Erziehung nicht nur die bestmögliche Entwicklung des Einzelnen, sondern auch der bürgerlichen Gesellschaft garantiert sei. (Julia 1989, S. 63–103) Im Kind bzw. Jugendlichen, so meinten die Aufklärer, stecke von Natur aus die Veranlagung zum vollkommenen Menschen, genauer: zum vollkommenen Bürger. Das Kind müsse aber zuerst „zugerichtet“, d. h. erzogen werden, um schließlich die bürgerliche Gesellschaft in ihrer vollendeten Form zu verwirklichen.

Abbildung 1: „Die Kinder Frankreichs drohen ihrer Mutter" (1792, Stich von Daniel Chodowiecki)

1. Die Wurzeln politischer Bildung

Die Wurzeln der politischen Bildung im heutigen Verständnis, die Herausbildung des „mündigen Bürgers“ und schließlich auch der Bürgerin, finden sich folglich in der Aufklärung. Diese stellte sich gegen die alte ständische Ordnung und forderte Individualismus und Selbstbestimmung als zentralen Bestandteil bürgerlicher Emanzipation, um letztlich die bürgerliche Gesellschaft zu realisieren. Bereits im 17. Jahrhundert hatte John Locke die bürgerliche Freiheit im „Naturzustand“ begründet: „Die natürliche Freiheit des Menschen heißt, auf Erden keine ihm übergeordnete Macht anzuerkennen, dem Willen oder der gesetzgeberischen Autorität von niemandem unterjocht zu sein und sich lediglich das Naturrecht zur Regel zu setzen.“ (Locke 1999) Der Mensch sei ein Wesen, das von der Natur aus zum gemeinschaftlichen Zusammenleben geschaffen sei. Dieses müsse durch einen „Gesellschaftsvertrag“ geregelt werden. Jean-Jacques Rousseau ging davon aus, dass bereits in der Natur gemeinsame Regeln vorgeschrieben seien, aus denen gleichsam eine „eingezäunte“ oder eine „geregelte Freiheit“ resultiere, in der sich der Einzelne frei entwickeln könne, solange er die Freiheit des anderen nicht beeinträchtigt: „Welche unbegreifliche Kunst wies uns den Weg, die Menschen zu unterwerfen, um sie frei zu machen. [...] Wie ist es möglich, daß sie gehorchen und keiner befiehlt, daß sie dienen und keinen Herrn haben [...]?“ (Rousseau 1989, S. 110f).

Als Voraussetzung für die Realisierung der „eingezäunten“ Freiheit galt allerdings die Fähigkeit, sich in diesem Freiheitsraum bewegen zu können, d. h. die Erziehung zur sogenannten „Mündigkeit“: „In der natürlichen Ordnung sind die Menschen einander gleich; Mensch zu sein ist ihre gemeinsame Bestimmung, und wer für diese gut erzogen ist, kann die Stelle, die er einnimmt, nicht schlecht verwalten." (Rousseau 1999, S. 87f) Demnach muss der Mensch, will er die bürgerlichen Freiheiten beanspruchen, zur Ausübung der Bürgerrechte und zur Übernahme bestimmter Verhaltens- und Handlungsmuster, eines bürgerlichen Habitus, befähigt werden.

Genau darin offenbart sich allerdings der unaufhörliche Widerspruch des Erziehungsmodells der Aufklärung, zumal die Erziehung zur Mündigkeit immer zugleich ihre eigene Aufhebung anstrebt bzw. die Fremddisziplinierung letztlich eine Selbstdisziplinierung beabsichtigt. Immanuel Kants berühmte Definition der Aufklärung als „Ausgang des Menschen aus seiner selbstverschuldeten Unmündigkeit" und seine Aufforderung, den Mut zu haben, sich seines „eigenen Verstandes zu bedienen" (Kant 1976, S. 42f), gleicht letztlich dem „Postulat zur Überwindung des Münchhausendilemmas, dem zufolge sich der Educandus hier am eigenen Schopfe aus dem Morast der Unmündigkeit ziehen müsste" (Heinrich 2004, S. 13f). Dazu kommt das Problem, dass „Mündigkeit" und die Akzeptanz eines „Gesellschaftsvertrages", gleichsam die Einordnung in ein Ganzes unter der Annahme einer weitgehenden individuellen Freiheit, nur partiell zu realisieren sind, weshalb sich die „eingezäunte Freiheit" letztlich zum einengenden Korsett wandeln kann. Laut Sylvia Greiffenhagen sei daher „jeder Erziehung und Bildung eine Spannung von Herrschaft und Freiheit, Kollektivgeist und Individualität, Tradition und sozialem Wandel immanent". (Greiffenhagen 2002, S. 53)

Bereits Anfang des 19. Jahrhunderts unterschied der Pädagoge Johann Friedrich Herbart zwischen einer jegliche Regeln entbehrenden „transcendentalen Freiheit" und einer

„Freyheit der Wahl, die wir alle in uns finden, welche wir als die schönste *Erscheinung* unsrer selbst ehren, und welche wir unter den andern Erscheinungen unsrer selbst hervorheben möchten, – dies ist es gerade, welche der Erzieher zu bewirken und festzuhalten trachtet". Dagegen dürfe kein „leisester Wind von *transcendentaler Freyheit* [...] in das Gebiet des Erziehers durch irgend ein Ritzchen hineinblasen", weshalb auch „Gehorsam [...] das erste Prädicat des guten Willens" sei. (Herbart 1996, S. 48–50) Allerdings sollte laut Herbart jeder Befehl geprüft, dann aber, wenn er als sinnvoll empfunden worden sei, dem Individuum selbst zum Befehl werden. Damit orientierte er sich wiederum an Kant, der den Gehorsam als zentralen Bestandteil des „Charakter[s] eines Kindes, besonders eines Schülers" betrachtete und zwischen einem aufgezwungenen und einem „freiwilligen Gehorsam" unterschied, wobei lezterer das Kind „zur Erfüllung solcher Gesetze vorbereitet, die es künftighin, als Bürger, erfüllen muss, wenn sie ihm auch gleich nicht gefallen". (Kant 1996, S. 37)

Trotz des darin enthaltenen Widerspruchs galt die Erziehung zur „Mündigkeit" in der pädagogischen Diskussion und Praxis um 1800 als zentral. In Frankreich hatte sich bereits in der zweiten Hälfte des 18. Jahrhunderts ein fortschrittlicher Diskurs über Pädagogik etabliert. (Mélonio 1998, S. 292–303) Dieser wirkte sich auch auf das Erziehungswesen in der *Schweiz* bzw. der „Helvetischen Republik" aus, die 1798 durch das Eingreifen Frankreichs als Verfassungsstaat gegründet worden war. Eine „Bürgerkunde" für die Primarschule[1] wurde konzipiert, die als Lehr- und

1 Die Primarschule in der Schweiz ist mit der Grund- bzw. Volksschule zu vergleichen. Sie dauert allerdings in den meisten Kantonen sechs Jahre.

Lernziele selbstständiges Handeln sowie Reflexions- und Urteilsfähigkeit, die Kenntnis der Menschenrechte und Bürgerpflichten sowie die Fähigkeit, diese auszuüben, vorsah. Ferner sollten die Schüler durch die „fréquentation des ateliers", die Besichtigung von Werkstätten, einen Einblick in die Arbeitswelt erhalten und Interesse für soziale Institutionen entwickeln, etwa durch Exkursionen in Krankenhäuser und Gefängnisse. Zudem verbreitete sich zu Beginn des 19. Jahrhunderts in Frankreich und der Westschweiz der sogenannte „enseignement mutuel". Dieser „gegenseitige Unterricht" sah eine grundsätzliche Veränderung der Schüler-Lehrer-Beziehung vor: Schüler fungierten auch als Lehrer, individuelle Lerntempi wurden berücksichtigt und Schwierigkeitsgrade festgelegt. Ferner forcierte der „enseignement mutuel" die Zusammenarbeit und Disziplin unter den Schülern sowie – im Sinne der vom Liberalismus vertretenen freien Konkurrenz – Lernen durch Wettbewerb. (Quakernack 1991, S. 14, 17–19).

In *Deutschland* strebte wiederum der Neuhumanismus, unter anderem beeinflusst von Wilhelm von Humboldt, die „allgemeine Menschenbildung" an, deren Ziel nicht allein die berufliche Ausbildung war, sondern die Schaffung des „wahren" Menschen. (Kraul 1988, S. 45–49) So forderten die Neuhumanisten, Bildung als Selbstzweck des Individuums zu verstehen, das Einheitsschulsystem einzuführen und ständische Bildungsgrenzen aufzuheben. (Sander 2004, S. 26) Der Schulreformer Johann Wilhelm Süvern wies der Pädagogik zudem die Aufgabe zu, „den Einzelnen zu einer sich selbst immer vollkommener entwickelnden lebenden Darstellung der Idee des Menschen" zu bilden, ihn also unter anderem dazu zu befähigen, „in das große Kunstwerk der

Staatsorganisation ein[zu]greifen". (zit. nach Titze 1973, S. 97) Zwar warf der Neuhumanismus der Aufklärung eine utilitaristische Pädagogik vor, die den Einzelnen nach den Bedürfnissen des Staates und der Gesellschaft funktionalisieren würde (Detjen 2007, S. 32f). Tatsächlich hatte aber auch er seine Wurzeln letztlich in der Aufklärung, die der individuellen Freiheit innerhalb der „eingezäunten" Freiheit eine zentrale Bedeutung beimaß.

2. Staatsbürgerliche Erziehung

Die neuen Formen des Unterrichts blieben in den Anfängen stecken; die „Menschenbildung" verlagerte sich seit den 1830er-Jahren auf die instruktive Ebene. Damit wurde der Widerspruch deutlich, der dem aufgeklärten Erziehungsmodell inhärent ist: seine indoktrinäre und manipulative Komponente. Sollten doch die Grundsätze der bürgerlichen „Zivilisation" mithilfe der sogenannten „Bürger-" oder „Staatsbürgerkunde" sowie der „Vaterlandskunde" in das kollektive und damit auch in das individuelle Bewusstsein eingeschrieben werden.

Eine solche staatsbürgerliche Erziehung, die sich im 19. Jahrhundert in Deutschland, der Schweiz und der Habsburgermonarchie durchsetzte, entsprach keineswegs dem aufgeklärten Ideal der Selbstbestimmung. Zunehmend wurden die Unterordnung in ein Ganzes, die Liebe zum Vaterland und die Erziehung zum braven Staatsbürger in den Mittelpunkt des Unterrichts gerückt. Durch das gemeinsame Bekenntnis zum Staat bzw. zur Nation konnten gesellschaftliche und politische Gegensätze zumindest oberflächlich verdrängt werden. Der „Menschenbildung“, wie sie die Neuhumanisten gefordert hatten, und einem „offenen Diskurs“ (Kapitel II.3, S. 97), d. h. unter anderem der Perspektivenvielfalt und der freien Konkurrenz der Ideen, stand ein solches pädagogisches Konzept allerdings im Wege. Vielmehr wurden damit „die erwünschten Mentalitäten auf dem Wege einer Erziehungsdiktatur“ durchgesetzt (Sander 2004, S. 25) und damit letztlich auch – wie noch erläutert wird (Kapitel I.4) – der Boden für die Erziehungskonzepte autoritärer und faschistischer Staaten aufbereitetet. Pädagogische Idealvorstellungen, die freilich weiterhin existierten und von Pädagogen diskutiert wurden, standen damit der schulischen Praxis zumindest zum Teil gegenüber.

In der *Schweiz* galt die Schule vor allem seit der Gründung des Bundesstaates im Jahr 1848 als Instrumentarium, um den „opferwilligen Staatsbürger zu erziehen und den „amour de la patrie“, d. h. die „Vaterlandsliebe“ zu wecken. (zit. nach Quakernack 1991, S. 21) Die „Staatskunde“ stand meist in enger Verbindung mit dem Geschichtsunterricht, zumal die föderalistische Einheit der Schweiz direkt in der Vergangenheit verankert wurde. Zentrale Bedeutung besaß insbesondere die Legende des Rütlischwurs, mit dem sich die „Urkantone“ Uri, Schwyz und Unterwalden angeblich zu einem „Ewigen Bund“ zusammengeschlossen hätten, und schließlich der Bundesbrief von 1291, der Ende des 19. Jahrhunderts zum Gründungsmythos der Schweizer Eidgenossenschaft hochstilisiert wurde.

Die Schulbücher der ersten Hälfte des 19. Jahrhunderts, etwa Johann Melchior Schulers „Taten und Sitten der alten Eidgenossen“ (1807) oder Johann Caspar Vögelins „Schweizer-Geschichte für Schulen“ (1833), verengten das Bild der

Eidgenossenschaft auf kriegerische Heldentaten. Diese seien der Freiheit willen geschehen und gegen Sklaverei gerichtet gewesen, weshalb die Eidgenossenschaft gleichsam republikanische Tugenden vorweggenommen hätte. (Scheller 1973, S. 65f, 131f) Vögelin sah in der Beschäftigung mit der Geschichte für die Jugend die Möglichkeit „zu glänzen im Schmucke der Weisheit, der reinsten Brüderliebe, der edelsten Bürgertugend". Sie sollte die „Angelegenheit des theuren Vaterlandes" vertreten und sich „für Recht, Freyheit und Vaterland glühend, mutig, wenn die Pflicht ruft, für diese Güter [...] selbst in den Tod" stürzen. (Vögelin 1833, S. 239)

Zur selben Zeit wie Vögelin hatte Johannes von Müller in seinen „Geschichten schweizerischer Eidgenossenschaft", die in mehreren Auflagen von 1786 bis 1805 erschien, die alte Eidgenossenschaft als eine Gemeinschaft, gleichsam als „Nation" dargestellt. Diese sei durch einen „alles Einzelne gemeiner Eidgenossen des alten ewigen Bundes freudig aufopfernden Sinn" gekennzeichnet gewesen, einen „Sinn, der [...] die Centralgewalt im Innersten des Herzens" der Eidgenossen gewesen sei. (zit. nach Marchal 2007, S. 206) Damit hatte von Müller bereits die Grundlagen für ähnliche historische Interpretationen im letzten Viertel des 19. Jahrhunderts geliefert. Für Carl Hilty habe etwa „zu allen Zeiten wie heute, dunkler und bewusster, der Eine Gedanke stets in unserem Volk gelebt, [...] eine historische und deshalb volksthümliche, vielgestaltige Basis mit einer Bundeseinheit zu verbinden". (Hilty 1875, S. 14) Durch diese Einheit der „vielgestaltige[n] Basis" glaubt Hilty auch, die Schweiz als „Willensnation" oder „nation consciente" und somit auch als Vorbild für andere Staaten hervorheben zu können: „Unser Vaterland ist eines der hervorragendsten Beispiele dafür, wie eine kräftige politische Idee unbedeutende und selbst ungleichartige Volksstämme zu einem bedeutenden Staate umbilden kann." (Hilty 1875, S. 28f)

Die nationale Integration, die mit der Bezugnahme auf die Geschichte der Schweizer Eidgenossenschaft erzielt werden sollte, spielte vor allem während des deutsch-französischen Krieges und während des Ersten Weltkrieges eine besondere Rolle. Der Französisch sprechende Teil der Schweiz nahm Partei für Frankreich, die deutsche Schweiz für das Deutsche Reich. Während sich in der schulischen Erziehung der Westschweiz eine pazifistische Strömung bemerkbar machte, war die deutschsprachige Schweiz vom Deutschnationalismus geprägt. Der Gefahr, dass die unterschiedlichen Landesteile auseinanderdriften könnten, sollte daher mit einer Intensivierung der Charakter- und Gesinnungserziehung und der damit erhofften nationalen Integration begegnet werden. (Quakernack 1991, S. 32–35)

Auch in Deutschland und der Habsburgermonarchie beabsichtige die Bürger- bzw. Staatskunde, die Bindung an den Staat zu stärken. Beide Staaten unterschieden sich zwar von Frankreich und der Schweiz durch ihre Regierungssysteme: Nicht die Republik, sondern die konstitutionelle Monarchie hatte sich durchgesetzt, womit auch eine Identifikation mit dem Herrscherhaus notwendig erschien. Die Mechanismen der Indoktrination, die in der Schule wirksam wurden, waren jedoch ähnlich, zumal sowohl im Deutschen Reich als auch in Österreich – zumindest in einzelnen Teilbereichen – eine bürgerliche Vergesellschaftung erfolgte. Zwar blieb etwa „die deutsche bürgerliche Gesellschaft […] vorerst im Statu Nascendi" (Wehler 1987, S. 258), dennoch zeigt sich – ähnlich wie in der Habsburgermonarchie – das Vordringen bürgerlicher Leitbilder sowohl im Rechtssystem und im Verfassungsstaat, in der Bürokratie und in der Wirtschaft als auch in der Durchsetzung bürgerlicher Lebensstile und in der Säkularisierung des Schulwesens. Außerdem resultierte die Modernisierung in beiden Staaten primär aus den Leistungen des Bürgertums.

Im *Deutschen Kaiserreich* findet sich die Vorstellung von Schule und Unterricht als wesentliches Instrumentarium für die Nationsbildung in den „Allgemeinen Bestimmungen betreffend das Volksschul-, Präparanden- und Seminarwesen" von 1872. Darin ist unter anderem eine breitere Erörterung der Realien (Vaterländische Geschichte, Erdkunde/Geographie, Naturlehre) vorgesehen, wobei insbesondere im Geschichts- und Geografieunterricht „Haltungen wie Demut, Bescheidenheit, Loyalität der Untertanen, Gehorsam und Akzeptanz der sozialen Unterschiede" vermittelt werden sollten. Zudem veranstalteten die Schulen zunehmend „vaterländische Gedenktage", die sowohl von den militärischen Siegen gegen Frankreich als auch von den Geburts- und Sterbetagen der Monarchen sowie anderer nationaler „Helden" bestimmt waren. Damit wurde eine in der Vergangenheit verankerte nationale Identifikation ermöglicht (Wittmütz 2007, S. 30f), während die Behandlung der gesellschaftlich-politischen Situation der Gegenwart als Unterrichtsthema ausgeklammert blieb (Sander 2004, S. 38f).

Mit der „Allerhöchsten Ordre" Wilhelms II. vom 1. Mai 1889 wurde die Schule schließlich auch zur Bekämpfung der Sozialdemokratie instrumentalisiert: „Schon lange Zeit hat Mich der Gedanke beschäftigt, die Schule in ihren einzelnen Abstufungen nutzbar zu machen, um der Ausbreitung sozialistischer und kommunistischer Ideen entgegenzutreten. [...]

Sie muß bestrebt sein, schon der Jugend die Überzeugung zu verschaffen, dass die Lehren der Sozialdemokratie nicht nur den göttlichen Gesetzen und der christlichen Sittenlehre widersprechen, sondern in Wirklichkeit unausführbar und in ihren Konsequenzen dem Einzelnen und dem Ganzen gleich verderblich sind." Unter anderem sollte die „neue und neueste Zeitgeschichte mehr als bisher in den Kreis der Unterrichtsgegenstände" einbezogen und damit die Staatsgewalt als einzige Instanz hervorgehoben werden, um die Familie sowie die Freiheit und die Rechte des Volkes zu garantieren. Die „vaterländische Geschichte" erhielt zudem die Aufgabe zu zeigen, „wie die Monarchen Preußens es von jeher als ihre besondere Aufgabe betrachtet haben, der auf die Arbeit ihrer Hände angewiesenen Bevölkerung den landesväterlichen Schutz angedeihen zu lassen und ihr leibliches und geistiges Wohl zu heben, und wie auch in Zukunft die Arbeiter Gerechtigkeit und Sicherheit ihres Erwerbs nur unter dem Schutz der Fürsorge des Königs an der Spitze eines geordneten Staates zu erwarten haben". (zit. nach Borcherding 1965, S. 12f)

Mit der „Allerhöchsten Ordre", auch wenn sie den Untertanengeist stärken sollte, wurde erstmals eine Diskussion um ein eigenes Unterrichtsfach der politischen Bildung angeregt. (Sander 2004, S. 40f). Widerstand kam allerdings von konservativer Seite, die mit Politik die Vorstellung des „Parteihaders" verband und diese daher aus der Schule verbannt wissen wollte. Als eigenes Fach wurde „Staatsbürgerkunde" erst 1911 in den höheren Schulen Preußens und in den Fortbildungsschulen eingeführt, welche die männliche Jugend für die Berufswelt, d. h. nach primär funktionalen Gesichtspunkten ausbilden sollten. Die Sonderstellung der Fortbildungsschulen in Bezug auf obligatorische Kurse in

Staatsbürgerkunde hatte zwei Gründe: Zum einen konnten damit jene Bevölkerungsschichten erreicht werden, die anfällig für vermeintliche „Irrlehren", d. h. vor allem für die Sozialdemokratie waren. Stammten doch die Schüler in diesen Schulen vor allem aus dem Kleinbürgertum, zum Teil auch aus den Unterschichten. Zum anderen wurde mit diesen Schulen einem Erziehungsprogramm entsprochen, das den damals im Trend liegenden (und auch heute wieder aktuellen) utilitaristischen Aspekt der Bildung hervorhob (Kraul 1988, S. 54f) sowie kritisches Potenzial durch eine „entpolitisierte" Bürgerkunde dezidiert zu verhindern versuchte.

Die politische Instrumentalisierung der Schule durch den Staat gelang aber nur zum Teil. Laut Volkmar Wittmütz seien zum Beispiel in der preußischen Elementarschule „viele andere als ausschließlich nationale Elemente in den Unterricht" eingeflossen. (Wittmütz 2007, S. 32) Neben der Alphabetisierung, die praktisch in den 1880er-Jahren abgeschlossen war, müsse hier durchaus auf die „Wertschätzung von ‚Verstehen' und ‚Begreifen' im Unterricht, von selbsttätigem Denken und kritischem Urteilen der Schüler" hingewiesen werden. Diese Wertschätzung trug vermutlich auch dazu bei, dass sich im Deutschen Kaiserreich um 1900 ein intensiver politischer Diskurs entwickelte, der keineswegs nur von staatlicher Unterordnung bestimmt war. (Neugebauer-Wölk 1980, S. 7, 444f; Dengel 2005, S. 104f) Außerdem spielte in der Bildungsdiskussion, die wohl auch im Kreis der Lehrer wahrgenommen wurde, die Frage einer dem Obrigkeitsstaat nicht dienstbaren politischen Bildung weiterhin eine Rolle. Bereits in den 1870er-Jahren hatte etwa Friedrich Wilhelm Dörpfeld auf die Notwendigkeit einer „Gesellschaftsbildung" hingewiesen, die über die politische Loyalitätssicherung hinausgehen sollte. Im Geschichtsunterricht forderte er „eine elementare Betrachtung der *gesellschaftlichen Verhältnisse*, [...] kurz, eine *elementare Gesellschaftskunde*", durch die sich die Menschen in der gegenwärtigen Welt zurechtzufinden lernen. (zit. nach Sander 2004, S. 49f) Anfang des 20. Jahrhunderts hob zudem Paul Rühlmann die politische Unterweisung als Grundvoraussetzung für das 1871 eingeführte allgemeine Wahlrecht (für Männer) hervor: „Derselbe Staat, der seinen Bürgern das Wahlrecht, das politische Selbstbestimmungsrecht auszuüben erlaubt, derselbe Staat hat auch dafür zu sorgen, dass es so ausgeübt wird, dass daraus für ihn kein Schaden besteht. Wahlrecht und politische Unterweisung gehören zusammen und sind gegenseitig bedingend [...]." (Rühlmann 1908, S. 52) Rühlmann trat daher auch für ein eigenes Unterrichtsfach „Politik" ein, während er politische Bildung als Unterrichtsprinzip ablehnte, um sie der Willkür zu entziehen und zu verhindern, dass sie lediglich als Beiwerk betrachtet wurde. (Detjen 2007, S. 64f)

Auch in der *Habsburgermonarchie* scheiterte letztlich die politische Instrumentalisierung der Schule, auch wenn die Voraussetzungen dazu geschaffen wurden: Mit dem Reichsvolksschulgesetz von 1869 sollte die Loyalität zum Habsburgerstaat gestärkt werden, wobei dem Unterricht in den Realien besondere Bedeutung beigemessen wurde. Das „für die Schüler Fasslichste und Wissenswerteste aus der Naturgeschichte, Naturlehre, Geographie und Geschichte" stand im Zentrum des Volksschulunterrichts, wobei besonders „auf das Vaterland und dessen Verfassung" zu achten war (zit. nach Schermaier 1990, S. 51). Religion blieb als Fach weiterhin bestehen, nicht zuletzt weil – ähnlich wie in der Schweiz (Quakernack 1991, S. 16f) und auch in Deutschland (Wittmütz 2007, S. 30) – die sittlich-religiöse Erziehung als Grundvoraussetzung für das Bürgerdasein galt. Freilich wurde unter sittlich-religiöser Erziehung nicht das Auswendiglernen des Katechismus verstanden, sondern die Erziehung zu einem „wahren" Christentum und damit die stärkere Betonung der ethischen Seite der Religion.

Ende der 1870er-Jahre gelangten in der Habsburgermonarchie die Konservativen an die Regierungsmacht und novellierten 1883 das Reichsvolksschulgesetz, womit Religion als fächerübergreifendes Prinzip wieder an Bedeutung gewann. Durch den Einfluss der Religion sollten liberale Ideen erst gar nicht aufkommen. (Wolf 1998, S. 14) Liberale Stimmen forderten dagegen die Einführung eines Moralunterrichts, d. h. die ethische Unterweisungen über Wesen, Ziele und Aufgaben des Staates. (Dachs 1982, S. 20) Gemeinsam war Konservativen und Liberalen aber, dass sie glaubten, dem wachsenden Einfluss der Sozialdemokratie mit Hilfe der schulischen Erziehung begegnen zu können. Daher gewann letztlich die Diskussion um eine Bürger- bzw. Staatskunde zunehmen an Bedeutung, wobei insbesondere die Einführung des allgemeinen Männerwahlrechts im Jahr 1907 dafür verantwortlich zeichnete. (Dachs 2008, S. 9f) In der dritten Klasse der Bürgerschule, die in erste Linie für die berufsbildenden Schulen vorbereitete, wurde Bürgerkunde schließlich seit 1907 im Rahmen des Geschichts- und Geografieunterrichts unterrichtet, 1908 folgten die achte Klasse des Gymnasiums und 1909 die fachlichen Fortbildungsschulen, die mit den heutigen Berufsschulen vergleichbar sind. (Wolf 1998, S. 15) Dass bei der Einführung der Bürgerkunde besonderer Wert auf die Bürgerschulen und die fachlichen Fortbildungsschulen gelegt wurde, hat vermutlich ähnliche Ursachen wie im Deutschen

Reich: die Schaffung politischer Abstinenz bei gleichzeitiger utilitaristischer Ausbildung.

Das primäre Ziel der Bürgerkunde in Österreich war folglich die Bildung eines Bewusstseins, „das vom tatsächlichen politischen Leben absieht und zentriert bleibt auf ein idealisiertes, realitätsfernes Staatsideal mit der Tendenz, die Wahrnehmung der eigenen Interessen an diesen Staat zu delegieren". (Wimmer 1979, S. 42f) Die „Entpolitisierung" der Schüler und deren staatliche Unterordnung scheint aber letztlich gescheitert zu sein: Die Gesellschaft in der Habsburgermonarchie verzeichnete eine zunehmende politische Fragmentierung, und die Nationalitätenkonflikte erschwerten die Identifikation mit dem Staat erheblich, auch wenn etwa die „Vaterlandskunde" in Verbindung mit dem Geographieunterricht die angeblich großen wirtschaftlichen Leistungen und die vielfältige Kultur des Vielvölkerstaates zu vermitteln versuchte (Schermaier 1990, S. 197f). Von Staatsbürgern, die sich einem von politischen Gegensätzen angeblich befreiten Staat unterordnen, konnte keine Rede sein. Dennoch galt es weiterhin, politische Probleme im Unterricht zu ignorieren und die Schule alleine für die Bindung der Bürger an den Staat zu instrumentalisieren – eine bildungspolitische Maxime, die auch nach dem Ersten Weltkrieg nicht nur in Österreich, sondern auch in Deutschland und der Schweiz zumindest zum Teil wirksam blieb.

3. Demokratische Zwischenkriegszeit

Unmittelbar nach dem Ende des Ersten Weltkrieges entwickelten sich Deutschland und Österreich bezüglich politischer Bildung ähnlich: Zunächst wurde zumindest über eine notwendige Neuorientierung diskutiert, in Österreich gab es auch erste praktische Ansätze. Letztlich versandeten die – relativ wenigen – innovativen Ideen aber wieder in aufkommenden patriotisch-nationalistischen Konzepten, die nicht zuletzt sowohl im Fortwirken bildungspolitischer Traditionen als auch im Bedeutungsgewinn autoritärer und faschistischer Ideologien begründet liegen. So wurde etwa in Deutschland und wohl auch in Österreich von längst „nicht allen Theoretikern [...] die Aufgabe, eine *der Demokratie angemessene* politische Bildung zu konzipieren, überhaupt erkannt", weil die freilich gar nicht unpolitische Vorstellung eines Staates tradiert wurde, die diesen „als nahezu unabhängige, über den ‚Niederungen' des gesellschaftlichen Lebens, den Interessengruppen und Parteien schwebende, Sittlichkeit und Gemeinwohl garantierende Wesenheit verstand". (Sander 2004, S. 65) Das bürgerlich-aufgeklärte Gesellschaftsmodell, das die größtmögliche Freiheit des Einzelnen innerhalb einer durch den „Gesellschaftsvertrag" geregelten Gemeinschaft vorsah, wurde verengt auf eine Gesellschaft von unkritischen Staatsbürgern, die sich ein harmonisches Zusammenleben durch staatliche Unterordnung sichern könnten. Eine solche Vorstellung von politischer Bildung bedeutete in der Praxis nichts anderes als Erziehung zur Pflichterfüllung, zur unhinterfragten Einordnung in ein Kollektiv und zur ausnahmslosen Treue gegenüber bestehenden Gesetzen. Die autoritären und faschistischen Bewegungen, die in der Zwischenkriegszeit entstanden, konnten daran letztlich anknüpfen.

In *Deutschland* widersetzten sich aber vor allem Theodor Litt, Friedrich Wilhelm Foerster und Gustav Radbruch einem überhöhten Staatsbegriff und traten für ein kritisches und reflektiertes Staatsverständnis ein. Litt lehnte „jede Art von Vergötterung des Staates“ (Litt 1926, S. 34) ab und ging davon aus, „dass Staat und Individualismus in ständigen, spannungsreichen, jeweils neu auszugleichenden Beziehungen zueinander stehen“. (Detjen 2007, S. 85) Foerster hob ferner die Autonomie des Individuums hervor und betonte bereits zu Beginn des 20. Jahrhunderts den Zusammenhang von sozialem und politischem Lernen, womit er die traditionelle Staatsbürgerkunde längst hinter sich gelassen hatte. (Quakernak 1991, S. 40, 44) Und Radbruch sah in der Überparteilichkeit des staatsbürgerlichen Unterrichts sogar eine Gefährdung der Demokratie, zumal jeder „vermeintliche Standpunkt über den Parteien [...] in Wahrheit wieder ein besonderer Parteistandpunkt“ sei, „der sich von anderen nur durch die unduldsame Überheblichkeit, als sei er der einzig mögliche, unterscheidet, dadurch, dass er im Besitze des allein echten Ringes [Anspielung auf Lessings „Ringparabel“, Anm. d. V.] auf den Kampf der Parteien verächtlich herabzublicken sich berechtigt glaubt“. (Radbruch 1970, S. 44)

In *Österreich* war es der Sozialdemokrat Otto Glöckel, der eine Schulreform als wesentlichen Bestandteil der Demokratisierung verstand. Die primäre Aufgabe der Schule sollte es daher sein, „sittlich hochstehende, starke, aufrechte, arbeitsfreudige Tatmenschen heran[zu]bilden für einen freien demokratischen Staat“ (zit. nach Dachs 1982, S. 37), die zudem solidarisches Empfinden sowie nationales Gefühl besitzen sollten. Letzteres schien Glöckel vor allem deswegen notwendig, weil er Demokratie und Nation als zwei Seiten einer Medaille betrachtete. Für ihn konnte eine grundlegende Demokratisierung des Staates nur gleichzeitig mit der

Herausbildung einer österreichisch-demokratischen Identität erfolgen, die in der jungen, aus dem zusammengebrochenen Habsburgerreich hervorgegangenen Republik Österreich nicht von vornherein selbstverständlich erschien. Ferner betonte Glöckel das Arbeits- und Gemeinschaftsprinzip, das er in „Arbeitsschulen" zu stärken beabsichtigte: Die traditionellen Lehrmethoden, die auf Instruktion ausgerichtet waren, sollten von handlungstheoretischen Konzepten abgelöst werden. Daher galt die Maxime, den Lernstoff unter Anleitung selbst zu entdecken, zu erarbeiten und zu erforschen. (Schnell 1993, S. 19; Wolf 1998, S. 17) Glöckel versuchte, sein reformpädagogisches Konzept zunächst als Unterstaatssekretär für Unterricht und schließlich als Wiener Stadtschulratspräsident in die Praxis umzusetzen.

Sowohl in Deutschland als auch in Österreich scheiterten aber die Anläufe, die Schule bzw. politische Bildung zu reformieren und die obrigkeitsstaatlichen Traditionen der beiden Länder durch das Bekenntnis zur Demokratie zu ersetzen. In *Deutschland* hatte zwar unmittelbar nach dem Krieg die Weimarer Reichsverfassung vorgesehen, „sittliche Bildung, staatsbürgerliche Gesinnung, persönliche und berufliche Tüchtigkeit im Geiste des deutschen Volkstums und der Völkerversöhnung" in allen Schulen zu vermitteln. (zit. nach Sander 2004, S. 54) Zudem sollte die „Staatsbürgerkunde" als Lehrfach eingeführt und den Schulabgängern nach der Beendigung der Schulpflicht ein „Abdruck der Verfassung" überreicht werden. Allerdings waren die „Völkerversöhnung", die wohl nicht zuletzt durch die Gründung des Völkerbundes als zentrale Erziehungsaufgabe zu gelten hatte, und das an die preußische Tradition erinnernde „deutsche Volkstum" in der Staatsbürgerkunde wohl nur schwer auf einen Nenner zu bringen. Die Zusammenführung dieser Gegensätze wirkt geradezu unbeholfen und zeugt von der Widersprüchlichkeit der Verfassungsbestimmungen, die zwischen demokratischer Einsicht und dem Wunsch lavierten, aufgrund des verlorenen Krieges die nationale Einheit und Größe wieder herzustellen. In der Praxis wurde zudem kein eigenes Unterrichtsfach eingeführt, sondern staatsbürgerliche Erziehung lediglich als Unterrichtsprinzip gehandhabt und vor allem mit dem Geschichtsunterricht in Verbindung gebracht. Eine Ausnahme waren die Fortbildungsschulen, die – wie bereits erwähnt (S. 24f) – die „Bürgerkunde" seit ihrer Gründung als selbstständiges Fach führten. (Sander 2004, S. 54f)

Auch ein vom Reichsministerium des Inneren einberufener Ausschuss, der 1923 „Richtlinien für die Gestaltung des staatsbürgerlichen Unterrichts" formulierte, empfahl lediglich für die Oberstufe der Volksschule sowie für die Berufs- und Fachschulen „besondere Stunden". In der Oberstufe der höheren Schulen sollten zumindest „besondere Stunden" im Rahmen des Geschichtsunterrichts oder anderer Unterrichtsfächer für die Staatsbürgerkunde verwendet werden. Für die Volksschule und die Unterstufe der höheren Schulen war staatsbürgerliche Erziehung lediglich als Unterrichtsprinzip vorgesehen. Keine Rede war mehr von der Erziehung zur Völkerverständigung oder zumindest zur Demokratie. (Sander 2004, S. 57f) Stattdessen sollte die Schule die Zugehörigkeit zur deutschen Volksgemeinschaft sowie die daraus entstehenden Rechte und Pflichten vermitteln, wozu auch gegebenenfalls die Aufopferung für den Staat gehörte. (Detjen 2007, S. 80) Folglich blieb politische Bildung in der Weimarer Republik nicht nur eine Randerscheinung, sondern knüpfte zum Teil an die preußische Tradition des 19. Jahrhunderts an.

Ähnlich verhielt es sich in *Österreich*, wo die Schulreform trotz der angestrebten demokratischen Gesellschaftsreform in den Anfängen stecken blieb. Schule wurde wieder zunehmend als Anstalt verstanden, die den Untertanengeist stärken sollte. Nicht zuletzt lag dies im Zusammenbruch der Koalition aus Sozialdemokraten und Christlichsozialen im Jahr 1920 begründet, der zu einem „schulpolitischen Dualismus" (Dachs 2008, S. 11; siehe dazu auch: Hanisch 1994, S. 326f) führte: auf der einen Seite die konservative Regierung und die großteils christlichsozial dominierten Bundesländer, auf der anderen Seite das „rote Wien". Dieses vertrat zwar eine fortschrittliche Schulpolitik, konnte sie aber auf Bundesebene nicht durchsetzen. Selbst das reformpädagogische Konzept von Glöckel trug letztlich durch die Betonung des Nationalen seinen Teil dazu bei, dass die nationale Erziehung zunehmend in den Vordergrund rückte. Weiterhin schien auch ein eigenes Fach für die Demokratieerziehung unnötig; die Bürgerkunde blieb in das Fach Geschichte integriert. (Wolf 1998, S. 18)

Die Entwicklung in der *Schweiz* unterschied sich zum Teil von jener in Deutschland und Österreich, wobei allerdings die deutschsprachige Schweiz zunächst eine andere Entwicklung als die Westschweiz nahm. In der Westschweiz ebbte nämlich die Diskussion um die Staatsbürgerkunde bzw. die nationale Erziehung nach 1918 ab, ohne dass reformpädagogische Konzepte an ihre Stelle getreten wären. (Kost 1978, S. 80) In der Primarschule war Bürgerkunde zwar ein besonderes Fach im Anschluss an Geschichte, in den weiterführenden Schulen wurde dieser allerdings ein geringerer Status eingeräumt, indem lediglich „Landeskunde" und „Verfassungsgeschichte" im Rahmen bestehender Fächer unterrichtet werden sollte. (Quakernack 1991, S. 42; Woodtli 1961, S. 18) Die Ursache für den Stillstand lag ohne Zweifel in der beginnenden Friedensperiode und den damit abnehmenden Konfrontationen zwischen der West- und der Deutschschweiz, schließlich auch in der Gründung des Völkerbundes im Jahr 1920, der die pazifistische Erziehung in der Westschweiz als nicht mehr so dringlich erschienen ließ. Das Erreichte galt offenbar als ausreichend, auch wenn das Institut „Jean Jacques Rousseau", das 1921 in Genf gegründet worden war, vor allem bezüglich des sozialen Lernens neue fortschrittliche Ideen zu verbreiten versuchte. Ebenso blieben auch die „École active" („Tatschule") und die „Autonomie des écoliers" („Autonomie der Schüler"), die vom Reformpädagogen Adolphe Ferriere gefordert wurden (Ferriere 1921), in der Bildungspolitik und in der Unterrichtspraxis der Westschweiz weitgehend unberücksichtigt. (Quakernack 1991, S. 40f)

In der deutschsprachigen Schweiz hatte sich aber dieses Mal eine rege Diskussion über eine Fülle pädagogischer Neuansätze entwickelt. Neben der weiterhin traditionellen, auf die nationale Unterordnung orientierten Staatsbürgerkunde fanden sich immerhin erste Ansätze einer kritischen Betrachtung staatlicher Institutionen und staatlicher Politik. Zudem wurde die Einbeziehung sozialer und wirtschaftlicher Inhalte in den Unterricht sowie das Wecken sozialer Gesinnung gefordert. Das konkret Erfahrbare sollte in den Mittelpunkt des Unterrichts gerückt und in der Folge – gemäß eines modernen, handlungstheoretischen Unterrichts – auf eine abstrakte Ebene gehoben werden. Schülernähe, auch mit Hilfe von Konzepten der Schülerselbstregierung, stand im Vordergrund, womit die typischen Themen der klassischen Staatsbürgerkunde, etwa Staat, Verfassung oder Gewaltenteilung, zugunsten der Analyse- und Kritikfähigkeit bzw. von Kompetenzen in den Hintergrund rückten. Sogar die politische Meinung der Lehrperson sollte im Unterricht, freilich nicht als einzige, zugelassen werden. (Quakernack 1991, S. 38f)

Die Realisierung dieser Neuansätze im Unterricht blieb jedoch ausständig. Ganz im Gegenteil wurde nun wieder zunehmend, ähnlich wie in Deutschland und Österreich, das nationale Denken und Fühlen gepflegt und der Glaube an Autoritäten gestärkt, wobei sich hier vermutlich die faschistische Bedrohung spätestens seit den 1930er-Jahren auswirkte. „Demokratie anerkennt Autorität", schreibt etwa Walter Guyer 1934, „nämlich die, die von ihr zur Führung der Gemeinschaft berufen worden ist und echte Demokratie benutzt nicht jede Gelegenheit, die einmal gewählte Obrigkeit zu kontrollieren und zur Rechenschaft herauszufordern." (Guyer 1934, S. 51)

Nun war es wieder die Westschweiz, die den aufkommenden faschistischen und autoritären Bewegungen zunächst auf eine andere Weise, mit der „éducation libérale", begegnet. Diese „éducation libérale" forderte den Respekt von der „Individualität, anstatt sie zugunsten eines mächtigen Staates für nichtig zu erklären". (Briod 1932, S 19) Unter anderem fand um 1930 auch die Erziehung zur internationalen Verständigung Eingang in die staatskundlichen Lehrpläne. (Quakernack 1991, S. 42) Allerdings setzte sich schließlich auch in der Westschweiz die Deutschschweizer Position der „geistigen Landesverteidigung" durch, die ein vermeintliches „Schweizerisches Wesen" beschwor und – wie etwa Antoine Borel – von der „Seele der Schweiz", der „Mission der Schweiz" und von einer Schule sprach, die der Jugend lehren sollte, „dass die Vitalität einer Nation nicht im materiellen Wohlstand besteht, sondern in den Werten, welche die Lebenskraft ihrer Seele aufrechterhält". Trotz dieser Rückkehr zu den Vorstellungen des 19. Jahrhunderts geriet in der Westschweiz das Ziel, urteilsfähige und selbständig denkende Individuen zu erziehen, nicht völlig in Vergessenheit. So hielt etwa Borel nicht nur die nationalen Werte hoch, sondern betonte auch die Aufgabe der Schule, nicht nur „Schüler, die wissen", sondern auch „Schüler, die denken", zu erziehen. (Borel 1940, S. 34f).

4. Nationalsozialismus und österreichischer Ständestaat

Das System der Indoktrination, das sich mit der „Staats-", „Bürger-" und „Vaterlandskunde" seit dem 19. Jahrhundert entwickelte hatte, fand zum Teil seine Fortsetzung im österreichischen Ständestaates bzw. „Austrofaschismus" und vor allem im Nationalsozialismus: Zwar war es die ursprüngliche Intention des bürgerlichen Erziehungsideals, den perfekten Staatsbürger zu schaffen, der sich zur demokratischen bzw. republikanischen Nation bekennt und sich zugleich als „mündiges" Individuum im vorgegebenen rechtlichen Rahmen frei bewegt. Die Erziehungspraxis des 19. und beginnenden 20. Jahrhunderts tendierte aber dazu, lediglich die Unterordnung in die Nation als Ziel anzustreben (Kapitel I.2) und bot damit dem Nationalsozialismus durchaus Anknüpfungsmöglichkeiten.

In Deutschland ließ sich etwa das Konzept der „Deutschkunde", das bereits Ende des 19. Jahrhunderts an Bedeutung gewonnen hatte, in die nationalsozialistische Ideologie integrieren: Neben dem traditionellen Unterricht musste etwa das vermeintliche kulturelle Erbe des deutschen Volkes hervorgehoben werden, das freilich weitgehend konstruiert war. Und der fremdsprachliche Unterricht arbeitete die Unterschiede zu anderen Völkern heraus, womit er Material zur nationalen Abgrenzung lieferte. Schließlich bot der Geschichtsunterricht die Möglichkeit, Ruhm und Herrlichkeit der deutschen Nation in der Vergangenheit zu verankern. (Dithmar 1981, S. 10; Sander 2004, S. 61–63) Damit wurde bereits eine Grundlage für die Erziehung in totalitären Systemen geschaffen und der für diese Systeme typische „Wegfall der Wechselseitigkeit im individuellen ‚Vergesellschaftungsprozeß'" bereits vorweggenommen: „Die Sozialisanden, die konzeptionell nicht aktiv am Prozess ihrer Persönlichkeitswerdung teilnehmen, erscheinen hier eher als Objekte, denn als Subjekte einer so verstandenen politischen Erziehung." (Dengel 2005, S. 47) Paradoxerweise richteten sich die Mechanismen der bürgerlich-demokratischen Indoktrination letztlich gegen sich selbst, indem sie für die Abschaffung der bürgerlichen Gesellschaft und die Schaffung eines substanziell neuen Menschentyps eingesetzt wurden.

4.1 Der nationalsozialistische Erziehungsstaat

Aufgrund der Ambivalenz der bürgerlichen Gesellschaft, die sich unter anderem im Gegensatz von postulierter Mündigkeit und politischer Indoktrination der Staatsbürger zeigt, sind der autoritäre Ständestaat in Österreich und insbesondere der Nationalsozialismus keineswegs als Gegenpole zur zivilisierten bürgerlichen Gesellschaft, sondern zum Teil als deren Ergebnis zu betrachten. Sie stellen eine, wenn auch nicht dem ursprünglichen Intentionen entsprechende Entwicklungsmöglichkeit der Moderne dar.

Der Soziologe Zygmunt Bauman vergleicht den von der Aufklärung propagierten modernen Staat mit einem „Gärtner", der den Entwurf eines gleichsam idealen Gartens besitzt, in dem jedes Pflänzchen sorgfältig herangezogen bzw. Unkraut getilgt werden muss. (Bauman 1992a, S. 35f). Der ideale Garten ist gleichsam als Metapher der bürgerlichen Gesellschaft zu betrachten, in der jeder Bürger wie ein Pflänzchen herangezogen werden muss: „Man bildet Pflanzen durch Pflege, Menschen durch Erziehung", schreibt bereits Rousseau (Rousseau 1999, S. 9) und deutet damit das Ziel des bürgerlichen Staates an, gesellschaftliches Chaos zu zähmen und Ordnung zu schaffen. Der Vergleich der bürgerlichen Erziehung mit der Pflege von Pflanzen weist aber implizit auch auf die Beseitigung schädlicher Einflüsse hin. Die Nationalsozialisten sollten darauf in besonderer Weise zurückgreifen. 1934 begrüßte etwa der deutsche Biologe Erwin Baur die Sterilisierungsgesetze[2] der Nationalsozialisten mit der Begründung, dass jeder „Landwirt weiß, dass seine Zucht hoffnungslos entarten würde, wenn er die besten Exemplare seiner Haustiere schlachten würde, ohne sie sich fortpflanzen zu lassen, und er statt dessen weiterhin minderwertige Tiere züchten würde. Diesen Fehler, den kein Bauer bei seinen Tieren und Kulturpflanzen begehen würde, las-

2 Am 1. Jänner 1934 trat das „Gesetz zur Verhütung erbkranken Nachwuchses" in Kraft, das die zwangsweise Unfruchtbarmachung von behinderten Menschen vorsah, die als psychisch bzw. neurologisch krank eingestuft wurden. Die Einstufung erfolgte mit Hilfe eines im Gesetz enthaltenen Indikatorenkatalogs, der sogenannte „Erbkrankheiten" definierte.

sen wir in unserer Mitte in einem großen Ausmaß zu. Zur Erhaltung unserer heutigen Menschheit müssen wir darauf achten, dass diese minderwertigen Völker sich nicht vermehren." (zit. nach Bauman 1992a, S. 44) Die Instrumentarien zur Beseitigung des Minderwertigen lieferte wiederum der von der Aufklärung propagierte Rationalismus. Dieser bildete – eine Ambivalenz der Aufklärung – die Grundlage für den modernen Antisemitismus, zumal dieser auf der damals als wissenschaftlich geltenden Rassenlehre beruhte: „Der Holcaust kam [...] auf einem fabrikneuen Vehikel, mit Waffen, die fortschrittlichste Wissenschaft erst ermöglicht hatte, und nach einem wissenschaftlicher Präzision folgenden Schlachtplan. Die moderne Zivilisation war gewiß nicht die einzige, mit größter Wahrscheinlichkeit aber eine notwendige Voraussetzung des Holocaust. Ohne die Zivilisation ist der Holocaust undenkbar." (Bauman 1992b, S. 27)

Diese Kontinuitätslinie, die den Holocaust bzw. den Nationalsozialismus im Allgemeinen in der bürgerlichen Gesellschaft verankert, findet sich auch in den pädagogischen Konzepten totalitärer Systeme. Im Nationalsozialismus erfolgte kein „völliger Bruch mit allen erzieherischen Traditionen des Abendlandes", wie Joachim Detjen offenbar in der Tradition der Analyse des Nationalsozialismus als Gegenpol zur Zivilisation behauptet. (Detjen 2007, S. 87) Ganz im Gegenteil sahen sich viele nationalsozialistische Pädagogen in der Nachfolge der Erziehungswissenschaft des 19. Jahrhunderts. Philipp Hördt beruft sich etwa in seiner „Theorie der Schule" (1939) auf Wilhelm von Humboldt, wenn er gemäß der nationalsozialistischen Vorstellung einer Volksgemeinschaft den „Sinn vollkommener Bildung" in der vermeintlichen „Harmonie" und „Ineinsbezogenheit" des Individuums in einer organischen Ganzheit verortet (Hördt 1939, S. 21). Humboldt habe als den „wahre[n] Zweck des Menschen [...] die höchste und proportionierlichste Bildung seiner Kräfte zu einem Ganzen“ postuliert (zit. nach Hördt 1939, S. 21). M. Troll schreibt wiederum in seinem „Hilfsbuch für den Unterricht nach den Forderungen des Nationalsozialismus“, „dass das neue Erziehungsziel im wesentlichen mit dem Herbartischen Ziele vom ‚religios-sittlichen Charakter' übereinstimmt, allerdings mit der sehr notwendigen Ergänzung nach der nationale Seite“. Dabei sollte allerdings „das Stoffliche, das Intellektuelle, die geistige Emporbildung des einzelnen Individuums zugunsten der Erziehung zur Volksverbundenheit, zur Volkheit wesentlich zurücktreten“. (Troll 1933, S. 2f) Ein solches Erziehungsprogramm hatte bereits Adolf Hitler in „Mein Kampf“ formuliert, indem er „das Einpumpen bloßen Wissens“ ablehnte und dafür „das Heranzüchten kerngesunder Körper“ forderte. Damit stand er in der Tradition der Turnbewegungen des 19. Jahrhunderts, die nicht nur in Deutschland im gesunden Körper die Voraussetzung für einen starken Staat sahen. (Krüger 1981, S. 102–122; Vigarello/Holt 2005, S. 365–371) „Erst in zweiter Linie kommt dann die Ausbildung der geistigen Fähigkeiten“, schreibt Hitler weiter. „Hier aber wieder an der Spitze die Entwicklung des Charakters, besonders die Förderung der Willens- und Entschlusskraft, verbunden mit der Erziehung zur Verantwortungsfreudigkeit, und erst als letztes die wissenschaftliche Schulung.“ (Hitler 1940, S. 452)

Der nationalsozialistische Staat kann als Erziehungsstaat charakterisiert werden. Jeder gesellschaftliche Bereich, von der Arbeit bis zur Freizeit, sollte von der nationalsozialistischen Ideologie durchdrungen werden. „Die deutsche

Schule ist ein Teil der nationalsozialistischen Erziehungsordnung", ist im Erlass „Erziehung und Unterricht in der höheren Schule" von 1938 zu lesen. „Sie hat die Aufgabe, im Verein mit den anderen Erziehungsmächten des Volkes, aber mit den ihr eigentümlichen Erziehungsmitteln, den nationalsozialistischen Menschen zur formen." (zit. nach Kuhn/Massing 1990, S. 91) Als zentrale Elemente der nationalsozialistischen Ideologie bzw. des Faschismus, deren Kenntnis für das Verständnis des nationalsozialistischen Erziehungssystems sowie der Erziehungsinhalte unabdingbar ist, gelten zunächst der Antiliberalismus, Antisozialismus und Antimarxismus, damit verbunden auch die prinzipielle Verdrängung der Klassengesellschaft, die sich infolge der Industrialisierung herausgebildet hatte. Der Parteienstaat wurde abgelehnt und eine „Volksgemeinschaft" als überindividueller lebender Organismus propagiert, in dem jeder Teil eine klar definierte Aufgabe zu erfüllen habe. Allerdings musste etwa „der" Deutsche erst konstruiert werden, womit wiederum eine Ausgrenzung des „anderen", unter anderem mit Hilfe des Rassismus und des Antisemitismus verbunden war. In weiterer Folge beanspruchte diese „Volksgemeinschaft" auch den Lebensraum sogenannter „minderwertiger Rassen" und war somit imperialistisch geprägt. Die imperialistischen Bestrebungen wurde nicht nur rassistisch begründet, sondern dienten auch wirtschaftlichen Interessen sowie – unter dem Vorwand vermeintlicher historischer Rechte – zur Verdrängung traumatischer Niederlagen, etwa jene des Deutschen Reiches im Ersten Weltkrieg, womit die nationale Größe in Frage gestellt worden war. Bedeutend für den Faschismus ist auch die Vermischung von Modernität mit der Bewahrung rückwärtsgewandter Werte, wobei Modernität einen rein quantitativen

Stellenwert besitzt und etwa in gebauten Straßenkilometern oder der gesteigerten Produktion der Waffenindustrie gemessen wird. So forderte der Nationalsozialismus etwa die Technisierung der Landwirtschaft, pflegte aber gleichzeitig einen rückwärtsgewandten Bauernmythos. Schließlich ist auch der Führerkult als Merkmal des Faschismus zu nennen, der den Führer als Verkörperung des Volkes und des faschistischen Staates propagiert: „Ein Reich, ein Volk, ein Führer." Einzelne Elemente wie etwa der Führerkult finden sich freilich auch in anderen totalitären Systemen, etwa im Stalinismus. Erst die Kombination der genannten Elemente ergibt letztlich ein System, das als Faschismus bezeichnet werden kann. (Ecker/Hellmuth 2002, S. 66f; Hanisch 1994, S. 310–315)

Auch wenn kein verbindliches und umfassend ausformuliertes nationalsozialistisches Erziehungskonzept existierte (Dachs 2008, S. 14), kam der Erziehung die Aufgabe zu, die Rassenlehre, die Ideologie der Volksgemeinschaft sowie das Führer-Gefolgschafts-Prinzip nicht nur zu vermitteln, sondern die Jugendlichen davon zu überzeugen. Das damit verbundene Primat der Politik sollte sich in allen Schulfächern durchsetzen, gleichzeitig musste aber „auf jegliche politische Reflexion in einem didaktisch und institutionell abgrenzbaren Bereich" verzichtet werden (Sander 2004, S. 80f): „Der Nationalsozialismus hat mit sämtlichen Parteien aufgeräumt und dem politische Leben eine einheitliche Struktur gegeben. Unter dieser veränderten Sachlage muß der Frage nach einer Beeinflussung der Schule durch den Nationalsozialismus bedenkenlos zugestimmt werden. Die Schule wird in Zukunft ihre Erziehungs- und Bildungsaufgaben völlig im Sinne des Nationalsozialismus zu lösen haben und damit ausgesprochen politisch werden." (Troll 1933, S. 1) Erziehung wurde im Nationalsozialismus explizit als „politisch" verstanden, wobei damit aber „nicht die Vermittlung von Normen, Wertorientierungen und Kenntnissen" gemeint war, „die ein Sozialisationssubjekt in den Stand versetzen, in mündiger und verantwortlicher Weise am politischen Prozeß teilzunehmen, sondern die Weitergabe von herrschaftsfunktionalen Orientierungen mit dem entgegengesetzten Ziel der Erziehung einer apolitischen, aber politisch funktionalen Persönlichkeit". (Dengel 2005, S. 103) Das Erziehungsideal des Nationalsozialismus überschneidet sich in diesem Punkt wiederum mit der Bürger- bzw. Staatskunde, die zwar nach dem Selbstverständnis der erziehungspolitischen Akteure als unpolitisch verstanden wurde und die politische Abstinenz der Bürger anstrebte, allerdings mit ihrem Ziel, gehorsame Untertanen bzw. brave „citoyens" zu schaffen, durchaus politische Effekte erzielte.

Um den Anspruch der Politisierung der Schule gerecht zu werden, sahen bereits die „Leitgedanken zur Schulordnung" von 1933 die Einführung des „Deutschen Grußes" bzw. des „Hitlergrußes" und die „Flaggenehrung" vor. Ein Jahr später wurde der „Staatsjugendtag" eingerichtet, zu dem alle in der Hitlerjugend organisierten 10- bis 14-Jährigen schulfrei bekamen. Die anderen erhielten mit Ausnahme der jüdischen Schüler und Schülerinnen „nationalpolitischen Unterricht" sowie Werkunterricht und Turnunterricht; auch Wanderungen wurden organisiert. (Scholtz 1985, S. 18, 65) Zudem wurden der Lehrkörper von unliebsamen, insbesondere von jüdischen Lehrern „gereinigt", Schulfunksendungen zu bestimmten nationalsozialistischen Themen gesendet und Gedenkfeiern zu bestimmten Anlässen, in Österreich etwa zur Erinnerung an den Anschluss, veranstaltet. (Dachs 2000, S. 460)

Zunächst galten noch die Lehrpläne aus der Weimarer Republik, die mehrere Anknüpfungspunkte für die nationalsozialistische Erziehung boten. So hoben sie etwa die Zugehörigkeit zur deutschen Volks- und Staatsgemeinschaft besonders hervor. Die alten Lehrpläne wurden immer wieder durch Erlasse modifiziert, zum Beispiel im September 1933, als ein Erlass die Durchsetzung und Behandlung des Rassengedankens in der Schule als Unterrichtsprinzip vorschrieb. Die Höheren Schulen hatten zudem die Rassenkunde als verbindliches Prüfungsfach einzuführen. (Nyssen 1979, S. 85f) Zwischen 1938 und 1942 wurden schließlich neue Lehrpläne erlassen, die den Fächern Leibeserziehung, Deutsch, Geschichte und Biologie eine besondere Bedeutung beimaßen. Ganz im Sinne Hitlers, der im „Heranzüchten kerngesunder Körper" (Hitler 1940, S. 452) die primäre Aufgabe der Erziehung gesehen hatte, wies Leibeserziehung ab der Oberschule für Jungen bzw. Mädchen bzw. ab dem Gymnasium[3] mit fünf Wochenstunden die höchsten Wochenstundenzahl auf. (Bibliographisches Institut 1939, S. 484–487; Sander 2004, S. 80–82; Detjen 2007, S. 92)

3 Insgesamt umfasste die nationalsozialistische Schule zwölf Schulstufen. Schulpflicht bestand bis zum Ende der achten Schulstufe. Die nach Geschlecht getrennte Volksschule konnte acht Jahre lang besucht werden. Möglich war es aber auch, nach der sechsten Klasse Volksschule in die Aufbauschule zu wechseln oder bereits nach der dritten oder vierten Klasse die Oberschule für Jungen bzw. die Oberschule für Mädchen zu besuchen. Bei den Burschen war nach der vierten Klasse Volksschule auch der Besuch eines Gymnasiums möglich. Die Oberschule für Jungen unterschied zwischen einem naturwissenschaftlich-mathematischen Zweig und einem sprachlichen Zweig, jene für Mädchen zwischen einem hauswirtschaftlichen und einem sprachlichen Zweig. (Bibliographisches Institut 1939, S. 483)

Das Vertrauen der Nationalsozialisten in die Schule, die erwünschte politische Mobilisierung und nationale Identifikation zu bewirken, war aber letztlich eher gering. Die Schule stand weiterhin unter Verdacht, weniger der „Charakterbildung" als vielmehr der traditionellen Wissensvermittlung zu dienen. (Scholtz 1985, S. 21) Außerdem wurde der „Heil Hitler"-Ruf bald zur schulischen Routine, der darin enthaltene Appell an die nationalsozialistische Gesinnung ging damit zumindest partiell verloren. Der Erfolg der schulischen Indoktrination scheint daher nicht das von den Nationalsozialisten erhoffte Ausmaß erreicht zu haben. (Scholtz 1985, S. 23; Schörken 1998, S. 207) Nach der Meinung von Bernhard Rust, Reichsminister für Wissenschaft, Erziehung und Volksbildung, hatte daher die Schule die „entscheidende Umbildung des geistigen Weltbildes" nicht einzuleiten, sondern lediglich nachzuvollziehen. Nationalsozialist konnte man laut Rust nur durch „Lager und Kolonne" werden. (zit. nach Scholtz 1973, S. 40f) Wirkungsvolle Erziehungsarbeit im Sinne der nationalsozialistischen Ideologie wurde daher vor allem von der Hitler Jugend (HJ), dem Bund deutscher Mädchen (BdM), von den sogenannten „Kinderlandverschickungen", bei denen unter dem Vorwand der Evakuierung von Kindern aus den bombenbedrohten Städten politische Indoktrination erfolgte, oder von den nationalsozialistischen Ausleseschulen erwartet. Diese Schulen wurden als Internatsschulen geführt; durch die Möglichkeiten ganztägiger Überwachung und die Abwesenheit der Eltern boten sie günstige Voraussetzung zur Beeinflussung der Zöglinge. Dazu gehörten die nationalpolitischen Erziehungsanstalten (Napola) und die Adolf-Hitler-Schulen, die allerdings zahlenmäßig zu gering waren, um tatsächlich eine Konkurrenz zum herkömmlichen Schulsystem zu sein. Wirksamer waren dagegen die „Ordensburgen", die „Junkerschulen" der SS oder die „Reichsführerschule" der HJ, die allerdings nur Parteifunktionäre schulten. Die Ausnahmesituation des Krieges in den Jahren von 1942 bis 1945 gestattete schließlich Maßnahmen, die Rusts Idee der „Lager und Kolonnen"-Erziehung entgegenkamen: Jugendliche wurden zu Erntehilfen, zum Arbeitseinsatz und zum Befestigungsbau herangezogen, ab Jänner 1943 dienten Schüler im Altern von 17 Jahren als Luftwaffenhelfer, wobei zunächst der Unterrichts fortgesetzt wurde. (Schörken 1998, S. 207f).

4.2 Die „unpolitische" Schule im österreichischen Ständestaat

Beinahe zeitgleich mit der nationalsozialistischen Machtübernahme, im März 1933, wurde in Österreich mit der Ausschaltung des Parlaments ebenfalls der Weg in ein totalitäres System, den autoritären Ständestaat bzw. den „Austrofaschismus" (Tálos 2005), beschritten. Die dem Ständestaat zugrunde liegende Ideologie überschneidet sich in vielen Bereichen mit jener des Faschismus (Ecker/Hellmuth 2002, S. 72–74): Ein vehementer Antiliberalismus und Antimarxismus wurde vertreten, der Parlamentarismus kritisiert und mit der „Vaterländischen Front" eine Massemobilisierung bzw. eine „Bewegung" nach faschistischem Vorbild angestrebt. Ferner vertrat der Ständestaat das Führerprinzip und propagierte eine „Volksgemeinschaft", die sich allerdings von der faschistischen durch die angeblich von Gott gewollten ständische Ordnung unterschied. Der Ständestaat wich aber nicht nur durch seine christlich-katholische Orientierung, sondern auch durch seine defensive außenpolitische Ausrichtung vom faschistischen Modell ab, wobei sich freilich die Frage stellt, wie das von der wirtschaftlichen Krise geschüttelte Österreich imperialistisch agieren hätte sollen. Zudem lässt sich das christliche Sendebewusstsein, das den Ständestaat prägte, durchaus als eine Form des Imperialismus bezeichnen, gleichsam als „katholischer Imperialismus“, der sich allerdings nur in den Köpfen der Ideologen des Ständestaates abspielte und sich nicht in der realen Eroberung bzw. Missionierung anderer Länder entlud.

Die Ausformung der faschistischen Merkmale blieb aber zum Teil bescheiden. So fehlte etwa den Führern des österreichischen Ständestaates das Charisma, das Hitler und Mussolini besaßen, mochte die Propaganda auch noch so bemüht sein, Engelbert Dollfuß und später Kurt Schuschnigg zu Führerfiguren hochzustilisieren. Zudem scheiterte die Massenmobilisierung, zumal die Wirkung der sogenannten „Vaterländischen Front“ relativ bescheiden blieb. Zwar zählte sie 1935 bereits rund zwei Millionen Mitglieder, allerdings vor allem deswegen, weil die Mitgliedschaft in dieser Organisation staatliche Protektion versprach. Eine Identifikation mit der „Vaterländischen Front“ und damit die völlige Hingabe an die „Bewegung“ waren daher nicht zu erreichen. (Hanisch 1994, S. 310–315)

Das Scheitern der Massenmobilisierung stand einem „Erziehungsstaat“ nach dem nationalsozialistischen Modell entgegen. Daher sollten die Indoktrination der österreichischen Bevölkerung und die Legitimierung des autoritären Systems in erster Linie über die Schule erfolgen. Bereits im April 1933 wurde der umstrittene „Glöckel-Erlass“, der Religion zur Privatsache erklärt hatte, aufgehoben und somit der Religionsunterricht, das tägliche Schulgebet und der gemeinsame Gottesdienstbesuch wieder eingeführt. Eine „vaterländische Erziehung“ galt als obligatorisch: Eine Reihe von Erlassen wies auf die besondere Aufgabe der Lehrer hin, die Jugend in vaterländisch-österreichischer und sittlich-religiöser Hinsicht zu unterweisen. Lehrer sollten der Vaterländischen Front beitreten, womit sie laut einem Erlass aus dem Jahr 1933 unter Beweis stellten, dass ihnen „die vaterländische Erziehung eine Herzenssache“ sei. (zit. nach Schermaier 1990, S. 202)

Vor allem der Deutsch- und Geschichtsunterricht sollte dafür verantwortlich sein, Österreich zwar als Teil des deutschen Volkes, allerdings als selbstständigen, vom nationalsozialistischen Deutschland unabhängigen Staat darzustellen. Tatsächlich verstand sich der österreichische Ständestaat als der bessere, weil auf christlicher Grundlage beruhende deutsche Staat. In der „Vaterlandskunde“, einem Lehrbuch für die Abschlussklasse der Mittelschule, wurde dieser Überzeugung geradezu pathetisch Ausdruck verliehen: „Jedes Blatt der Geschichte Österreichs zeigt, dass Österreich allzeit den Interessen des Deutschtums gedient, sie bis zur Selbstaufopferung verteidigt und in seinem Raume Kultur geschaffen hat, die in allen Zweigen den besten Äußerungen deutschen Geistes zugerechnet werden darf. ‚Wir sind so deutsch, so selbstverständlich deutsch, dass es uns überflüssig vorkommt, dies eigens zu betonen‘ (Kanzler Dollfuß).“ (Hinner u.a. 1938, S. 253)

Dieses Selbstverständnis begründete sich historisch in der Zweiten Türkenbelagerung von 1683. Der Sieg über die Türken hatte die unmittelbare Bedrohung durch das Osmanische Reich beendet, weshalb das „neue Österreich", wie der Ständestaat von seinen Anhängern bezeichnet wurde, als christlich-deutsches Bollwerk des Abendlandes hochstilisiert wurde. Im Jahr 1933, anlässlich der 250-Jahr-Feier der „Türkenbefreiung", ordnete daher das Unterrichtsministerium eine vaterländische Schulfeier an. (Suppanz 1998, S. 165f) Die „Vaterlandskunde" bezeichnete die „Abwehr der Türken vor Wien" als bedeutenden „Wendepunkt nicht nur der Entwicklungsgeschichte Österreich-Ungarns, sondern des Abendlandes überhaupt, das nun endgültig von der Gefahr einer Überflutung durch die Türken befreit war" (Hinner u.a., 1939, S. 107).

Im Gegensatz zur nationalsozialistischen Vorstellung wurde die Schule im österreichischen Ständestaat aber als unpolitisch verstanden, obwohl die Intention des bildungspolitischen Anliegens letztlich dem des Nationalsozialismus glich: Das Nationale und der Staat wurden überhöht und die Selbstaufgabe des Einzelnen im gesellschaftlichen Organismus angestrebt, auch wenn dieser im „Austrofaschismus" ständisch strukturiert sein sollte. Die ständestaatliche Idee galt als unwidersprochene Selbstverständlichkeit, gleichsam als die einzige gesellschaftliche „Wahrheit". „Die Schaffung innerer Beziehungen der Jugend zu Religion und Vaterland und damit auch zum Volkstum ist niemals Politik im landläufigen Sinne des Wortes", betonte der Unterrichtsminister Anton Rintelen in einem Erlass von 1934, „sondern selbstverständliche Grundvoraussetzung jeder Erziehungsarbeit, für die der Staat – als Träger dieser Ideen – verantwortlich ist. Staatsbürgerliche Erziehung in diesem Sinne zu pflegen, bedeutet demnach, die Jugenderziehung vor allem von religiösen und vaterländischen Gesichtspunkten aus zu leiten. Eine wohlverstandene österreichisch-vaterländische Erziehung gibt auch die sicherste Gewähr für eine starke und gesunde Betonung einer richtig gesehenen nationalen Erziehung, denn sie wird ‚österreichisch' und ‚deutsch' niemals als gegensätzliche Begriffe gegenüberstellen [...]." (zit. nach Schermaier 1990, S. 202f) 1935 wurde ein neuer Mittelschullehrplan veröffentlicht. Der „Vaterlandskunde" kam in Anschluss an Geschichte und Geographie die Aufgabe zu, neben der „genaue[n] Kenntnis der Grundlage des neuen Österreichs und des Aufbaues seines politischen, gesellschaftlichen, wirtschaftlichen und geistig-kulturellen Lebens" auch „zur Hingabe an ein christliches, deutsches, freies Österreich" zu erziehen. (zit. nach Dachs 2008, S. 13)

Nach dem „Anschluss" im März 1938 war diese Abgrenzung von Deutschland freilich obsolet geworden. Rasch begannen die neuen Machthaber, das Bildungswesen nach ihren Vorstellungen zu formen. Ohne Zweifel konnten sie dabei aber an bereits vorhandene Strukturen anknüpfen, da im Ständestaat zum einen Kritiklosigkeit und Unmündigkeit, damit in Verbindung auch Tugenden wie Disziplin und Gehorsam, Pflichterfüllung und Unterordnung bzw. Gemeinschaftssinn gefördert worden waren. Zum anderen hatte die Pflege des Deutschnationalismus, auch wenn dieser spezifisch österreichisch definiert wurde, eine Identifikation mit dem Nationalsozialismus vorbereitet. (Dachs 2008, S. 14)

5. Politische Bildung in den 1940/50er-Jahren

Unmittelbar nach 1945 war politische Bildung in Deutschland, Österreich und der Schweiz von der jeweiligen Position geprägt, die diese drei Länder während der nationalsozialistischen Zeit eingenommen hatten. In der *Schweiz*, die ihre Hände gleichsam in Unschuld wusch, verebbte etwa die Diskussion um eine moderne Didaktik politischer Bildung nicht zuletzt auch, weil nunmehr die äußere Bedrohung weggefallen war. Zum einen wurde wiederum die Nationalerziehung gepflegt, die sich in der traditionellen Staatsbürgerkunde und der „geistigen Landesverteidigung" und somit in der Verhinderung von Gesellschaftskritik ausdrückte. Zum anderen wurde insbesondere in der Deutschschweiz der Antikommunismus als Aufgabe politischer Bildung verstanden, d. h. dass die Bedrohung durch den Nationalsozialismus nahtlos auf den Kommunismus übertragen wurde. (Holdener 1978, S. 124–128) In der Westschweiz waren antikommunistische Tendenzen dagegen kaum verbreitet. Neben der „geistigen Landesverteidigung" konzentrierte sich der Unterricht in politischer Bildung in den folgenden Jahren auf soziales Lernen und wirtschaftliche Themen, nicht zuletzt deshalb, weil die Westschweiz eine zunehmende wirtschaftliche und soziale Rückständigkeit zu verzeichnen hatte. (Quakernack 1991, S. 56f)

Die Ausgangsposition in *Österreich*, das offiziell als Opfer des Nationalsozialismus galt, war freilich eine andere als in der Schweiz. In der „Proklamation der Unabhängigkeit Österreichs" (1949) war von einem „macht- und willenlos gemachte[n] Volk Österreich" die Rede, das „in einen sinn- und aussichtslosen Eroberungskrieg geführt" worden sei, „den kein Österreicher jeweils gewollt hat, jemals vorauszusehen oder gutzuheißen instande gesetzt war". (zit. bei: Lyon u.a. 1985, S. 16) Eine politische Bildung, die sich notgedrungen einer Aufarbeitung der unmittelbaren Vergangenheit widmen und die Opferthese hinterfragen hätte müssen, war unter diesen Voraussetzungen freilich kaum möglich. Vielmehr wurde Demokratie als Bekenntnis zur Republik Österreich interpretiert und politische Bildung – ähnlich wie in der Schweiz – in Form der traditionellen Staatsbürgerkunde unterrichtet.

Die provisorischen Lehrpläne von 1946 orientierten sich an den Lehrplänen von 1928 (Dachs 2008, S. 16), die den bildungspolitischen Elan zu Beginn der Ersten Republik vermissen ließen und die nationale Erziehung in den Mittelpunkt rückten. In der achten Klasse des Gymnasiums war etwa „Bürgerkunde" im Rahmen des Faches Geschichte zu lehren, wobei das Ziel angestrebt wurde, die „Jugend zu bewussten Republikanern und zu treuen Bekennern des österreichischen Volksstaates" zu erziehen. (Kisser 1990, S. 23) Wie zu Beginn der Zwischenkriegszeit wurde demokratisches Bewusstsein mit patriotischen Gefühlen gepaart, was letztlich dazu führte, dass die politische Bildung nicht die Heranbildung des „mündigen", zu einem selbstständigen Urteilen fähigen Staatsbürger zum Ziel haben sollte, sondern die Ein- bzw. Unterordnung in die Republik. Der „Erlass zur staatsbürgerlichen Erziehung" von 1949 wies der Schule die Aufgabe zu, „das Einfügen des einzelnen, das Unterordnen unter die Erfordernisse der Gemeinschaft" zu ermöglichen (zit. nach Wassermann 2004, S. 28). Zudem schrieb er die „Erziehung zum bewußten Österreichtum" und „zu treuen und tüchtigen Bürgern der Republik" vor (zit. nach Dachs 2008, S. 16). Als zentrales Gründungsdokument der österreichischen Zweiten Republik bildete daher der Staatsvertrag einen zentralen Bestandteil der staatsbürgerlichen Erziehung. Einen ähnlichen Stellenwert besaß (bzw. besitzt) auch die Neutralität, die am 26. Oktober 1955 in der Verfassung verankert wurde und zunächst als „Tag der Flagge", dann als „Tag der österreichischen Fahne" und seit 1965 schließlich als „Österreichischer Nationalfeiertag" gefeiert wurde. (Dachs 2008, S. 17; Rathkolb 2005, S. 29)

Eine Staatsbürgerkunde, die Konflikt als demokratisches Element ausblendet, gesellschaftliche und politische Einheit einfordert und die patriotische Gesinnung des Einzelnen anstrebt, entsprach der gesellschaftlichen Situation der 1950/60er-Jahre: Zum einen bedurfte der Wiederaufbau der Zusammenarbeit aller politischen Kräfte. Zum anderen demonstrierten die politischen Eliten nach der Niederlage des Nationalsozialismus (zum Teil notgedrungen) eine durchgängig demokratische Gesinnung; zugleich stellte sich aber das Problem, dass sich die autoritäre und faschistische Vergangenheit nicht auf einen Schlag auslöschen ließen. Daher wurde eine spezifische österreichische Identität konstruiert (Rathkolb 2005, S. 17–59), die unter anderem die von den Alliierten akzeptierte Vorstellung von Österreich als Opfer des Nationalsozialismus beinhaltete. In einem Schulbüchlein mit dem Titel „Unser Österreich", das 1955 für den Unterricht in der fünften bis achten Schulstufe zugelassen wurde, war daher zu lesen: „Da ging eine Welle der Beglückung durch das Land, von Haus zu Haus, von Dorf zu Dorf, von Stadt zu Stadt. Doch die Menschen blieben ernst und gemessen, eingedenk des großen Leides, das der Preis für diese Stunde war. Sie holten von den Dachböden und aus den Kellern die rot-weiß-roten Fahnen hervor. Bald wehten diese von Dächern und Türmen in Stadt und Land." (Arbeitsgemeinschaft 1955, S. 21)

An der Lebensfähigkeit der Ersten Republik war noch gezweifelt und daher von allen Parteien – mit Ausnahme der

Kommunisten – mit dem Gedanken an einen Anschluss an Deutschland gespielt worden. Nun führte die Opferthese zur strikten Abgrenzung von Deutschland, das nach dem Krieg als alleiniger Täter galt. Friedfertigkeit, Gutmütigkeit und Harmoniebedürfnis wurden zu österreichischen Wesens- bzw. Identitätsmerkmalen hochstilisiert und als Beweis dafür angeführt, dass die österreichische Bevölkerung aufgrund von gleichsam angeborenen Charaktereigenschaften dem Nationalsozialismus gegenüber abgeneigt gewesen sei (Hellmuth 2008, S. 327f): „Die Tore der Konzentrationslager öffneten sich. Endlich waren viele Menschen wieder frei, die man für ihr Bekenntnis zu Österreich eingesperrt hatte. Tief erschüttert vor Freude schlossen sie Frau und Kinder, Eltern, Geschwister und Freunde in ihre Arme." (Arbeitsgemeinschaft 1955, S. 21)

Anstelle der Konfliktdemokratie, die letztlich zum Bürgerkrieg von 1934 und in den autoritären Ständestaat geführt hatte, wurde nun – ganz im Sinne der vermeintlichen Friedfertigkeit der österreichischen Bevölkerung – die Konkordanz- bzw. Proporzdemokratie gesetzt. (Ulram 1997, S. 514–525) Die Zusammenarbeit von SPÖ und ÖVP war von Pragmatismus bestimmt, der sich unter anderem darin spiegelte, dass sich beide Parteien die wichtigen Positionen in Staat und Gesellschaft aufteilten. Unter diesen Voraussetzungen wurden der Bürgerkrieg von 1934 und die ständestaatliche Diktatur gleichsam als Ergebnis eines „Bruderzwists" gedeutet, der seine Wurzeln allein in der Wirtschaftskrise gehabt hätte: „Die Not trübte den klaren Sinn der Menschen. Sie öffnete bösen Worten Ohr und Herz. Meinungsverschiedenheiten arteten in Zwietracht und Streit aus: Viele Österreicher verstanden einander nicht mehr und

Abbildung 2: Die „Opferthese" als Abbildung: Wiederauferstehung des angeblich „macht- und willenlos gemachte[n] Volk Österreich" – Abbildung von Carry Hauser aus dem Schulbuch „Unser Österreich" (1955) © VBK Wien, 2010

wurden zu feindlichen Brüdern." (Arbeitsgemeinschaft 1955, S. 10) Im offiziellen Geschichtsbild ging auf diese Weise die Erinnerung an die ständestaatliche Diktatur verloren. Die Demokratie schien erst mit dem Anschluss an das nationalsozialistische Deutschland im März 1938 geendet zu haben.

Auch in *Deutschland* war politische Bildung, ähnlich wie in Österreich, zunächst kein Thema. Ursache dafür waren zum einen die Erfahrungen, die während des Nationalsozialismus mit der Politisierung der Schule bzw. des gesamten Erziehungssystems gemacht worden waren. Zum anderen neigten die Öffentlichkeit und die Lehrer aber auch dazu, die nationalsozialistische Vergangenheit zu verdrängen. (Sander 2004, S. 117f) Allerdings waren die Besatzungsmächte bereits im Potsdamer Abkommen vom 2. August 1945 übereingekommen, Deutschland mit Hilfe des Erziehungswesens zu demokratisieren. (Detjen 2007, S. 99) In der westlichen Besatzungszone Deutschlands, die das schwere Erbe des Nationalsozialismus aufzuarbeiten hatte, wurde vor allem von Seiten der US-amerikanischen Besatzung geradezu missionarisch daran gearbeitet, die Bevölkerung zur Demokratie umzuerziehen. Das Programm der „re-education" reduzierte die Ursachen des Nationalsozialismus auf eine verfehlte Erziehung und verstand daher politische Bildung gleichsam als demokratische Mission. (Sander 2004, S. 89f)

Diese Mission war freilich nur zum Teil erfolgreich, zum einen weil es die Möglichkeiten politischer Erziehung und auch der Umgestaltung des Schulsystems überschätzte. Das dreigliedrige Schulsystem[4] wurde etwa als eine Ursache für

---

4 Der Begriff des „dreigliedrigen Schulsystems" bezieht sich auf die Sekundarstufe I in der Bundrepublik Deutschland, die sich in Hauptschule,

die Klassengesellschaft und diese wiederum als Hindernis für die Demokratisierung betrachtet. Seine Aufhebung scheiterte aber an den Widerständen der konservativen deutschen Schulbehörde. (Rossmeissl 1988, S. 211f) Zum anderen war es – wie Karl-Ernst Bungenstab etwas überspitzt formuliert – von vornherein zum Scheitern verurteilt, „demokratische Formen und Ideen mit Mitteln einer Militärdiktatur anerziehen zu wollen". (Bungenstab 1970, S. 164)

Im Grunde zeigte sich in der „re-education" das Dilemma der Aufklärung: Einerseits soll der Mensch „mündig" sein, zu dieser „Mündigkeit" muss er andererseits aber angeleitet werden, was wiederum eine Einschränkung des individuellen Freiraums bedeutet (S. 16). Moderne didaktische Konzepte politischer Bildung versuchen, dieses Dilemma mehr oder weniger erfolgreich zu beseitigen, indem sie Instrumentarien zur Verfügung stellen, mit denen Schüler und Schülerinnen weitgehend selbst ein demokratisches Bewusstsein erlangen können. Die „re-education" war dagegen auf – in diesem Fall eben demokratische – Indoktrination bzw. Umerziehung ausgerichtet. Es scheint daher auch nicht verwunderlich, dass etwa die neue historische Teildisziplin „Zeitgeschichte", die sich in der BRD in den 1950er-Jahren etablierte, zunächst auf Skepsis stieß. Sie wurde, zumal sie sich zunächst primär mit dem Nationalsozialismus beschäftigte, mit der „re-education" in Verbindung gebracht, weshalb ihre „Objektivität" in Zweifel stand. (Schildt 1998, S. 319)

Realschule und Gymnasium gliederte. Heute gilt der Begriff als überholt, weil unter anderem die Einführung von Gesamtschulen das System modifiziert hat.

Trotz des Dilemmas, mit dem das US-amerikanische Programm der „re-education" zu kämpfen hatte, bereitete dieses in der BRD den Boden für ein eigenes Fach „Politische Bildung" auf. Zwar sollte die „re-education" in den Schulen als Unterrichtsprinzip gelten und nicht nur auf die Schule beschränkt bleiben, dennoch forderte die US-amerikanische Besatzungsmacht auch die Einführung eines eigenen Faches. Hessen machte 1946 mit dem Fach „Sozialkunde" den Anfang; bis in die 1960er-Jahre führten schließlich beinahe alle Bundesländer – unter verschiedenen Bezeichnungen[5] – ein eigenes Schulfach für politische Bildung ein. (Gagel 1998, S. 111; Sander 2004, S. 90, 127)

Die Konzepte, die in dieser Zeit für die politische Bildung vorgeschlagen wurden, trugen aber eher zur Entpolitisierung als zur Schaffung eines „mündigen" Bürgers bei: Zum einen wurde wieder die klassische, wenn auch modifizierte Staatsbürgerkunde propagiert, zum anderen die Partnerschaftspädagogik von Theodor Wilhelm, der unter dem Pseudonym Friedrich Oetinger politische Bildung als Sozial- bzw. Verhaltenserziehung definierte. (Oetinger 1956) Wilhelm ging vom sogenannten „deutschen Sonderweg" aus, der den Deutschen einen historisch bedingten Charakter zuschreibt, der letztlich für die nationalsozialistische Katastrophe verantwortlich gewesen sei. Die politische Bildung sollte diesen Charakter der Deutschen korrigieren. (Gagel 1998a, S. 111)

---

5 So werden in den einzelnen deutschen Bundesländern unter anderem Fachbezeichnungen wir „Politik und Wirtschaft" (Hessen), „Sozialkunde" (Bayern, Rheinland-Pfalz), „Gesellschaftswissenschaften" (Saarland) oder „Gemeinschaftskunde" (Baden-Württemberg) geführt. Einzig in Brandenburg gibt es ein Fach „Politische Bildung". (Sander 2008b, S. 202)

Dabei kritisierte Wilhelm insbesondere die traditionelle staatsbürgerliche Erziehung und sah in der „Partnererziehung" die Möglichkeit, „Demokratie nicht als Staatsform, sondern als Lebensform" zu lehren. Das Politische wird bei Wilhelm nicht mit einem „Staatsmodell" in Verbindung gebracht, sondern als „Lebenszusammenhang der im Staat vereinten Menschen" gedacht. (Oetinger 1956, S. 85) Der Verwirklichung der Demokratie stünde demnach nichts mehr im Wege, hielten sich die Bürger und Bürgerinnen an die Spielregeln des partnerschaftlichen Verhaltens.

Kritik erntete Wilhelm von Autoren wie Theodor Litt, der die staatsbürgerliche Erziehung mitgeprägt bzw. mit seiner Ablehnung eines überhöhten Staatsbegriffes modifiziert hatte. Da Litt einen relativ engen Politikbegriff vertrat, warf er Wilhelm vor, Soziales und Politik unzulässig zu vermischen. Als Alternative forderte er die Herausbildung eines demokratischen „Staatsbewusstseins" (Litt 1961, S. 8), das Politik als staatliches und auf gesellschaftliche Einheit zielendes Handeln verstand. Ein solches Handeln sei laut Litt nur mittels Macht zu garantieren, die sich letztlich im Kampf um zwei Formen der Staatsorganisation ausdrücke: Demokratie oder Totalitarismus. Im Kontext des Kalten Krieges gewann „diese vereinfachende [...] Sichtweise", dieses Schwarzweißbild, das die kritische Auseinandersetzung mit dem Staat und die Konkurrenz unterschiedlicher politischer Meinungen nicht gerade förderte, für die politische Bildung der 1950er-Jahre besondere Bedeutung. (Sander 2004, S. 124)

6. Politische Bildung im Umbruch – die 1960/70er-Jahre

Erst seit den 1960 Jahren wandelte sich die politische Bildung sowohl in der BRD als auch – allerdings in deutlich geringerem Ausmaß – in der Schweiz und Österreich. Die Diskussion entzündete sich letztlich an der Streitfrage, „ob der ‚Normalbürger' oder der ‚Aktivbürger' als Zielvorstellung der politischen Bildung dienen solle, ob Konflikte nur regelbar oder sogar aufhebbar seien, ob ein Konsens im Sinne eines Minimalkonsenses in der Gesellschaft möglich sei oder demgegenüber ein Antagonismus bestehe, welcher die Gesellschaft spaltet und der daher überwunden werden muß, und ob Affirmation, als Zustimmung zum Bestehenden, das Erziehungsziel sei oder demgegenüber die Fähigkeit zur Kritik". (Gagel 1998a, S. 120).

Den Anfang in der Diskussion um moderne Konzepte politischer Bildung machte die *Bundesrepublik Deutschland* mit der sogenannten „didaktischen Wende" (Kurt Gerhard Fischer) um 1960, als sich politische Bildung als eigene wissenschaftliche Disziplin etablierte und sich von den mit ihr in Verbindung stehenden Fachwissenschaften, d. h. von der Politik- und der Rechtswissenschaft löste. Die „didaktische Wende" bewirkte einige grundlegende Einsichten, die heute – zumindest in der BRD – nicht mehr angezweifelt werden. (Sander 2004, S. 136) So wird Politik als konfliktreicher und kontroverser Raum verstanden und ein sogenannter „weiter" Politikbegriff vertreten, der nicht nur gouvernementale Politik berücksichtigt, sondern „alle Sektoren der Gesellschaft als zumindest potentiell politisch" (Pelinka 2000, S. 19) betrachtet. Ferner besteht darin Übereinstimmung, dass politische Bildung von Fragen und Problemen der Gegenwart auszugehen hat und durch den Geschichtsunterricht nicht vollständig ersetzt werden kann.

Die zentralen Persönlichkeiten der „didaktischen Wende" waren Kurt Gerhard Fischer, Wolfgang Hilligen und Hermann Giesecke. Fischer betrachtete Einsichten in politische Probleme als das „Wesentliche" politischer Bildung, wozu er unter anderem die Akzeptanz unterschiedlicher Meinungen zählte: „Die ‚richtige' Meinung gibt es nicht. Darum geht es politisch immer um ‚besser oder schlechter', niemals um ‚gut oder schlecht'." (Fischer 1973, S. 123) Er kritisierte die Stofforientierung des traditionellen Unterrichts, die der Gewinnung von Einsichten im Wege stünde, und propagierte im Sinne des exemplarischen Lernens (S. 147) so genannte „Fälle" als Lerngegenstand. (Sander 2004, S. 128–131)

Auch Wolfgang Hilligen trat für eine Reduzierung des Stoffes ein. Dabei forderte er eine Auswahl und Vereinfachung, mit der die Komplexität der sich ständig verändernden Realität besser verständlich gemacht werden sollte. Damit nahm er in gewisser Weise das methodische Konzept der „didaktischen Reduktion" (Grammes 1998, S. 55, Gagel S. 110–119) vorweg, mit der ein didaktisch relevantes Kernwissen für Unterrichtszwecke verfügbar gemacht werden soll (Kapitel III.1, S. 149f). Hilligen formulierte „Schlüsselprobleme", auf die sich die Themen des politischen Lernens beziehen sollten: die „weltweite Interdependenz" bzw. – im heutigen Sprachgebrauch – die Globalisierung, die „wissenschaftlich-technische Entwicklung", die damit verbundene „Steigerung des Wohlstands in den Industrieländern und Armut in der Dritten Welt", die „Möglichkeit der Selbstvernichtung der Menschheit" sowie die gesellschaftliche und individuelle Bedeutung der Medien. (Hilligen 1991, S. 22)

Der Verdienst von Hermann Giesecke war es schließlich, die Bedeutung politischer Konflikte im politischen Unterricht hervorzuheben. Damit stand er im Gegensatz der bislang weit verbreiteten Tendenz, die konfliktreiche politische Realität – etwa durch die traditionelle nationale Erziehung – gleichsam als harmonisches Terrain zu verfälschen. Ganz offenbar orientierte sich Giesecke an der Pluralismustheorie von Ralf Dahrendorf (Dahrendorf 1961, S. 112–131), der Konflikte als Ausdruck von Vielfalt verstand und ihnen somit die Funktion zuschrieb, den Staat und die Gesellschaft fortzuentwickeln. Außerdem nahm Giesecke Anleihen aus der allgemeinen Didaktik, insbesondere an Wolfgang Klafki, der Ende der 1950er-Jahre den Begriff der „Kategorialen Bildung" geprägt hatte und die Ausarbeitung zentraler Kategorien zur Erschließung der Wirklichkeit empfahl. (Klafki 1959) Während Klafki den Begriff der „Kategorien" aber noch auf einer sehr allgemeinen Ebene ansiedelte, wurde Giesecke im Bezug auf politische Bildung konkreter und formulierte eine Liste von elf Begriffen, um politische Konflikte analysieren zu können: Konflikt, Konkretheit, Macht, Recht, Interesse, Solidarität, Mitbestimmung, Funktionszusammenhang, Ideologie, Geschichtlichkeit, Menschenwürde. Eine solche Auflistung läuft allerdings Gefahr, einer sich ständig wandelnden Welt nicht gerecht zu werden, d. h. zu statisch zu sein, weshalb in jüngster Zeit diese Form der „kategorialen Bildung" kritisiert wurde bzw. eine Ergänzung erfahren hat. (Sander 2004, S. 134; siehe dazu auch Kapitel II.4, S. 103–105 und Kapitel III.1, S. 142f)

Im Gegensatz zur BRD ist der beschriebene emanzipatorische Schritt der politischen Bildung zu einem eigenen wissenschaftlichen Fach in der Schweiz und in Österreich weitgehend ausgeblieben, auch wenn in beiden Ländern zunehmend über die Aufgaben und die Form der Institutionalisierung der politischen Bildung diskutiert wurde.

In der *Schweiz*, insbesondere in der Westschweiz, gab es zwar bereits seit den 1960er-Jahren zahlreiche Vorschläge für einen lebensnahen und an die Interessen der Schüler und Schülerinnen orientierten Politikunterricht. Die konkrete Umsetzung in der Praxis erfolgte allerdings kaum. Letztlich stand weiterhin die Staatsbürgerkunde im Vordergrund. (Quakernack 1991, S. 59f, 66) Die Ursache dafür liegt vermutlich in der spezifischen wirtschaftlichen und gesellschaftlichen Situation. So hatten Umfragen in den 1960er-Jahren auf die politische Apathie weiter Teile der Bevölkerung hingewiesen. Gerade in der Schweizer Demokratie mit ihren direktdemokratischen Grundprinzipien rief dieses Ergebnis großes politisches Aufsehen hervor. Dafür zeichnete nicht zuletzt der Schweizer Mythos verantwortlich, der eine demokratische Grundeinstellung historisch begründet und die unveränderliche Einheit der Schweizer – im Sinne einer Einheit in der kantonalen Vielfalt – behauptet. Die Realität sah freilich anders aus, zumal die zunehmenden wirtschaftlichen und sozialen Unterschiede zwischen der West- und der Deutschschweiz zu gesellschaftspolitischen Gegensätzen führten und einen Konsens kaum zuließen. (Quakernack 1991, S. 64) Daher sollte in der politischen Bildung wiederum der „Schweizer Staatsgedanken" vermittelt und der Staat als vermeintlicher Wahrer der Demokratie dargestellt werden. Zudem wurde in der Westschweiz neben der Staatsbürgerkunde weiterhin großer Wert auf das soziale Lernen gelegt, das ebenfalls auf Harmonie abzielte und keineswegs politische Konflikte als Grundlage der Demokratie verstand. Vielmehr erinnert es an Theodor Wilhelms Partnerschaftspädagogik, die das Politische auf das Miteinander von Menschen reduziert, „auf den überschaubaren Raum, in dem partnerschaftliches Verhalten allein Platz hat". Ein solches Konzept lenkte „von jener Ebene [ab], wo die Entscheidungen über das Leben in Staat und Gesellschaft fallen, wo Auseinandersetzungen von Macht und Herrschaft stattfinden". (Holdener 1978, S. 131)

Schließlich verschafften aber die Studentenbewegung von 1968 und die damit einhergehenden gesellschaftlichen Veränderungen der politischen Bildung nicht nur in der BRD stärkeren Rückenwind; auch in der Schweiz und in Österreich kam es zu intensiveren Diskussionen. Zwar wurde der geforderte Umbruch in Wirtschaft und Gesellschaft, kurzum: ein „Werteumsturz" nur zum Teil erreicht. Die Forderung nach einer Demokratisierung aller Lebensbereich erregte aber das öffentliche Interesse an einer wissenschaftlich fundierten politischen Bildung, die sich einem weiten Politikbegriff verpflichtet fühlte, die Gesellschaft einer „Herrschaftskritik" unterwarf und den politischen Konflikt als notwendige Voraussetzung für Demokratie verstand. (Gagel 1998a, S. 124)

Allerdings geriet die politische Bildung sehr schnell in den Einflussbereich der unterschiedlichen politischen Lager. In der *Bundesrepublik Deutschland* spiegelten sich die Konflikte beispielsweise in der Auseinandersetzung um Lehrplanreformen und in den Schulbüchern, die sich inhaltlich und methodisch je nach Bundesland unterschieden und Abbild der dort herrschenden politischen Partei waren. Konservative befürchteten den Missbrauch der politischen Bildung für den Klassenkampf, während Sozialdemokraten den konservativen Widerstand gegen Reformen als eine Gefährdung der demokratischen Entwicklung nicht nur in der Schule, sondern der gesamten Gesellschaft bewerteten. Eine produktive Diskussion über Stärken und Schwächen von Reformkonzepten war unter diesen Voraussetzungen freilich kaum noch möglich. (Sander 2004, S. 139–142)

Allerdings gelang es der bundesdeutschen Politikdidaktik, die politische Polarisierung zu überwinden: 1976 konnte auf einer im schwäbischen Beutelsbach stattgefundenen Tagung, die von der Landeszentrale für politische Bildung Baden-Württemberg veranstaltet worden war, der sogenannte „Beutelsbacher Konsens" erzielt werden. Dieser bis heute – zumindest in weiten Teilen – gültige Konsens beruht auf drei Grundprinzipien politischer Bildung: das Überwältigungsverbot, das Kontroversitätsgebot sowie das Gebot der Vermittlung von Analysefähigkeiten und operationalen Fähigkeiten. Gemäß dem *Überwältigungsverbot* dürfen Lehrpersonen die Schülerinnen und Schüler nicht mit einer Meinung überrumpeln; vielmehr soll die Fähigkeit gefördert werden, selbstständig über Politik und politische Probleme zu urteilen. Dazu ist es im Sinne des *Kontroversitätsgebots* notwendig, unterschiedlichen Perspektiven in Wissenschaft und Politik auch im Unterricht zu vermitteln. *Analysefähigkeit* und *operationale Fähigkeiten* meinen schließlich, dass der Schüler bzw. die Schülerin durch den Unterricht in politischer Bildung dazu imstande ist, eine politische Situation und die eigenen Interessen zu analysieren sowie die Politik nach seinen/ihren eigenen Interessen zu beeinflussen. (Sander 2004, S. 147; Gagel 1998, S. 126f, 133) Die auf dem ersten Blick heute als selbstverständlich erscheinenden Gebote sind bei genauerer Betrachtung allerdings nicht so einfach einzulösen: Die Lehrperson, ob sie nun will oder nicht, ist etwa aufgrund ihrer politischen Sozialisation in ihrer „Objektivität" partiell beeinträchtigt. Außerdem stellt sich die Frage, wo kontroverse Meinungen enden und das Vorurteil beginnt. Schließlich ist auch der Begriff des „Interesses" problematisch, wenn die Durchsetzung individueller Interessen die Freiheit des anderen einzuschränken droht. (Hellmuth 2009a, S. 11–20; Schiele 1996, S. 1–13, siehe dazu auch Kapitel II.3, S. 96f)

Nicht nur in der BRD, sondern auch in *Österreich* wurde die politische Bildung in den 1970er-Jahren zum Gegenstand parteipolitischer Konflikte. So wurde zwar begonnen, die bundesdeutschen Forschungen zur Didaktik der politischen Bildung zu rezipieren und – wie etwa Norbert Schausberger (Schausberger 1970) – politische Konflikte als notwendiger Bestandteil der Demokratie zu betrachten. Die fachdidaktische Diskussion blieb aber letztlich aufgrund der Auseinandersetzung ob der Einführung eines eigenen Faches „Politische Bildung" in der Mittelschule auf der Strecke.

Bereits Mitte der 1950er-Jahre war über ein eigenes Unterrichtsfach diskutiert worden, dem aber die sogenannte „Ständige Pädagogische Konferenz"[6] im Unterrichtsministerium ablehnend gegenüberstand. (Wassermann 2004, S. 30) Ab dem Schuljahr 1970/71 wurde eine „Unverbindliche Übung" und 1971/72 die Arbeitsgemeinschaft „Geschichte

6 Die „Ständige Pädagogische Konferenz" war 1955 für Schulgesetzverhandlungen eingerichtet worden und hielt vier Tagungen – 1955, 1956, 1958 und 1961 – ab. Auf der zweiten Tagung wurde auch die staatsbürgerliche Bildung behandelt.

und Sozialkunde – Geographie und Wirtschaftskunde“, die laut Gesetzgeber eine „zeitgemäße Staatsbürgerkunde“ (zit. nach Wolf 1998, S. 28) garantieren sollte, an den Mittelschulen eingeführt. 1973 folgte die Gründung einer eigenen Abteilung für Politische Bildung im Unterrichtsministerium, und 1974 versuchte das Ministerium, politische Bildung in der Abschlussklasse der AHS und der BHS, in der bereits das Fach „Staatsbürgerkunde“ existierte, als Pflichtfach einzuführen. Damit wurden – nicht zuletzt aufgrund der fehlenden fachdidaktischen Diskussion in Österreich – „die alten Instrumentalisierungsängste, Verdächtigungen und auch traumatischen Erinnerungen, die mit dem Thema ‚Politik und/in Schule und Unterricht‘ offenbar nach wie vor vorhanden waren“, geweckt. (Dachs 2008, S. 19) Im Zusammenhang mit der Berufsschule waren solche Ängste offenbar nicht vorhanden. Dort existierte bereits, ähnlich wie in der BMHS, ein eigenes Fach „Staatsbürgerkunde“, das 1976 in „Politische Bildung“ umbenannt wurde. (Wolf 1998, S. 28)

Das „Verhinderer-Kartell“, wie Herbert Dachs die Widerstandsfront gegen die Einführung eines eigenen Faches in der Mittelschule bezeichnet (Dachs 1996, S. 14), bestand zum einen aus der Vertretung der Geschichte- sowie Geografielehrer und -lehrerinnen, die – wohl nicht ganz zu unrecht – wegen möglicher Stundenkürzungen besorgt waren. Zum anderen gehörten diesem „Kartell“ die parlamentarische Opposition an, die aufgrund der SPÖ-Alleinregierung politische Indoktrination befürchteten. Aber auch Sozialdemokraten standen der Einführung eines eigenen Faches in der AHS skeptisch gegenüber, weil sie dem mehrheitlich konservativen Lehrkörper auf keinen Fall die politische Bildung überlassen wollten.

Der Plan, in der Mittelschule ein eigenes Fach „Politische Bildung" zu schaffen, wurde schließlich zugunsten eines Grundsatzerlasses fallen gelassen, der politische Bildung als Unterrichtsprinzip für alle Schulfächer festlegte. (Wolf 1998, S. 28–48; Dachs 2008, S. 19f) Der ursprünglich vom Ministerium vorgelegte Grundsatzerlass wurde von einer Expertenkommission aus Vertretern der SPÖ, ÖVP und FPÖ umformuliert. Diese neue konsensfähige Fassung verengte den ursprünglich weit gefassten Demokratiebegriff und maß der Institutionenkunde wieder verstärkte Bedeutung bei. Anstatt Konflikte als notwendige Bestandteile der Demokratie zu akzeptierten, wurde neuerlich der Konsensgedanke betont. Der Grundsatzerlass strich demnach wieder die bejahenden und gemeinsamen Aspekte der Gesellschaft hervor; die kritische Infragestellung des bestehenden gesellschaftlichen Regel- und Normensystems war nicht oder nur im gemäßigten Ausmaß erwünscht. (Wassermann 2004, S. 31f; Dachs 1979, S. 13) Als wesentliches Anliegen der politischen Bildung galt daher die „Erziehung zu einem demokratisch fundierten Österreichbewusstsein" und zu einem „gesamteuropäischen Denken". (zit. nach Wolf 1998, S. 45).

In der *Schweiz* war Ende der 1960er-Jahre die Identifikation mit dem Gesamtstaat zum Teil brüchig geworden. Innovationsfreudigkeit ging neuerlich vom französischsprachigen Westen aus. Zum einen zeichnete dafür der gesellschaftliche Klimawandel seit Ende der 1960er-Jahre verantwortlich, zum anderen die damals fragile Schweizer Konsensdemokratie: Während die Schweiz nach dem Zweiten Weltkrieg – ähnlich wie in Österreich – ihr Überleben nur durch das Überwinden der inneren Widersprüche zu gewährleisten glaubte, ließ die schwächere wirtschaftliche Entwicklung in der Westschweiz einen solchen Konsens nur noch partiell zu. (Frischknecht u. a. 1984, S. 40). Die Westschweizer Kantone rückten allerdings enger zusammen und stellten erstmals den sogenannten „Kantönligeist" hintan. Unter anderem wurden die Lehrpläne vereinheitlicht und neuen Fächer eingeführt, die Themen der politischen Bildung behandelten: die Fächer „connaissance de l'environnement" (Umweltkunde) für die erste bis sechste Schulstufe sowie „histoire et éducation civique" (Geschichte und staatsbürgerliche Erziehung) für die siebte bis neunte Schulstufe.

In den 1970er-Jahren wurde die Bewegung zwar durch einen neuerlich aufflammenden Kantonalismus gebremst, die Grundlagen für die weitere Entwicklung waren jedoch geschaffen: 1977 legte die „Commission romande d'éducation civique" (CREC) eine neue Konzeption für den politischen Unterricht vor, der neben traditionellen pädagogischen Vorgaben auch manche Innovationen enthielt. Zwar standen die Charakterbildung und das Wecken nationalen Bewusstseins weiterhin auf der Agenda des politischen Unterrichts, ebenso besaß die Institutionenkunde bzw. die reine Wissensvermittlung einen hohen Stellenwert. Fortschrittlich war aber, dass gesellschaftliche Konflikte, Pluralismus und Kritikfähigkeit als demokratische Normalität akzeptiert, soziales Lernen als notwendiger Bestandteil politischer Bildung betrachtet sowie ein handlungsorientierter und schülernaher Unterricht gefordert wurde. (Quakernack 1991, S. 70f, 73f, 80–89) Letztlich hat aber die Schulreform in der Westschweiz „keine Umstrukturierung des Teilsystems ‚Schule' im Sinne einer grundlegenden Demokratisierung" bewirkt. „Vielmehr scheint man [...] vorrangig das Erziehungssystem als eine besondere Form von ‚Investition in die Gesellschaft' zu betrachten, in dem eine effektive Ausbildung zum Nutzen der internationalen Wettbewerbsfähigkeit ungleich höher bewertet wird als pädagogische Ideale wie etwa Humanisierung oder Demokratisierung der Schule". (Quakernack 1991, S. 73f)

7. Stillstand und neue Wege: Politische Bildung seit den 1980er-Jahren

Die 1980er-Jahre erwiesen sich für die politische Bildung als eine Zeit des Status quo. Lediglich in Österreich wirkten die Diskussionen der 1970er-Jahren noch ein wenig nach, um schließlich ebenfalls zu erstarren. Erst in den 1990er-Jahren kam in der Bundesrepublik Deutschland, nicht zuletzt infolge der Wiedervereinigung, neuerlich Bewegung in die politische Bildungslandschaft. Österreich und die Schweiz zogen dagegen erst in den letzten Jahren nach.

Für die *Bundesrepublik Deutschland* beschreibt Wolfgang Sander (2004, S. 149) die Situation der politischen Bildung in den 1980er-Jahren als „bleierne Zeit". Die Bildungspolitik insgesamt und die politische Bildung im Speziellen befanden sich zu dieser Zeit in einer Krise. Bildungspolitische Maßnahmen scheiterten an parteipolitischen Machtkämpfen und äußeren Einflussgrößen wie hohe Arbeitslosigkeit unter Lehrenden bzw. das Wegbrechen der Studierendenzahlen in den Lehramtsstudien. Etwa 15 Jahre lang wurden im gesamten Bundesgebiet keine durch Emeritierung freiwerdenden Professuren im Bereich der Politikdidaktik nachbesetzt. Dies hatte zur Folge, dass sich innerhalb dieser Zeit auch nur wenig wissenschaftlicher Nachwuchs für die hochschulische

Laufbahn qualifizierte und in Summe auch die Zahl an wissenschaftlichen Publikationen sank bzw. die wissenschaftliche Weiterentwicklung der Politikdidaktik praktisch zum Erliegen kam (Sander 2004, S. 149).

Erst in den 1990er-Jahren verbesserte sich die Situation der politischen Bildung. Die Wiedervereinigung Deutschlands hatte dazu geführt, dass sich die westdeutsche Tradition der politischen Bildung auch in den neuen Bundesländern zu etablieren begann und somit Lehrstühlen an Hochschulen geschaffen wurden. Denn nach dem Zerfall der DDR – in der es mehrere Jahrzehnte das Fach Staatsbürgerkunde als Grundlage der Herrschaftslegitimation bzw. als parteipolitisch instrumentalisierten Gesinnungsunterricht gegeben hatte (Grammes/Schluß/Vogler 2006; Kapitel I.8) – „zeigte sich, dass sich innerhalb dieser Infrastruktur [der sozialistischen politischen Erziehung der DDR, Anm. d. V.] keine informellen, gewissermaßen ‚subversiven' Denkansätze und Diskurse zur politischen Bildung entwickelt hatten, von denen aus nach der Befreiung von der Vorherrschaft der SED *originäre* Beiträge der DDR-Wissenschaft zur wissenschaftlichen Diskussion im vereinigten Deutschland geleistet werden können" (Sander 2004, S. 21).

Eine zusätzliche öffentliche wie auch wissenschaftspolitische Positionierung erzielte die Politikdidaktik in Deutschland mit der Gründung der Gesellschaft für Politikdidaktik und politische Jugend- und Erwachsenenbildung (GPJE) im Jahr 1999. Die GPJE versteht sich als Fachgesellschaft, deren Ziel das Vorantreiben des politikdidaktischen Diskurses und somit der stärkeren wissenschaftlichen Verortung der Politikdidaktik ist. Bereits im Namen der GPJE wird eine Öffnung hin zu außerschulischen Angeboten und Formen der Politischen Bildung angedeutet und somit der wissenschaftliche Diskurs auf zunehmend breiterer Ebene geführt. Einmal im Jahr führt die GPJE eine wissenschaftliche Jahrestagung durch, in der auch der wissenschaftliche Nachwuchs die Möglichkeit hat, Forschungsprojekte oder Promotionsvorhaben zu präsentieren und diese mit den Mitgliedern zu diskutieren. Eine eigene Schriftenreihe komplettiert das Angebot.

Darüber hinaus ist es bereits im Jahr 1997 zur Gründung der Fachzeitschriften „kursiv – Journal für politische Bildung“ und „POLIS – Report der Deutschen Vereinigung für politische Bildung“ gekommen. Die Zeitschrift „kursiv“ widmet sich dezidiert Themen der Politikdidaktik im schulischen wie im außerschulischen Kontext. Die Zeitschrift POLIS versteht sich dagegen mehr als Verbandszeitschrift, die immer wieder auch Beiträge zur Politikdidaktik veröffentlicht. (Sander 2004, S. 151)

Bereits im Jahr 2003 hat die GPJE einen Entwurf zu nationalen Bildungsstandards für Politische Bildung formuliert. Anders als in Österreich, wo der Auftrag „top-down“ durch das zuständige Ministerium an eine Experten- und Expertinnenkommission erteilt wurde, war in Deutschland die Fachgesellschaft als „bottom-up“-Initiative aktiv geworden. Der Entwurf umfasst neben der Formulierung von Bildungsstandards auch konkrete Forderungen wie etwa eine Vereinheitlichung der Bezeichnung des Faches. (Detjen u.a. 2004) Somit hat die GPJE „[...] erstmals in der Geschichte der politischen Bildung in Deutschland eine aus dem Fach selbst kommende und in der Wissenschaft konsensfähige Formulierung von Zielen der politischen Bildung vorgelegt, die sich nicht auf allgemeine Grundlagen beschränkt, sondern in elaborierter und differenzierter Form beschreibt, was Schülerinnen und Schüler in diesem Fach lernen können.“ (Sander 2004, S. 42) Der Entwurf der GPJE wird in den letzten Jahren von den Bundesländern als Rahmen bei der Neugestaltung von Lehrplänen für die politische Bildung herangezogen.

Auch in der *Schweiz* blieb die Entwicklung der politischen Bildung in den 1980er-Jahren auf dem Status quo. Ebenso ergab sich in den 1990er-Jahren[7] eine „sehr ernüchternde Lage“. (Oser/Reichenbach 1999, S. 37) Das Fach Staatsbürgerkunde wurde und wird bis heute in kaum einem Kanton angeboten, vielfach wird politische Bildung im Geschichtsunterricht, was eine „traditionelle Geringhaltung des politischen Unterrichts im Rahmen des Faches Geschichte“ (Oser/Reichenbach 1999, S. 10) nach sich zieht, oder im „Lebenskunde“-Unterricht angeboten. Damit besteht freilich „die Gefahr, dass sie nirgendwo mehr ihren Platz hat“ (Heimberg 2005, S. 53), gleichsam als Anhängsel betrachtet wird und als solches an die Peripherie des Unterrichts gerückt wird. Eine IEA-Studie zur „Civic Education“ aus dem Jahr 2003, bei der 90.000 Jugendliche zwischen 14 und 15 Jahren in 28 Ländern befragt wurden, zeigt eine ähnliche problematische Situation wie bereits in den 1990er-Jahren. (Oser/Biedermann 2003) Deutlich wurden in dieser Studie auch die Probleme, die in der Schweiz seit langem einer effizienten politischen Bildung entgegenstehen: Die Regionen- und Sprachgrenzen überschreitende Zusammenarbeit

7 Unter dem Titel „Civic Education“ wurde 1994 in einem Projekt die Praxis politischer Bildung in 24 Ländern, darunter auch der Schweiz, untersucht. Ein zweites Projekt startete drei Jahre später anlässlich des Jubiläums „150 Jahre Bundesstaat Schweiz“.

ist bescheiden, womit auch die flächendeckende Einführung eines eigenen Faches „Politische Bildung“ erschwert wird. Im Übrigen wird ein solches Fach – wie die IEA-Studie zeigt – von der Mehrheit der Lehrer und Lehrerinnen auch gar nicht gewünscht. (Oser 2005, S. 14)

Eine Studie über politische Bildung in Volksschulen (Künzli/Da Rin 2006) hat zudem gezeigt, dass die mythischen Vorstellungen des 19. Jahrhunderts, die eine Kontinuitätslinie vom vermeintlichen Rütlischwur und dem Bundesbrief von 1291 bis zur Schweizer Demokratie in der Gegenwart ziehen, bis heute in mehr oder weniger abgewandelter Form wirksam sind. So lassen sich in der Schweiz zwei Verständnisformen politischer Bildung unterscheiden: Zum einen die (basis-)demokratische und zum anderen die (national-)schweizerische Lernzielorientierung. Bei der (basis-)demokratischen Lernzielorientierung geht es um die Entwicklung einer demokratischen Identität. Diese Orientierung birgt aber auch die Gefahr, den Mythos der Schweizer Basisdemokratie zu transportieren und somit die gegenwärtige politische Situation zu vernachlässigen, die aufgrund einer zunehmenden europäischen Integration und Globalisierung keine absolute Autonomie mehr zulässt. (Caldéron-Grossenbacher 1998, S. 65) Die (national-)schweizerische Orientierung hat wiederum zum Ziel, das Bewusstsein für die Schweiz als Nation sowie für Schweizer Tradition und Kultur zu wecken, d. h. schweizerische Identität zu konstruieren und somit zum Mythos Schweiz beizutragen. Eine kritische Analyse der Politik und gesellschaftlichen Unterschiede scheint im schulischen Alltag noch immer ein Tabu zu sein. Die Schule übernimmt folglich in der Schweiz eine zentrale Aufgabe bei der Konstruktion einer statischen Schweizer Identität. Moderne politische Bildung sollte aber gerade diese Identitätsbildung kritisch hinterfragen, d. h. den Sinn der Mythenbildung offen legen. (Hellmuth 2009a, S. 11–20) „An Stelle einer statisch-rückwärtsgewandten Definition der eidgenössischen Identität und damit einhergehend status quo-orientierten Grundhaltung müsste [...] ein Verständnis von Identität als dynamischer Prozess treten, in dem Identitätsmerkmale als historisch entstanden und somit veränderbar gesehen werden." (Caldéron-Grossenbacher 1998, S. 66) Das Europäische Jahr der Demokratieerziehung scheint allerdings 2005 frischen Wind in die politische Bildungslandschaft der Schweiz gebracht zu haben. (Jung/Reinhardt/Ziegler 2007, S. 252–263) Erst jüngst wurde etwa, ähnlich wie in der Bundesrepublik Deutschland und in Österreich, eine Kompetenzmodell entwickelt, das zur „Mündigkeit" der Schüler und Schülerinnen beitragen soll. (Gollob 2007)

In *Österreich* kam es Ende der 1970er-Jahre im Zuge der Einführung des Unterrichtsprinzps Politische Bildung (Kapitel I.6, S. 68) zu einem kurzen Aufschwung: Ein Projektteam wurde vom Unterrichtsministerium mit der Entwicklung eines Lehrgangskonzepts beauftragt. Einer der Mitglieder des Teams, Rudolf Wimmer, beschreibt die damalige Situation wie folgt: „Sie [die Vorarbeiten, Anm. d. V.] sind eingebettet in die politische Auseinandersetzung und gesellschaftlichen Reformbestrebungen, die untrennbar mit dem Beginn der Kreisky-Ära verbunden sind. Diese Ära kennzeichnet das Ende der Wiederaufbauphase und den Beginn eines weitreichenden gesellschaftlichen Transformationsprozesses [...]." (Wimmer, 2008, S. 36) Basierend darauf wurde ein innovatives Lehrgangskonzept entwickelt, das, seiner Zeit voraus, auch Tabubrüche innerhalb der bisherigen Usancen in der

Weiterbildung von Lehrenden ergeben hat. So war es beispielsweise bis dahin unüblich, dass Lehrende unterschiedlicher Schultypen gemeinsam ein Weiterbildungsangebot besuchten.

Bei der Entwicklung des Lehrgangskonzepts stützte sich das Entwicklungsteam auf die unterschiedlichen Entwürfe des Unterrichtsprinzips. Somit wurden viele Inhalte und Überlegungen, die im endgültigen Text des Unterrichtsprinzips nicht mehr enthalten waren, zumindest ansatzweise im Lehrgangskonzept verwirklicht. Gertraud Diem-Wille (2008, S. 52–82) bezeichnet diese Überlegungen als „Gestaltungsprinzipien", die Schule als demokratischen Lebensraum, das Nachdenken über Probleme und deren gesellschaftliche Bedeutung, erfahrungsorientiertes und soziales Lernen sowie die Einbeziehung der geschlechterspezifischen Perspektive umfassen. Diese vier Gestaltungsprinzipien lassen erahnen, inwieweit sich der Hochschullehrgang von bisherigen Angeboten unterscheiden sollte. In den frühen 1980er-Jahren wurde der Hochschullehrgang schließlich als flankierende Maßnahme zum Unterrichtsprinzip Politische Bildung implementiert. Dieser Lehrgang existiert auch heute noch innerhalb der österreichischen Hochschullandschaft.

Ansonsten kamen allerdings in den 1980er-Jahren die Entwicklungen im Bereich der Politischen Bildung beinahe wieder zum Erliegen. Dachs (2008, S. 29) kommt zu dem Befund, dass bereits nach wenigen Jahren „[...] der in gewissem Ausmaß vorhandene Reformelan um die Politische Bildung freilich wieder verflacht und der Alltag wieder eingekehrt [ist]. Dieser Alltag war u. a. davon gekennzeichnet, dass nur ein relativ kleiner Teil der LehrerInnen über das Unterrichtsprinzip für ein Engagement für Politische Bildung gewonnen werden konnte bzw. sich für eine entsprechende Umsetzung im Unterricht regelmäßig engagierte." (Dachs, 2008, S. 29)

Mehr als zehn Jahre nach der Veröffentlichung des Grundsatzerlasses zur politischen Bildung kamen auch diverse Effizienzstudien (Haubenwallner 1990; Fassmann/ Münz 1991) zu dem Ergebnis, dass die Verwirklichung des Unterrichtsprinzips im schulischen Alltag noch forciert werden könnte. In der Folge initiierte die Bundesschülervertretung im Herbst 1991 eine Arbeitsgruppe mit dem Ziel, die Situation der politischen Bildung an Schulen in Österreich nachhaltig zu verbessern. Dieser Arbeitsgruppe gehörten auch Vertreter und Vertreterinnen aus der Wissenschaft an. Zentrale Forderungen waren vor allem die Einführung eines verpflichtenden Unterrichtsfaches Politische Bildung in der AHS-Oberstufe, damit einhergehend die Schaffung eines eigenen Lehramtsstudiums an Universitäten und Pädagogischen Akademien[8] sowie die Veränderung der Lehrpläne, um nicht nur Institutionenkunde, sondern auch die Behandlung „aktuelle[r] Fragen des politischen Systems" (Wolf 1998, S. 63) im Unterricht zu etablieren. Von der Politik sind diese umfangreichen Forderungen zur Stärkung der Politischen Bildung nicht aufgegriffen worden. Ab Mitte der 1990er-Jahre wurde zwar die Bezeichnung „Staatsbür-

8 Die Ausbildung von Lehrern und Lehrerinnen für die Volks-, Haupt- und Sonderschule erfolgt in Österreich nicht an der Universität, sondern an Pädagogischen Hochschulen, die im Jahr 2007 aus den Pädagogischen Akademien hervorgegangen sind. Im selben Jahr wurden zudem die berufspädagogischen Akademien, die für die Ausbildung von Berufsschullehrer und -lehrerinnen zuständig waren, in die Pädagogischen Hochschulen integriert.

gerkunde" im berufsbildenden Schulwesen vermehrt durch den Begriff „Politische Bildung" ersetzt und schließlich auch die Ausbildung der Berufsschullehrer und -lehrerinnen institutionalisiert. Erst im Schuljahr 2001/02 kam es aber zur Einführung der Fächerkombination „Geschichte, Sozialkunde und Politische Bildung" in der AHS-Oberstufe. Die lang gehegte Forderung, politische Bildung an der AHS als eigenständiges Fach zu etablieren, konnte auch diesmal nicht umgesetzt werden. Zudem blieb die Diskussion über politische Bildung weiterhin vor allem auf die – zugegebenermaßen durchaus wichtige – Frage der Institutionalisierung beschränkt. Über Inhalte einer adäquaten Fachdidaktik wurde bis vor Kurzem aber nur peripher diskutiert.

Im Jahr 2008 – im Zuge der Senkung des aktiven Wahlalters auf 16 Jahre – folgten neuerlich diverse Studien. Unter anderem wurde auch das Unterrichtsprinzip Politische Bildung evaluiert. 49 Prozent der befragten Lehrer und Lehrerinnen gaben bei ungestützter Fragestellung an, dass sie das Unterrichtsprinzip Politische Bildung kennen. (BMUKK 2008) Dieser hohe Wert gibt aber keine Auskunft über Umfang und Qualität der Umsetzung des Unterrichtsprinzips im Unterricht. Im Zuge dieser Studie wurden Lehrende aller Fächer und Schultypen befragt, da im Sinne des Unterrichtsprinzips jeder Lehrer bzw. jede Lehrerin auch politische Bildung unterrichten sollte.[9] Insgesamt komplettieren aktuell

9 Insgesamt wurden im November 2007 500 Lehrer und Lehrerinnen aus Österreich im Zuge einer Telefonumfrage befragt. Zusätzlich erfolgte die Durchführung von sechs Fokusgruppen in unterschiedlichen Landeshauptstädten. Die Ergebnisse sind repräsentativ für Österreich. Die Schwankungsbreite liegt bei +/- 4,3 Prozent. Auftraggeber war das Bun-

elf weitere Unterrichtsprinzipien die österreichische Schullandschaft.[10]

Die Gründe für die unzureichende Berücksichtigung des Unterrichtsprinzips im Unterricht sind vielfältig: So verlangt der Unterricht von den Lehrenden, wenn politische Bildung nicht als reine Institutionenkunde verstanden wird, „[...] sich zu exponieren, sich der möglichen Kritik von Vorgesetzten, KollegInnen und Eltern auszusetzen". (Wolf, 1998, S. 60) Zudem fehlt in politischer Bildung eine standardisierte Ausbildung für Lehrer und Lehrerinnen bzw. ist das Angebot an den Pädagogischen Hochschulen unzureichend. Überhaupt ist die institutionelle Verankerung der Politischen Bildung verbesserungswürdig. In den 1980er-Jahren gab es nur eine entsprechende Abteilung im Unterrichtsministerium, die vor allem administrative Tätigkeiten übernahm. Erst viel später entstand mit Einrichtungen wie etwa dem „Zentrum Polis" oder dem „Demokratiezentrum" eine Anlaufstelle für Lehrende. Die Umsetzung von Unterrichtsprinzipien im Allgemeinen bzw. des Unterrichtsprinzips Politische Bildung im Speziellen kann allerdings nicht überprüft werden, weder hinsichtlich des Umfangs noch der Qualität der Umsetzung. Schließlich hat bis vor Kurzem weder ein öffentlicher noch wissenschaftlicher Diskurs zu Themen der politischen Bildung stattgefunden.

---

desministerium für Unterricht, Kunst und Kultur. Der Forschungsbericht blieb unveröffentlicht.

10 Neben der Politischen Bildung umfassen die Unterrichtsprinzipien Gesundheitserziehung, Umweltbildung, Sexualerziehung, Interkulturelles Lernen, Gleichstellung von Frauen und Männern, Medienerziehung, Verkehrserziehung, Wirtschaftserziehung, Europaerziehung, Leseerziehung und entwicklungspolitische Bildungsarbeit.

Mit der Senkung des Wahlalters auf 16 Jahre im Jahr 2007 kam es aber innerhalb der österreichischen Bildungslandschaft zu einigen Initiativen im Bereich der Politischen Bildung. (Filzmaier/Klepp 2009; Klepp 2008) So wurde 2008 der erste Lehrstuhl für Didaktik der Politischen Bildung an der Universität Wien eingerichtet und im Auftrag des Unterrichtsministeriums ein Kompetenz-Strukturmodell (Krammer 2008, S. 5–14; Kapitel II.4, S. 110) entwickelt sowie die Lehrplänen der Pflichtschulen überarbeitet. Parallel zum Unterrichtsprinzip wird Politische Bildung nun als Fächerkombination „Geschichte und Sozialkunde/Politische Bildung" in der Hauptschule und der AHS-Unterstufe angeboten. Um die Lehrkräfte dahingehend bestmöglich aus- und weiterzubilden, sind an den Pädagogischen Hochschulen unterschiedliche Qualifizierungsmaßnamen – von der einmaligen Weiterbildung bis hin zu Hochschullehrgängen – implementiert worden. Darüber hinaus startete im Herbst 2009 ein Masterstudium „Politische Bildung" an der Johannes-Kepler Universität Linz.

Es bleibt allerdings abzuwarten, ob die Geschichte der politischen Bildung in Österreich sich nicht wiederholt und nach einer intensiven politischen wie medialen Auseinandersetzung nicht wieder Stillstand eintritt. (Dachs, 2008, S. 29) Um dies unter anderem zu vermeiden, wurde 2009 eine überparteiliche „Interessensgemeinschaft für Politische Bildung" (IGPB) gegründet. Ihr Ziel ist es, eine öffentlichkeitswirksame Plattform für politische Bildung in Österreich aufzubauen und eine stärkere Vernetzung zwischen Wissenschaft und Praxis zu erzielen. Die IGPB will in Zukunft mit Tagungen, Workshops und Diskussionsveranstaltungen zu Inhalten der politischen Bildung an die Öffentlichkeit treten.

8. Politische Bildung in der DDR

Zunehmend werden staatssozialistische Systeme sowohl im wissenschaftlichen als auch alltäglichen Diskurs mit faschistischen und autoritären Staaten gleichgesetzt, wobei hier vielfach ein quantitativer Aspekt, d. h. die Anzahl der Opfer im Mittelpunkt steht. Ein solcher Vergleich ist freilich problematisch, zumal hier lediglich ein Teilaspekt, auch wenn dieser durchaus bedeutend ist, behandelt wird. Die „Qualität", die hinter den Systemen steckenden ideologischen Komponenten sowie die unterschiedlichen Formen der Repression, bleiben dabei zum Teil bzw. weitgehend ausgeblendet, obwohl diese zum Verständnis der jeweiligen Systeme von essenzieller Bedeutung sind.

Freilich finden sich etwa in den Erziehungssystemen der DDR und des nationalsozialistischen Deutschlands manche Gemeinsamkeiten: Erziehung wurde etwa als politisch verstanden und war nicht nur auf den schulischen Bereich beschränkt. Um einen umfassenden Zugriff auf Kindheit und Jugend zu garantieren, besaßen nicht nur die Schulen, sondern auch Jugendorganisationen – in der DDR die Jungpioniere, die Thälmannpioniere und die Freie Deutsche Jugend (FDJ) – große Bedeutung im Erziehungswesen. (Sander 2004, S. 99; Detjen 2007, S. 202)

Bei genauerer Betrachtung zeigen sich aber auch fundamentale ideologische Unterschiede: Während die nationalsozialistische Erziehung die Ausschaltung der Individualität anstrebte, war dem „sozialistischen Erziehungsprogramm [...] von Anfang an ein Widerspruch implementiert". So wurden die „sozialistische Persönlichkeit mit durchaus progressiven Zügen" und die Erziehung zur Kritikfähigkeit gefordert,

„in der politischen und gesellschaftlichen Praxis, etwa in Form von Beteiligungsrechten“, waren diese aber letztlich unerwünscht. „Die geforderte effektive Umerziehung zum Antifaschismus“, schreibt Sabine Dengel, „ist daher keine substantielle, sondern beabsichtigt lediglich die formative und manipulative Ausrichtung auf neue Inhalte.“ (Dengel 2005, S. 142f) Darin spiegelt sich auch der Widerspruch, welcher der Vorstellung einer „Volksdemokratie“ immanent ist. Während der westliche Demokratiebegriff einem Pluralismus verpflichtet ist, d. h. davon ausgeht, dass erst infolge eines demokratischen Prozesses der größtmögliche Nutzen für alle erreicht werden kann, basiert der Begriff der „Volksdemokratie“ auf der Annahme eines „Gemeinwohls an sich“, das bereits feststeht und daher keiner Diskussion, also keines Wettbewerbs unterschiedlicher Interessen und Wertvorstellungen bzw. Parteien bedürfe. (Pelinka 2000, S. 50)

Unmittelbar nach 1945 existierte in der sowjetischen Besatzungszone allerdings noch kein Programm, das Schule im Sinne der Erziehung zur „sozialistischen Persönlichkeit“ instrumentalisiert hätte. Erst 1949, wohl nicht zufällig mit dem Ausbruch des Kalten Krieges, wurden alle Lehrer und Lehrerinnen auf den Marxismus-Leninismus verpflichtet und die Schule somit in den Dienst einer sozialistischen Volksdemokratie gestellt. (Sander 2004, S. 92–97) Dabei konnte die DDR „für die Konstitution und Perpetuierung von Herrschaft“ – ähnlich wie der Nationalsozialismus – auf die Traditionen der bürgerlichen Gesellschaft bzw. „deutscher Erziehungsstaatlichkeit“ zurückgreifen. (Dengel 2005, S. 142) Es scheint kein Zufall, dass im Jahr 1957 das Fach „Staatsbürgerkunde“ die „Gegenwartskunde“ verdrängte, die noch in der sowjetischen Besatzungszeit als Unterrichtsprinzip eingeführt und ab 1950 als eigenes Fach unterrichtet worden war. Freilich wollte die DDR mit der Einführung der „Staatsbürgerkunde" ihre Verbundenheit zur Demokratie ausdrücken, zumal der Begriff unter anderem an die Weimarer Republik erinnerte (Detjen 2007, S. 200f), auch wenn die Vorstellungen der Volksdemokratie weit vom bürgerlich-demokratischen Modell abwichen. In der Begriffswahl offenbarte sich aber auch, dass sich das Erziehungssystem der DDR von den bürgerlichen Traditionen keineswegs befreit hatte; war doch bereits in der wilhelminischen Zeit über die „Staatsbürgerkunde" als eigenes Fach heftig diskutiert worden.

Möglicherweise waren es diese bürgerlichen, die Widersprüche der Aufklärung spiegelnden Traditionen, die paradoxerweise reformpädagogische Ansätze zunächst als bürgerlich verwerfen ließen. Die Herausbildung der „sozialistischen Persönlichkeit" sollte vielmehr durch eine stark lehrerzentrierte und autoritäre Unterrichtskultur ermöglicht werden. Die Erfolglosigkeit des staatsbürgerkundlichen Unterrichts führte zwar letztlich zu Diskussionen über neue Unterrichtsmethoden, in der schulischen Praxis wurden diese aber kaum realisiert. Die Bildung eigener Meinungen und Urteile, die durch offene methodische Formen begünstigt worden wären, blieben in einem totalitären System wie der DDR unerwünscht. (Sander 2004, S. 104) Obwohl die Eigenständigkeit des Einzelnen im Konzept der „sozialistischen Persönlichkeit" durchaus implementiert war, entsprach sie keineswegs der Herrschaftspraxis, die Widerspruch von vornherein zu vermeiden suchte.

Neben der „Staatsbürgerkunde" eignete sich vor allem der Geschichtsunterricht, um „ideologische Überzeugung" zu gewährleisten. Die DDR wurde als Staat dargestellt, der im Sinne einer historischen Gesetzmäßigkeit die bürgerliche Gesellschaft hinter sich gelassen und die klassenlose Gesellschaft verwirklicht habe. (Sander 2004, S. 105) In den zwischen 1966 und 1977 herausgegebenen Lehrplänen findet sich daher ein System von „ideologischen Grundüberzeugungen", zu denen Gerhard Neuner, der Leiter der Lehrplankommissionen, unter anderem „die Überzeugung vom objektiven Charakter der Entwicklung in Natur und Gesellschaft" zählte. Ferner sollte „die Überzeugung von der historischen Mission der Arbeiterklasse unter der Führung der marxistisch-leninistischen Partei" vermittelt werden sowie „die Überzeugung von der Gewißheit, daß die Zukunft der ganzen Menschheit der Sozialismus ist, daß wir in der Deutschen Demokratischen Republik zu den Siegern der Geschichte gehören und daß der Sozialismus auch in der BRD siegen wird". (zit. nach Baske 1998, S. 141)

Dies bedeutete selbstverständlich auch, dass der Sozialismus gegen den Kapitalismus verteidigt werden müsse, weshalb der Wehrerziehung bereits Ende der 1960er-Jahre große Bedeutung beigemessen wurde. Zunächst war diese aber nicht offiziell in die Stundentafel integriert, sondern fand lediglich in fest dafür reservierten Zeiten statt. Seit 1978 gab es schließlich ein eigenes Fach „Wehrunterricht", das allerdings nicht wöchentlich, sondern in unregelmäßig stattfindenden Lehrgängen unterrichtet wurde. (Koch 2006, S. 124) Unter anderem war dafür wohl die enge, aber nicht ständig mögliche Kooperation mit außerschulischen Organisationen wie den Thälmann-Pionieren, der FDJ oder der Nationalen Volksarmee (NVA) verantwortlich, welche die umfassende Ideologisierung der Jugend beabsichtigte. Gemeinsam mit der „Staatsbürgerkunde" und dem Geschichtsunterricht, aber auch mit anderen Fächern hatte der „Wehrunterricht" die Aufgabe, die Schuljugend „mit glühendem Haß gegen die imperialistischen Feinde unseres Volkes und der Menschheit" zu erfüllen (zit. nach Schirrmeister 1987, S. 39).

Die ideologische Überzeugungsarbeit blieb allerdings, wohl nicht zuletzt aufgrund des stark lehrerzentrierten Unterrichts, relativ erfolglos. Dies zeigt sich unter anderem daran, dass auf Parteitagen und Pädagogischen Kongressen immer wieder darauf insistiert wurde, die staatsbürgerliche Erziehung und damit die politisch-ideologische Überzeugungsarbeit zu intensivieren. (Biskupek 2002, S. 25) Erreicht wurde aber eher die Verwandlung des „durchschnittlichen DDR-Bürger[s]" zu einer „gespaltene[n] Persönlichkeit" (Maaz 1990, S. 76). Der mit der sozialistischen Erziehung verbundene Anpassungsdruck ließ Konflikte verdrängen oder führte notgedrungen zur Identifikation mit dem totalitären Staat.

Mit dem Zusammenbruch der DDR wurde eine radikale Neuorientierung des Faches „Staatsbürgerkunde" im Sinne freier Meinungsbildung gefordert bzw. überhaupt die Schaffung eines neuen Faches verlangt. Dieses sollte sich mit jenen Gegenständen beschäftigen, die bislang unterdrückt oder als unwichtig betrachtet worden waren. Dazu gehörten Religion, nichtmarxistischer Philosophie, Umwelt oder auch praktische Fragen der Lebensbewältigung. (Biskupek 2002, S. 43–53; Detjen 2007, S. 207f) 1990 wurde schließlich das Fach „Staatsbürgerkunde" durch das neue Fach „Gesellschaftskunde" ersetzt, das einen starken lebensweltlichen Akzent aufwies und politische Bildung in erster Linie als soziales Lernen verstand. Eine eigene Ausbildung für das Fach existierte aber nicht, lediglich die Lehrer und Lehrerinnen mit den „erforderlichen fachlichen und pädagogischen Kompetenzen“ (zit. nach Biskupek 2002, S. 172) sollten für den Unterricht herangezogen werden. Erst nach der deutschen Vereinigung erfolgten die Einrichtung einer Lehrerfortbildung und schließlich die Etablierung einer Ausbildung für neue Fachlehrer und -lehrerinnen. Da es in der DDR aufgrund der politischen Kontrolle und Repression keine relevanten Entwürfe zur Politikdidaktik gegeben hatte, orientiert sich die Ausbildung stark an jener der alten Bundesrepublik. (Sander 2004, S. 110f)

II. Modellbildung

Im Folgenden wird versucht, ein Modell politischer Bildung zu kreieren, das sich unter anderem an subjekttheoretischen Erkenntnissen orientiert und somit politische Bildung auf eine kulturwissenschaftliche Grundlage stellt. Die traditionellen Modelle politischer Bildung werden auf diese Weise ergänzt und – durch die verstärkte Einbeziehung der Perspektive des Lernenden – für die Praxis tauglicher gemacht. Notwendig ist dabei zunächst die Verankerung des Begriffs der „Politik" auf einer subjekttheoretischen Ebene, damit in Verbindung die Behandlung politischer Sinnbildung und der dabei wichtigen Bedeutung von Sozialisationsprozessen. Schließlich werden auch Ansätze eines historisch-politischen Modells skizziert, nicht zuletzt aufgrund der großen Bedeutung, die Geschichte für die unterschiedlichen politischen Kategorien besitzt, sowie wegen der engen Verknüpfung des Geschichtsunterrichts mit politischer Bildung insbesondere in der Schweiz und in Österreich.

1. Definition von „Politik"

Grundsätzlich lässt sich Politik mit dem sogenannten „Dimensionen-Modell" umschreiben, das zwischen formaler, inhaltlicher und prozessualer Dimension unterscheidet. Unter der *formalen Dimension*, der „Form" der Politik („polity"), sind etwa die Verfassung oder politische Institutionen bzw. allgemeiner das Funktionieren politischer Systeme gemeint.

Dagegen umfasst die *inhaltliche Dimension*, die als „policy" bezeichnet wird, die Ziele und Aufgaben der Politik wie die Gestaltung gesellschaftlicher Verhältnisse sowie die Konkurrenz politischer Interessen und Ideologien. Die *prozessuale Dimension* hebt die „politics" hervor, d. h., sie beschreibt den Prozess der Durchsetzung politischer Ideen, die politische Willensbildung sowie die Formen der politischen Konfliktaustragung und Konsensbildung. (Kuhn 1999, S. 53–54)

„Polity" und „politics" sind einem weiten Politikbegriff verpflichtet, der keinen gesellschaftlichen Bereich von vornherein als unpolitisch ausschließt. Zum Teil überschreitet somit das „Dimensionen-Modell" den engen Politikbegriff, der im Sinne eines gouvernementalen Politikverständnisses, gleichsam in der Tradition der Staatsbürgerkunde (vgl. Kapitel I), breite Bereiche der Gesellschaft ausklammert. (Pelinka 2000, S. 18f) Daher sind auch Kultur, Bildung oder Sport, um nur einige Beispiel zu nennen, zumindest implizit als politisch zu behandeln. Die subjektive Ebene von Politik, die ebenfalls als Bestandteil eines weiten Politikbegriffs verstanden werden sollte, wird aber im „Dimensionen-Modell" vernachlässigt. (Hellmuth 2009a, S. 12–14)

Zur näheren Erläuterung der subjektiven Ebene ist zunächst von drei unveränderbaren Merkmalen des Politischen auszugehen: Knappheit, Konflikt und – als wohl wichtigstes Merkmal – Herrschaft bzw. Macht, die nicht als negativ oder positiv gewertet, sondern als Grundlage für politische Entscheidungen und Veränderungen betrachtet wird. *Knappheit* bedeutet, dass nicht alle Bedürfnisse, die im Zusammenhang mit materiellen und immateriellen Gütern entstehen, befriedigt werden können. Bei der Verteilung der Güter kommt es daher zu *Konflikten*, die etwa zwischen Vertretern unterschiedlicher Ideologien, zwischen Elite und Masse oder zwischen Zentrum und Peripherie ausgetragen werden. Die Austragung der Konflikte und die Entscheidung darüber ist Aufgabe der Politik, die über *Macht* verfügen muss, um politischen Entscheidungen letztlich Wirksamkeit verschaffen zu können. (Pelinka 2000, S. 21f) Diese Entscheidungen basieren wiederum auf Individualinteressen bzw. auf Interessen von Personengruppen, die diese als allgemein verbindlich durchzusetzen beabsichtigen. Dabei ist zu berücksichtigen, dass Politik nicht mit dem Staat gleichzusetzen ist, sondern sich in jeder sozialen Gruppe Politikfelder und selbst politische Institutionen bilden können. (Lange 2004, S. 41)

Kollektive Verbindlichkeiten werden im Staat und auch in kleineren sozialen Gruppen durch Herrschaft hergestellt, die sowohl vertikal als auch horizontal sein kann. Vertikale Herrschaft basiert auf einer gesellschaftlichen Struktur, die Befehlsgeber und gehorsame Untertanen voraussetzt. Horizontale Herrschaft definiert sich wiederum durch eine gemeinsame Identität zwischen Herrscher und Beherrschten oder – in demokratischen Gesellschaften – zwischen Regierung und Bürgerschaft. Aber auch in kleineren Gruppen, etwa in politischen Parteien, muss eine Identifikation zwischen Parteiführung und Parteimitgliedern bzw. Wählerschaft erfolgen, um politische Geltungsansprüche durchsetzen zu können. Damit notwendig verbunden ist politische Sinngebung, die eine gemeinsame Identität erst ermöglicht. (Leggewie 1995, S. 252)

Dirk Lange unterscheidet zwischen einem demokratischen und einem autokratischen Sinnbildungsmodus. (Lange 2004, S. 46–51) Ersterer geht vom aufklärerischen Postulat der politischen „Mündigkeit“ aus und betrachtet

Selbstbestimmung und politische Herrschaft als voneinander abhängig. Der Mensch sei von Natur aus dazu bestimmt, sich selbst gesellschaftliche Regeln und Normen zu schaffen, die eine weitgehende Realisierung individueller Freiheit gestattet (Kapitel I.1, S. 15). Der „mündige Bürger" nimmt demnach an der Politik aktiv teil, sei es nun durch Mitwirkung in politischen Organisationen oder Non Governmental Organizations (NGOs), Beteiligung an Bürgerinitiativen oder auch nur durch Teilnahme an Wahlen. Im Gegensatz dazu spricht der autokratische Sinnbildungsmodus, der auch in demokratischen Systemen zu finden ist, dem Menschen die Fähigkeit zur Selbstbestimmung ab und ermöglicht die Herausbildung höriger Untertanen. Kritik als Bestandteil der Sinnbildung steht diesem Sinnbildungsmodus entgegen.

2. Politische Sinngebung

> „Die Vorstellung von den absolut unabhängig voneinander entscheidenden, agierenden und ‚existierenden' Einzelmenschen ist ein Kunstprodukt der Menschen […]. An die Stelle des Bilds vom Menschen als einer ‚geschlossenen Persönlichkeit' […] tritt dann das Bild des Menschen als einer ‚offenen Persönlichkeit' […]." (Elias 1997, S. 70)

Politische Sinnbildung erfolgt durch die Reduktion der komplexen Wirklichkeit auf kohärente Sinnzusammenhänge, wodurch der Einzelne über ein Politikbewusstsein verfügt, das ihm Orientierungs- und Handlungssicherheit und damit auch die Gewissheit gewährt, angeblich „richtig" zu handeln. Politische Sinnbildung spielt sich zwar allein im Kopf eines einzelnen Menschen ab, sie ist aber auch abhängig von Sozialisationsprozessen, denen der Einzelne ausgesetzt ist. Sozialisation kann definiert werden „als der Prozeß der Entstehung und Entwicklung der Persönlichkeit in wechselseitiger Abhängigkeit von der gesellschaftlich vermittelten sozialen und materiellen Umwelt. Vorrangig thematisch ist dabei [...], wie sich der Mensch zu einem gesellschaftlich handlungsfähigen Subjekt bildet.“ (Geulen/Hurrelmann 1980, S. 51) Als soziale Umwelt werden etwa die unterschiedlichen Formen elterlicher Erziehung, die Lernprozesse in der Schule oder die Kommunikation auf dem Arbeitsplatz und in der Freizeit verstanden. Die materielle Umwelt umfasst dagegen unter anderem die Wohnumwelten, die unterschiedlichen Spielzeuge, die Kindern in einer Gesellschaft zur Verfügung stehen und als Sozialisationsinstrumentarien dienen, oder andere Konsumprodukte, die gewisse Lebensstile symbolisieren. (Tillmann 2007, S. 10f)

Sozialisationsprozesse prägen die Sinnbildung und damit auch die individuelle Identitätsbildung, die als subjektiver Konstruktionsprozess zu verstehen ist, „in dem Individuen eine Passung von innerer und äußerer Welt“, d. h. eine „stimmige Passung“ oder „innere Kohärenz“ und somit auch „Sinn“ suchen. (Keupp u. a. 1999, S. 7) Dabei spielt die Interaktion mit dem „anderen“ eine bedeutende Rolle: „Der andere ist ein lebendiger Mitschöpfer unseres Bewußtseins, unseres Selbst und unserer Gesellschaft.“ (Sampson 1993, S. 109) Das Subjekt ist demnach als ein gleichsam offenes System zu verstehen, das in Wechselbeziehung mit dem „Außen“ steht und auf Veränderungen seiner Umwelt reagiert. „Identität“, schreibt Stuart Hall, „vernäht oder verklammert das Subjekt mit der Struktur.“ (Hall 1994, S. 181) Um

Wandlungsprozesse individuell zu verarbeiten, besitzt der Einzelne somit verschiedene Wahrnehmungs- und Handlungsressourcen, die in der Begegnung mit anderen ausgehandelt und zum Teil durch die Einbindung in ein Kollektiv, etwa in soziale Gruppen und Milieus, über Generationen sozialisiert sind. Jan Assmann sieht Menschen daher von unterschiedlichen Formen des sogenannten „kollektiven Gedächtnisses" beeinflusst. Dieses Gedächtnis lässt sich wiederum in ein „kommunikatives" und ein „kulturelles Gedächtnis" differenzieren. Das kommunikative Gedächtnis ist Ergebnis der Alltagskommunikation, d. h. der Kommunikation mit anderen in spezifischen sozialen Räumen. „Diese anderen sind [...] keine beliebige Menge", schreibt Jan Assmann, „sondern Gruppen, die ein Bild oder einen Begriff von sich selbst, d. h. ihrer Einheit und Eigenheit haben und dies auf ein Bewusstsein gemeinsamer Vergangenheit stützen". (Assmann 1998, S. 10) Im Gegensatz dazu ist das kulturelle Gedächtnis durch seine Alltagsferne und die sinnstiftende Wirksamkeit von „Erinnerungsfiguren" gekennzeichnet. (Assmann 1998, S. 10) Solche Erinnerungsfiguren sind etwa spezifische und mythisierte historische Ereignisse, die sich in Denkmälern, Texten oder Ausstellungen manifestieren.

Pierre Bourdieu bezeichnet sozialisierte Wahrnehmungs- und Handlungsstrategien, die in bestimmten Situationen zur Verfügung stehen, als „Habitus". (Bourdieu 1997, S. 125–158) Im Sinne von Bernhard Seiler kann die Sozialisation von Wahrnehmungs- und Handlungsressourcen auch als „kognitive Strukturierung" umschrieben werden (Seiler 1973), wobei sich Seiler wiederum auf die kognitionspsychologische Schule des Psychologen Jean Piaget stützt. Dieser geht von einem Individuum aus, „welches aktiv in Interaktion mit der Umwelt tritt, entsprechend seinen ‚inneren' Bedingungen gegenüber den ‚äußeren Bedingungen' handelnd und dabei lernend agiert. […] In dieser Interaktion bildet das Kind kognitive Strukturen (Denkformen, Problemlösungsmuster) aus, mit denen es wieder auf seine jeweilige Umwelt zugeht." (Tillmann 2007, S. 94) Ähnliches meint auch Hans Lenk, wenn er alles kognitive Erfassen als schematisiert bzw. als Ergebnis schematischer Interpretation bezeichnet: „Alle Kognitionen, also alle Erkenntnisse, Wahrnehmungen und Deutungen, haben mit der Auslösung, Auswahl oder Anwendung sowie Überprüfung von Schemata zu tun, also mit der Etablierung, der Bildung von Schemata und deren Anwendung, deren Reaktivierung." (Lenk 2004, S. 88; vgl. dazu auch: Henkenborg 2008, S. 216–219)

Schemata werden folglich nicht nur passiv wiedergegeben, sondern dienen wie die „kognitive Struktur" oder der „Habitus" einem aktiven, konstruierenden Denken: Der Einzelne kann im Zuge von „Identitätsarbeit" die zur Verfügung stehenden Wahrnehmungs- und Handlungsressourcen oder Schemata durch neue ergänzen, etwa wenn neue Erfahrungen gemacht werden. Zudem verfügt das Individuum über die Fähigkeit, die ihm zur Verfügung stehenden Wahrnehmungs- und Handlungsressourcen oder Schemata je nach Situation unterschiedlich zu kombinieren. Das Individuum ist daher, obwohl durch Sozialisation gleichsam „programmiert", nur zum Teil ein Opfer seiner Sozialisation. Es besitzt durchaus die Möglichkeit, auf der Basis vorhandener und neu gewonnener Ressourcen individuelle Strategien zur Existenzbewältigung zu entwickeln, sich Umweltbedingungen also aktiv anzueignen, d. h. auf seine Lebensverhältnisse einen gestaltenden Einfluss zu nehmen. (Tillmann 2007, S. 11f)

Die Verklammerung des Subjekts, somit auch der politischen Sinnbildung, mit der gesellschaftlichen Struktur lässt sich an einem einfachen Strukturmodell zeigen, das die Sozialisationsbedingungen anschaulich darstellt und vier Ebenen unterscheidet (Geulen/Hurrelmann 1980, S. 64; Tillmann 2007, S. 17f): Die *erste Ebene* gilt als zentrale Ebene, zumal auf ihr die Herausbildung von Persönlichkeitsmerkmalen bzw. die subjektive Identitätsbildung erfasst wird, die als maßgebliche Instanz für die Handlungsfähigkeit eines Individuums betrachtet werden kann. Die Identitätsbildung erfolgt wiederum im sozialen Raum, d. h. durch gesellschaftlichen Austausch, der auf der *zweiten Ebene* des Modells dargestellt wird. Die *dritte Ebene* beschreibt die Institutionen, in denen sich dieser gesellschaftliche Austausch vollzieht, zum Beispiel die Familie, die Schule oder der Betrieb, in dem jemand arbeitet. Solche Institutionen sind als gesellschaftliche Subsysteme zu begreifen, von denen viele einen Beitrag zur Stabilität und zum Fortbestand des Gesamtsystems leisten. Der Schule kommt in diesem Zusammenhang wohl die größte Bedeutung zu, indem sie die Voraussetzungen schafft, „dass auf die Sozialisationsprozesse der heranwachsenden Generation ein politisch steuernder Einfluss genommen werden kann". (Tillmann 2007, S. 113f) Damit ist bereits die *vierte Ebene* angesprochen, welche die Eingebundenheit und Abhängigkeit von Individuen und Institutionen in ein – mit der Globalisierung weltweites – ökonomisches und gesamtgesellschaftliches System beschreibt. Gemäß der zumindest partiellen Autonomie des Individuums, das seine Umwelt aktiv antizipiert, besteht zwischen der gesellschaftlichen Makro- und Mikroebene ein wechselseitiges Verhältnis, das im Modell mit doppelseitigen Pfeilen ausgedrückt wird.

Ebene	Komponenten
(4) Gesamtgesellschaft ↕	ökonomische, soziale, politische und kulturelle Struktur ↕
(3) Institutionen ↕	Familie, Kindergarten, Schule, Universitäten, Betriebe, Vereine, Kirchen etc. ↕
(2) Interaktionen ↕	Eltern-Kind-Beziehung, schulischer Unterricht, Kommunikation zwischen Freunden etc. ↕
(1) Subjekt und Identität	Erfahrungen, Wissen, Einstellungen, Kompetenzen, Schemata, emotionale Strukturen etc.

Grafik 1: Strukturmodell der Sozialisationsbedingungen (nach Geulen/Hurrelmann 1980, S. 64)

3. Das „selbtreflexive Ich"

Politische Bildung muss dieses wechselseitige Verhältnis zwischen Individuum und gesamtgesellschaftlichem System auf zweierlei Weise berücksichtigen: Erstens hat sie sich in einer demokratischen Gesellschaft an den demokratischen Sinnbildungsmodus zu orientieren und ist daher verpflichtet, Handlungsfähigkeit innerhalb einer demokratischen politischen Kultur zu vermitteln. Zweitens ist dem Vorwurf der Indoktrination, der deswegen erhoben werden könnte, durch die ständige Reflexion über das Ausmaß der individuellen Autonomie zu begegnen, die zwar durch Sozialisationsprozesse partiell eingeschränkt ist, allerdings durchaus auch die aktive Aneignung von Umweltbedingungen gestattet. Dazu ist es notwendig, die kognitive Struktur in Bezug auf demokratisches politisches Denken und Handeln durch neue Ressourcen zu erweitern und den Lernenden zu befähigen, diese Ressourcen auch zu hinterfragen.

Die Herausbildung eines solchen „selbstreflexiven Ich" bedarf eines Ausgleichs zwischen den individuellen Bedürfnissen und des kollektiv geltenden Regeln- und Normensystems, mit anderen Worten: eines Ausgleichs zwischen „individuellem Ich" und „kollektivem Ich". Misslingt dieser Ausgleich, wird entweder aggressiver Widerstand, ein „egozentrischer Widerstand", entwickelt oder eine weitgehende Anpassung an die gesellschaftlichen Vorgaben angestrebt, die hier als „subordinierende Anpassung" bezeichnet werden soll. Politische Bildung sollte daher darauf ausgerichtet sein, politische Verantwortung und politisches Handeln im Sinne einer – zumindest partiellen – Auflösung des Spannungsverhältnisses zwischen Individuum und gesamtgesellschaftlicher Struktur zu ermöglichen. (Hellmuth 2009a, S. 16–18)

Dabei scheint es sinnvoll, vier Zielvorstellungen politischer Bildung hervorzuheben: „Emanzipation", „Autonomie", „Kritikfähigkeit" und „Partizipation". Mit „Emanzipation" ist der Versuch gemeint, sich von den „Fesseln" der Sozialisation zu befreien, indem diese kritisch reflektiert und bewusst gemacht werden. Wenn sich auch der Einzelne den gesellschaftlichen Einflüssen nicht völlig entziehen kann, ist auf diese Weise individuelle Autonomie zumindest zum Teil möglich, zumal nun die Einflüsse „von außen" hinterfragt werden können. Dies setzt wiederum Kritikfähigkeit voraus, d. h. die Fähigkeit, auf rationaler Basis über die Sinnhaftigkeit dieser Einflüsse für die eigenen Bedürfnisse und Interessen sowie für die Gemeinschaft zu urteilen. Nur auf der Basis der individuellen Emanzipation und Autonomie sowie der Kritikfähigkeit ist schließlich die Partizipation an gesellschaftlichen Entscheidungsprozessen möglich, damit auch der Erhalt und die Fortentwicklung einer demokratischen politischen Kultur.

Politische Bildung zum „selbstreflexiven Ich“ entspricht letztlich dem Grundprinzip des bürgerlich-demokratischen Gesellschaftsmodells, das den Fortbestand und die Fortentwicklung der bürgerlichen Gesellschaft im „offenen Diskurs“ und in der „eingezäunten Freiheit“ (Kapitel I, S. 15f, und Kapitel II.6, S. 117) verortet: Die Konkurrenz unterschiedlicher Meinungen und zum Teil auch sogenannte „Grenzüberschreitungen“ sind gestattet. Dennoch erfolgen diese Überschreitungen in einem Rahmen von Regeln und Normen, weshalb der Bürger nur „im Wahren ist [...], wenn man den Regeln einer diskursiven ‚Polizei' gehorcht, die man in jedem seiner Diskurse reaktivieren muss“. (Foucault 1999, S. 68) Dieser Rahmen ist freilich veränderbar und wurde seit dem 19. Jahrhundert, nicht zuletzt infolge der Artikulation des „Unerhörten“, immer wieder ausgedehnt. Heute wird in diesem Zusammenhang auch der Begriff der „Wertrationalität“ bemüht, die politische Urteile zwar an demokratische Werte bzw. Spielregeln gebunden sieht. Allerdings muss sie, im Sinne einer „weichen“ Rationalität, immer wieder in diskursiven Prozessen neu ausgehandelt werden. (Massing 1999b, S. 200; Schulz-Hageleit 2002, S. 79–84) Somit finden sich bereits im bürgerlich-liberalen Gesellschaftsmodell die Voraussetzungen für den sogenannten „Aktivbürger“ (Gagel 1998a, S. 120), den eine moderne politische Bildung zum Ziel haben sollte: ein „mündiger“ Bürger, der sich seiner Eingebundenheit in Sozialisationsprozesse zwar bewusst, dadurch aber auch fähig ist, die ihn prägenden Normen und

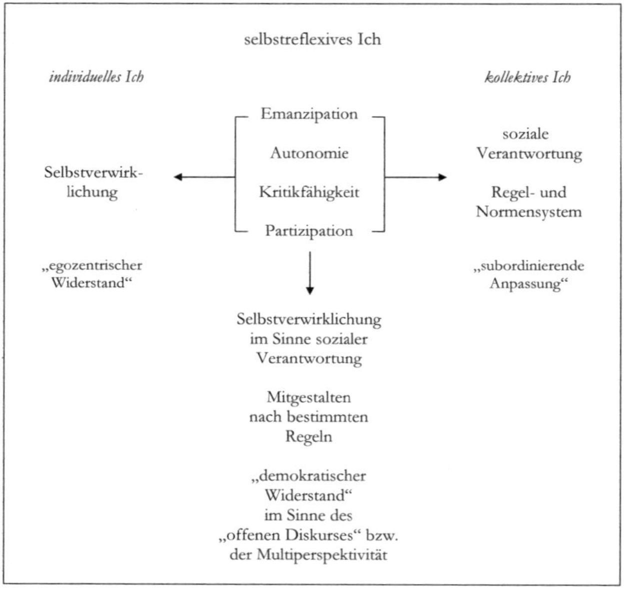

Grafik 2: Ausgleich zwischen „individuellem Ich“ und „kollektivem Ich“ (nach Hellmuth 2009a, S. 17)

Regeln zu hinterfragen, Konflikten aktiv zu begegnen und die Gesellschaft somit mitzugestalten.

4. (Arbeits-)Wissen und Kompetenzen

Politische Bildung bedeutet nicht allein Staatsbürgerkunde und Institutionenlehre. Eine solche Gleichsetzung würde eine Entpolitisierung der Lernenden zur Folge haben, zumal sie die Bindung an den Staat anstrebt und damit Konflikten im Sinne der Konkurrenz unterschiedlicher Ideologien, Ansichten und Ideen, die einen zentralen Stellenwert in der Demokratie einnehmen, entgegenwirkt. (Massing 2005, S. 315–323)

Mit der „didaktischen Wende" der 1960er-Jahre (Kapitel I.6, S. 60f) wurden zunächst in der BRD die Grundlagen für eine andere, eine demokratische politische Bildung gelegt. Darauf aufbauend hat Bernhard Sutor in den 1970er-Jahren einen „praktisch-normativen" Ansatz politischer Bildung entwickelt. Sutor versteht unter „*Praxis* […] die tätige Lebensführung der Menschen im Umgang miteinander und die Bewältigung der dabei auftretenden Probleme. Praxis ist weder reines Erkennen noch Herstellen von Dingen, sondern kommunikatives Handeln." (Sutor 1992, S. 5) Gemäß dieser Praxis-Definition entwickelt Sutor ein Strukturmodel, das von der zentralen, seit der Aufklärung gestellten Frage ausgeht, wie sich individuelle und politische Freiheit in einer demokratischen Gesellschaft verwirklichen lassen, ohne die Freiheit der anderen einzuschränken und in einem Korsett von Regeln und Normen gleichsam zu ersticken (Kapitel I.1, S. 15f). Für die Beantwortung dieser Frage sind laut Sutor im Politikunterricht nicht allein Sachwissen, sondern vor allem kognitive, kommunikative und moralische Kompetenzen zu vermitteln. (Sander 2004, S. 136) Mit der Forderung, bestimmte Kompetenzen im politischen Unterricht zu vermitteln, nimmt Sutor eine Diskussion vorweg, die zu Beginn des 21. Jahrhunderts nicht nur in der politischen Bildung zunehmend geführt wurde bzw. wird.

Der Begriff der *Kompetenz* bezeichnet „die bei Individuen verfügbaren oder durch sie erlernbaren kognitiven

Fähigkeiten, um bestimmte Probleme zu lösen, sowie die damit verbundenen motivationalen, volitionalen und sozialen Bereitschaften und Fähigkeiten, um die Problemlösungen in variablen Situationen erfolgreich und verantwortungsvoll nutzen zu können" (Weinert 2001, 27f). Demnach lassen sich Kompetenzen als Bestandteile der „kognitiven Struktur" (Kapitel II.2, S. 92f) bezeichnen; sie lassen sich von den Lernsituationen, in denen sie erworben wurden, loslösen und in anderen, alltäglichen Situationen anwenden: „Kompetenz ist […] eine kreative Problemlösungsfähigkeit, die mehr beinhaltet, als eine Handlung nach einem einmal gelernten Muster auszuführen." (Pandel 2006c, S. 105) Gemäß dem subjekttheoretischen Ansatz bedarf die Definition von Kompetenz schließlich noch einer Erweiterung um die Fähigkeit und Bereitschaft zur Selbstreflexion. Erst eine solche ermöglicht es, die „motivationalen, volitionalen und sozialen Bereitschaften und Fähigkeiten" immer wieder zu hinterfragen, sie auf ihre Tauglichkeit und letztlich auch auf ihre Plausibilität und Rationalität hin zu überprüfen.

Kritisch anzumerken bleibt allerdings, dass mit dem Begriff der „Kompetenz" der Wissensbegriff eingeengt wird und Zusammenhänge zwischen „(Arbeits-)Wissen" und „Kompetenzen" verschleiert werden könnten. Bedeutet doch Lernen die Aufnahme von Informationen, deren Verarbeitung und Speicherung im Gedächtnis sowie deren Anwendung und Nutzung. Im psychologischen Verständnis wird dieses komplexe Ergebnis von Lernprozessen als „Wissen" bezeichnet. Um diesem Wissensbegriff nicht einzuengen, wäre es möglich, nicht von Kompetenzen und „(Arbeits-) Wissen" zu sprechen, sondern „Grundwissen" und „Orientierungswissen“ zu unterscheiden: Ersteres umfasst gleichsam die „reine“ Faktenlage, die an sich noch unbrauchbar ist. Letzteres besitzt dagegen eine instrumentelle Funktion, d. h. es stellt Schülern und Schülerinnen ein Instrumentarium bzw. Kompetenzen zur Verfügung, um ihre Existenz im Sinne des „selbstreflexiven Ich“ zu meistern. Orientierungswissen ist kein Lerngegenstand, sondern wird ständig trainiert und verbessert, indem es „funktional einbezogen [ist] in aktivierende, handlungs- und problemorientierte Lernwege [...]. Es ist so gesehen nicht vorgegeben und stellt kein inhaltlich geschlossenes Lehr-System dar, das es zu ‚lernen' gilt, sondern es entsteht durch Unterricht.“ (Uhl 1999, S. 168) Sowohl Orientierungswissen als auch Grundwissen sind aber aufeinander bezogen und können nicht isoliert voneinander betrachtet werden. In der gemäßigten konstruktivistischen Lernpsychologie wurde dafür der Begriff des „situierten Lernens“ geprägt, das den Lernprozess an die inhaltlichen und sozialen Erfahrungen der Lernsituation gebunden sieht und den Zusammenhang von „Instruktion“ (durch den Lehrenden) und „Konstruktion“ (durch den Lernenden) betont: „Ziel situierter Lernumgebungen ist es, dass die Lernenden neue Inhalte verstehen, dass sie die erworbenen Kenntnisse und Fertigkeiten flexibel anwenden können und darüber hinaus Problemlösungsfähigkeiten und andere kognitive Strategien entwickeln.“ (Reinmann-Rothmeier/Mandl 2001)

Zudem resultiert die Bedeutung, die der Begriff der „Kompetenz“ nicht nur in der politischen Bildung erlangt hat, nicht zuletzt aus der Anforderung, im Zusammenhang mit TIMSS[11]

11 TIMSS ist die Abkürzung für „The Third International Mathematics and Science Study“, eine von international vergleichenden Schulleistungsstu-

und PISA[12] fachspezifische „Bildungsstandards" für den Unterricht zu entwickeln. (Vollmer 2008, S. 33–49) Darin soll festgelegt werden, welche Kompetenzen Schüler und Schülerinnen in bestimmten Kernbereichen jeweils bis zu einer bestimmten Jahrgangsstufe erworben haben. Sie sollen letztlich den Output messbar und vergleichbar machen – mit der Hoffnung, auf diese Weise eine gerechte Leistungsfeststellung zu erleichtern. Ob sich Kompetenzmodelle dafür tatsächlich eignen, bleibt allerdings zu bezweifeln, zumal das Messen von Kompetenzen – wie die obige Definition zeigt – nur partiell möglich ist. Wird daher in der Politikdidaktik von Kompetenzen gesprochen, sollte vielmehr die Frage im Mittelpunkt stehen, wie politische Bildung den Einzelnen befähigen kann, seine Existenz in einer demokratischen Gesellschaft besser zu meistern.

Kompetenzen setzen auch *(Arbeits-)Wissen*[13] voraus, worunter Begriffsdefinitionen, das Wissen von Fakten sowie über

dien, die seit 1959 von der „International Association for the Evaluation of Educational Achievement" (IEA) durchgeführt werden. Mit TIMSS wurden die Mathematik- und Naturwissenschaftsleistungen von Schlüsseljahrgängen in der Grundschule und den Sekundarstufen I und II gleichzeitig untersucht.

12 PISA ist die Abkürzung von „Programme for International Student Assessment", eines gemeinsamen Projekts der OECD-Staaten, das die Qualität von Schulsystemen untersucht. Dazu werden die 15-/16-Jährigen zu drei Wissensgebieten befragt: Lesen, Mathematik und Naturwissenschaft. PISA findet alle drei Jahre mit wechselnden Schwerpunkten statt.

13 Das bundesdeutsche Kompetenzmodell subsumiert unter „Wissen" sowohl Fakten- als auch konzeptuelles Wissen (Detjen u.a. 2004, S. 14). Im österreichischen Kompetenzmodell (Krammer 2008, S. 6f), das nicht von Wissen, sondern „Arbeitswissen" spricht, bleibt dagegen unklar, ob darunter auch Konzepte gemeint sind oder diese der – nur im österrei-

Institutionen und Grundlagen politischer Systeme oder – im Sinne des weiten Politikbegriffs – überhaupt Wissen über gesellschaftlich relevante Bereiche verstanden werden. Weiters zählen auch Konzepte und Kategorien zum (Arbeits-)Wissen.

Kategorien können als „Kernbegriffe" definiert werden, die – im Sinne der kategorialen Bildung (Klafki 1959) – auf die Inhalte politischer Bildung verweisen und daher die Themenwahl für den Unterricht erleichtern sollen. Sie sind – zumindest laut Definition – unspezifisch, d.h. sie gehen nicht auf das Fach selbst ein, sondern bleiben letztlich allgemein gehalten. Sie sind „Wesentliches, Strukturelles, Prinzipielles, Typisches, Gesetzmäßigkeiten, übergreifende Zusammenhänge" sowie „allgemeine Erkenntnisse", ferner „Einsichten, Fähigkeiten, Einstellungen" (Klafki 1991, S. 144)

Konzepte sind dagegen laut Definition fachspezifisch und repräsentieren die Leitideen und Ziele der Politikdidaktik. Basiskonzepte („key concepts") werden dabei durch „Fachkonzepte", die detaillierter ausformuliert sein müssen, konkretisiert. (Richter 2008, S. 157) So kann etwa „Macht" als Basiskonzept dienen, das durch ein Fachkonzept, das zum Beispiel die unterschiedlichen Formen von Macht in der Politik (politische Systeme, Machtgefüge innerhalb bestimmter politischer Systeme, Auswirkungen auf die soziale Struktur etc.) umfasst, politischen differenziert wird. Eine solche Definition von Kategorien und Konzepten lässt allerdings eine

---

chischen Modell aufscheinenden – „Sachkompetenz" zugeordnet werden. Aufgrund dieses – zugegebener Maßen etwas irritierenden – Unterschieds bei der Begriffsbildung wird daher im Folgenden von „(Arbeits-)Wissen" gesprochen.

scharfe Abgrenzung von Kategorien kaum zu, nicht zuletzt, weil Kategorien als weitgehend inhaltsleere Begriffe den Zugang zu Inhalten politischer Bildung kaum gewährleisten und somit nur wenig sinnvoll erscheinen.

Eine andere Unterscheidung geht von subjekttheoretischen bzw. konstruktivistischen Lerntheorien aus (Sander 2008a, S. 79–87, 95–104): Obwohl Kategorien einen allgemeinen Charakter besitzen, wurden sie in der Politikdidaktik mit Fachbegriffen gleichgesetzt, die den fachlichen Kern der politischen Bildung ausmachen sollten. Hermann Giesecke entwickelte ein System von 11 Kategorien (Konflikt, Konkretheit, Macht, Recht, Funktionszusammenhang, Interesse, Mitbestimmung, Solidarität, Ideologie, Geschichtlichkeit, Menschenwürde). Da nun aber zum einen unterschiedliche wissenschaftliche Perspektiven existieren und zum anderen sich die Didaktik der politischen Bildung nicht nur auf die Politikwissenschaft, sondern auf die Sozialwissenschaft im Allgemeinen und wohl zum Teil auch auf die Rechts- und Wirtschaftswissenschaften bezieht, also eine Vielzahl von Bezugsdisziplinen besitzt, die über kein einheitliches Kategoriensystem verfügen (Hedtke 2003, S. 114–117), wurden bzw. werden immer wieder neue Kategorien entworfen und die Kategorien durch neue ergänzt. Zudem geraten Kategorien „allzu leicht […] selbst zum Stoff, der abgearbeitet wird. […] Tatsächlich ist das Problem im Grundansatz kategorialer Bildung selbst angelegt: Die in der Diskussion befindlichen Kategoriensysteme sind von Sachlogiken, nicht von Lernlogiken her konzipiert. Sie sagen etwas darüber aus, was die jeweiligen Autoren aus einer *fachlich*-wissenschaftlichen Sicht für bedeutsam halten, aber sie sagen nichts oder wenig über die Lernbarkeit von Politik.“ (Sander 2008a, S. 85) Konzepte sollte hier Abhilfe bieten, indem sie sich auf die Wahrnehmung und die Konstruktion von Wirklichkeit durch die Lernenden konzentrieren (Kapitel II.2 und II.3). Wolfgang Sander hat etwa folgende Basiskonzepte, mit denen Menschen ihre Erfahrungen mit Politik strukturieren und interpretieren, vorgeschlagen: Macht, Recht, Gemeinwohl, System, Öffentlichkeit und Knappheit. (Sander 2007, S. 22; Sander 2008a, S. 103) Diese Basiskonzepte sind als Bezugspunkte sowohl beim Lernen als auch beim Lehren und als zentrale Bezugspunkte in „Wissensnetzen“ zu verstehen, die Lernende im Zuge des Unterrichts knüpfen sollen. Konzepte können freilich auch ergänzt werden, etwa durch ein weiteres zentrales Merkmal des Politischen, den Konflikt. Die didaktische Umsetzung von konzeptuellem Lernen scheint allerdings noch nicht ganz klar zu sein. Grundsätzlich wird politische Bildung aber Lernräume schaffen müssen, die den Lernenden im Sinne konstruktivistischer Lerntheorien die Entwicklung eigener Konzepte ermöglichen.

Ein feststehender Kanon an (Arbeits-)Wissen, gleichsam ein politisches „Allgemeinwissen“, das für politisches Lernen notwendig ist, existiert im Übrigen nicht. Vielmehr ist (Arbeits-)Wissen vom jeweiligen Thema abhängig, das behandelt wird; es muss immer wieder auf die Relevanz für die Vermittlung von Kompetenzen überprüft werden, hat somit „instrumentellen Charakter und ermöglicht erst jene politischen Lernvorgänge, die zur Entwicklung politischer Kompetenzen notwendig sind“ (Krammer 2008, S. 6). Am Verhältnis zwischen (Arbeits-)Wissen und Kompetenz wird deutlich, dass es keinen lückenlosen, in sich geschlossenen Lernkomplex gibt, wie etwa Lehrpläne nicht selten zu vermitteln scheinen. Vielmehr hat politische Bildung bewusst thematische Schwerpunkte zu setzen, d. h. einen Unterricht zu bieten, der in Form des sogenannten „Plattform-Lernens" erfolgt. Dabei verweilen die Lernenden bei bestimmten Lerngegenständen, machen sich mit diesen gründlich vertraut und lernen sie kennen und beherrschen. (Wagenschein 1975, S. 10; Meyer 1987, S. 106f) Die Brücken zwischen den Plattformen werden letztlich durch den Lernenden selbst geschlagen, indem das Gelernte in die kognitive Struktur Eingang findet bzw. Teil der individuellen Identität wird. Als Identitätsbaustein, als Denk-, Verhaltens- und Handlungsdisposition, kann das Gelernte vom Einzelnen in bestimmten Situationen angewandt, mit anderen Bausteinen zu kohärenten Sinnzusammenhängen verknüpft und somit Teil eines individuellen Bewusstseins, eines gleichsam mehr oder weniger geschlossenen, aber immer wieder veränderbaren Universums werden.

Die gängigen Modelle politischer Bildung (Detjen u. a. 2004, S. 13–18; Krammer 2008, S. 5–14; Gollob u. a. 2007) stellen drei bzw. vier Kompetenzbereiche in den Mittelpunkt des politischen Unterrichts: Die „Gesellschaft für Politikdidaktik und politische Jugend- und Erwachsenenbildung" (GPJE) unterscheidet zwischen politischer Urteilskompetenz, politikbezogener Methodenkompetenz und politischer Handlungskompetenz (Grafik 3). In Anlehnung daran wurde in der Schweiz ein Modell entworfen, das politische Analyse- und Urteilskompetenz, Methodenkompetenz sowie politische Entscheidungs- und Handlungskompetenz in den Mittelpunkt rückt (Grafik 5) Im österreichischen Modell finden sich wiederum die politische Urteilskompetenz, die politische Methodenkompetenz, die politische Handlungskompetenz und die sogenannte „politische Sachkompetenz" (Grafik 4).

Unter *politischer Urteilskompetenz* werden die Fähigkeit und Bereitschaft verstanden, politische Standpunkte zu Problemen aus Politik, Wirtschaft und Gesellschaft sowie das daraus resultierende Verhalten und Handeln der Beteiligten „objektiv", d. h. auf rationaler bzw. intersubjektiv überprüfbarer Basis zu beurteilen. Zudem ist mit Urteilskompetenz auch die Fähigkeit gemeint, eigene politische Urteile zu fällen. Dabei gilt es, „den Wertgrundlagen moderner freiheitlicher Verfassungsstaaten" zu entsprechen, „die von der Vorstellung unveräußerlicher Rechte, die allen Menschen zustehen, ausgehen". (Detjen u. a. 2004, S. 15) Aufgrund des Rationalitätsprinzips sind politische Urteile von politischen Vorausurteilen und politischen Vorurteilen zu unterscheiden. Politische Vorausurteile beruhen auf einer schmalen und nicht gesicherten Wissensbasis und sind emotional noch wenig gefestigt. Daher lassen sie sich ohne große emotionale Widerstände diskutieren und gegebenenfalls auch modifizieren. Im Gegensatz dazu sind politische Vorurteile gegenüber Kritik immun und widerstehen hartnäckig allen Beweisen. (Massing 1999b, S. 199)

Politische Urteilsbildung erfordert *politikbezogene Methodenkompetenz.*[14] Diese befähigt, sich Informationen zu Pro-

---

14 Im Politikunterricht kommen unter anderem Methoden zur Anwendung, die auch für andere Fächer von Bedeutung sind. Das Modell der GPJE spricht daher von methodischen Fertigkeiten. In den anderen Modellen findet sich aber die „Methodenkompetenz". Als Mittelweg wird daher in diesem Buch der Begriff „politikbezogene Methodenkompetenz" verwendet.

blemen aus Politik, Wirtschaft und Gesellschaft zu beschaffen, etwa indem über analytische Verfahren verfügt wird, die es erlauben, Statistiken oder Texte quellenkritisch zu lesen. Ebenso zählt die Fähigkeit zur Formulierung von Argumenten zur Methodenkompetenz, zumal diese notwendig ist, um am politischen Diskurs teilzunehmen. Die methodischen Fertigkeiten, die politische Bildung bedarf, sind daher nicht ausschließlich fachbezogen. Lesekompetenz gehört zum Beispiel ebenso dazu wie Zeitplanung, der Einsatz unterschiedlicher Sozialformen wie Partner- und Gruppenarbeit oder auch die Nutzung von Medien. (Detjen u. a. 2004, S. 17f)

Politische Handlungskompetenz umfasst die Fähigkeit und Bereitschaft, eine eigene Position in politischen Fragen zu formulieren und zu artikulieren, nachdem mehrere Perspektiven auf ein Problem geprüft worden sind. Ferner soll auch für die Bedürfnisse und Einstellungen anderer Menschen Verständnis aufgebracht und an der Lösung von politischen, wirtschaftlichen und gesellschaftlichen Problemen mitgearbeitet werden. (Detjen u. a. 2004, S. 17)

Die *politische Sachkompetenz*, die sich im Übrigen an einem Modell historischer Kompetenzen (Kapitel II.5, S. 129) orientiert,[15] beinhaltet schließlich „jene Fähigkeiten, Fertigkeiten und Bereitschaften, die notwendig sind, um die

---

15 Das bundesdeutsche Kompetenzmodell diente dem österreichischen als Vorbild, allerdings sollte von Beginn an ein deutlich unterscheidbares Modell entworfen werden. Daher wurde die „politische Sachkompetenz" in das Modell integriert, wobei die unbestreitbare Nähe des Begriffs „Sachkompetenz" zur Geschichtsdidaktik zu vielen Diskussionen führte und noch immer führt. Gerät doch damit die politische Bildung in den Verdacht, lediglich ein Anhängsel der Geschichte zu sein. Siehe zu diesem Problem auch die Schweiz: Kapitel I.7, S. 73.

Begriffe, Kategorien bzw. die Konzepte des Politischen zu verstehen, über sie zu verfügen sowie sie kritisch weiterzuentwickeln". (Krammer 2008, S. 11) Damit gleicht sie der von Klaus Moegling geforderten „politischen Wissenskompetenz", d. h. der „Fähigkeit, Wissen – sei es Faktenwissen oder konzeptuelles Deutungswissen, also auch Kernbestände von Theorien – aufzunehmen, zu verknüpfen, zu integrieren und zu erinnern". (Moegling 2008, S. 15) Nun stellen Begriffe, Kategorien und Konzepte aber „nur" (Arbeits-)Wissen dar; erst die Auseinandersetzung mit ihnen, durch die sie ständig weiterentwickelt und differenziert werden (Kühberger 2008, S. 69), erfordert Kompetenz. Eigens eine Sachkompetenz zu postulieren oder auch von einer „Kompetenzdimension Fachwissen" (Richter 2008, S. 155f) zu sprechen, führt daher zu Verständnisproblemen, zumal Konzepte und Konzeptbildung bzw. der Umgang mit Konzepten zum Teil verwechselt und unterschiedslos als Kompetenzen bezeichnet werden.

Die Problematik der Sachkompetenz resultiert aus dem Bemühen der Politikdidaktik, die bislang – laut Georg Weißeno – bildungstheoretisch orientierte Kompetenzdiskussion durch inhaltliche Aspekte, durch „Politikkompetenz", zu ergänzen: „Nach der Bildungstheorie sollen die Schüler/-innen selbständig eine Haltung gegenüber einer Sache einnehmen. Die Inhalte an sich sind nach der bildungstheoretischen Politikdidaktik bildungsneutral." (Weißeno 2008, S. 15) Nun trägt aber die Vermengung von Inhalten, die unter anderem an Konzepten festgemacht werden, mit Kompetenzen nicht unbedingt zur Bildung eines klar verständlichen Modells politischer Bildung bei. Es scheint daher sinnvoll, Konzeptbildung sowie die Verwendung und Vernetzung von Konzepten im Sinne einer Wissensvernetzung oder auch die Weiterent-

Konzeptuelles Deutungswissen

<table>
<tr>
<td>Politische Urteilsfähigkeit

Politische Ereignisse, Probleme und Kontroversen sowie Fragen der wirtschaftlichen und gesellschaftlichen Entwicklung unter Sachaspekten und Wertaspekten analysieren und reflektiert beurteilen</td>
<td>Politische Handlungsfähigkeit

Meinungen, Überzeugungen und Interessen formulieren, vor anderen angemessen vertreten, Aushandlungsprozesse führen und Kompromisse schließen können.</td>
</tr>
<tr>
<td colspan="2">Methodische Fertigkeiten

Sich selbstständig zur aktuellen Politik sowie zu wirtschaftlichen, rechtlichen und gesellschaftlichen Fragen orientieren, fachliche Themen mit unterschiedlichen Methoden bearbeiten und das eigene politische Weiterlernen organisieren können.</td>
</tr>
</table>

Grafik 3: Das deutsche Kompetenzmodell der „Gesellschaft für Politikdidaktik und politische Jugend- und Erwachsenenbildung" (GPJE) (Detjen u.a. 2004, S. 13)

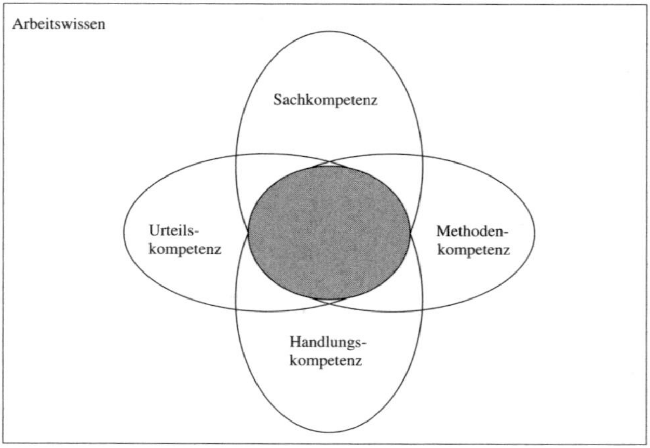

Grafik 4: Das österreichische Kompetenzmodell (Krammer 2008, S. 6)

A	B	C
Politische Analyse- und Urteilskompetenz	*Methodenkompetenz*	*Politische Entscheidungs- und Handlungskompetenz*
Politische Ereignisse, Probleme und Kontroversen sowie Fragen der wirtschaftlichen und gesellschaftlichen Entwicklung unter Sach- und Wertaspekten analysieren und beurteilen können	Die Fähigkeiten und Fertigkeiten in den Bereichen „Umgang mit Informationen" und „Kommunikation" erwerben und Methoden anwenden können, die für die Teilnahme am politischen Leben speziell wichtig sind	Eigene Meinungen, Überzeugungen und Interessen vor anderen angemessen vertreten; Aushandlungsprozesse führen, Kompromisse schließen können; eigene Möglichkeiten (und Grenzen) der politischen Partizipation erkennen und entsprechend über Handlungsmöglichkeiten entscheiden können.

Grafik 5: Das Schweizer Kompetenzmodell (Gollob u.a. 2007)

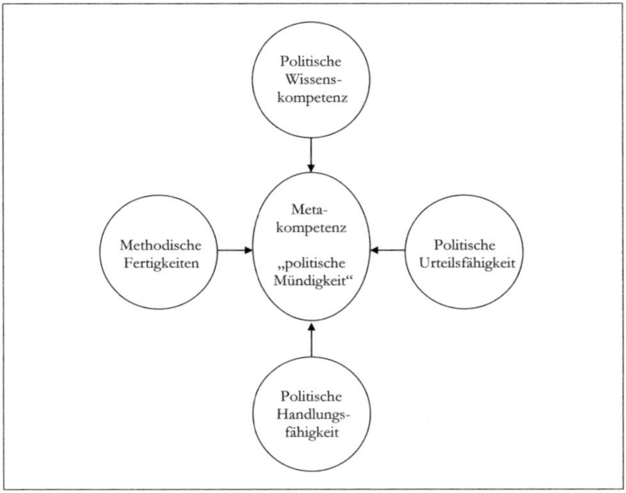

Grafik 6: Politische Kompetenzen nach Moegling (2008, S. 14)

wicklung bzw. Neuentwicklung von Konzepten als Teil der Methodenkompetenz zu betrachten. Letztlich spricht nichts dagegen, sie neben andere Methoden und Arbeisttechniken – etwa neben der Interpretation von Texten und Grafiken, der Filmanalyse oder den Argumentationstechniken – zu reihen.

5. Kompetenzniveaus

Kompetenzvermittlung muss von unterschiedlichen Kompetenzniveaus ausgehen. Diese Niveaus sind nicht primär einem bestimmten Lebensalter oder einer Schulstufe zuzuordnen, sondern hängen laut kognitiver Entwicklungspsychologie davon ab, ob bestimmte Lernstufen durchlaufen wurden. Jede frühere Stufe bildet die Voraussetzung für die Ausbildung der nächst höheren Stufe. (Grammes/Welniak 2008, S. 342f) Wann solche Stufen durchlaufen werden, ist unter anderem von der familiären Sozialisation sowie von Freundes- und Bekanntenkreisen, aber auch von den Unterrichtsmethoden der jeweiligen Lehrerinnen und Lehrer, die einem während der Schullaufbahn unterrichten, abhängig. Am Ende der Schulzeit – in Österreich bereits nach der achten Schulstufe, zumal 2007 das Wahlrecht auf 16 Jahre gesenkt wurde – sollte ein „Regelstandard" (Krammer 2009, S. 13) erreicht werden. „Regelstandard" bedeutet, die Ansprüche einer demokratischen und pluralistischen Gesellschaft erfüllen zu können, d. h. letztlich über Partizipationskompetenz zu verfügen.

Um diesen „Regelstandard" zu erreichen, hat politische Bildung eine Graduierung von Kompetenzen vorzunehmen. Dafür können sogenannte „Lernkorridore" errichtet werden, die zum einen das Niveau der frühen Schulphase, zum anderen das

Niveau am Ende der Schulzeit definieren. Für die Urteilskompetenz lässt sich etwa folgender Lernkorridor beschreiben:[16]

Lernkorridor: Einschätzung politischer Urteile	
Politikbewusstsein – frühe Schulphase	Politikbewusstsein – Ende der Schulzeit
Politische Urteile werden zumindest partiell als relevant für eine demokratische Gesellschaft erkannt. Politische Urteile anderer werden allein im Bezug auf die eigene Lebenswelt eingeschätzt, eigene politische Urteile ebenfalls durch die eigene Lebenswelt bestimmt. Damit verbunden: Die Ich-Perspektive bildet den Maßstab für die Einschätzung und das Fällen von Urteilen. Voraus- und Vorurteile können nur schwer von rational begründeten Urteilen unterschieden werden. Damit verbunden: Die Fähigkeit und Bereitschaft, eigene Voraus- und Vorurteile, aber auch eigene Urteile zu reflektieren und gegebenenfalls zu revidieren, sind kaum gegeben.	Politische Urteile werden selbstverständlich als grundlegend für eine demokratische Gesellschaft verstanden. Politische Urteile werden auch als bedeutend für das Leben anderer verstanden. Das „Ich" verortet sich als aktiver Teil eines durch demokratische Regeln und Normen geprägten Kollektivs. Damit verbunden: Das Spannungsfeld zwischen Individual- und Gemeinschaftsinteressen wird erkannt und – im Sinne des „selbstreflexiven Ich" – ein Ausgleich zwischen beiden Polen gesucht. Die Bereitschaft zum Diskurs besteht. Damit verbunden: Die Ablehnung und das Fällen von Urteilen erfolgt durch rationale Argumentation. Damit verbunden: Eigene Urteile werden gegebenenfalls durch Kenntnisnahme neuer Sachinhalte und durch überzeugende Argumentation anderer korrigiert.

Grafik 7: Lernkorridor „Urteilskompetenz" (nach Krammer 2008, S. 13 f)

16 Krammer differenziert bei diesem Beispiel für Lernkorridore zwischen fremden und eigenen Urteilen. In der vorliegenden Beschreibung wurde dagegen auf eine Definition von zwei Lernkorridoren verzichtet, zumal Überschneidungen zwischen diesen unvermeidbar sind und bei einer Differenzierung relevante Kriterien in einem Lernkorridor verloren gehen können. So führt zwar Krammer im Lernkorridor zum Fällen eigener Urteile die Fähigkeit, politische Voraus- und Vorurteile von politischen Urteilen unterscheiden zu können, als „Regelstandard" an, beim Lernkorridor zur Bewertung fremder Urteile findet sich diese Fähigkeit allerdings nicht.

Lernkorridore entsprechen den Erkenntnissen der kognitiven Entwicklungspsychologie, die kognitive Entwicklung dann verortet, wenn sich Heranwachsende aktiv mit Problemen und Phänomenen der Umwelt auseinandersetzen. (Selmann 1984). Zentral ist dabei die soziale Erfahrung und die Übernahme bzw. Berücksichtigung der Perspektiven anderer, womit erst politische Urteilsbildung und demokratisches Handeln ermöglicht werden. Die Ausbildung dieser kognitiven Tätigkeit lässt sich in mehrere Entwicklungsniveaus bzw. -stufen unterteilen, wobei hier kein exaktes Alter, sondern Altersspannen für das Erreichen der Niveaus angegeben werden.

Das *Niveau 0*, das bis zum vierten Lebensjahr angesetzt wird, ist noch geprägt durch eine egozentrische Position im sozialen Gefüge. Erst auf dem *Niveau 1*, das zwischen dem vierten und neunten Lebensjahr erreicht wird, erlangen Kinder das Bewusstsein, dass sich Menschen im Denken unterscheiden und Perspektiven daher subjektiv sind. Dennoch bleibt die Perspektive des Selbst vorherrschend und die Perspektive der anderen beim eigenen Handeln noch unreflektiert. Auf dem *Niveau 2*, das dem Alter zwischen sechs und zwölf Jahren zuzuordnen ist, wird das eigene Handeln aus dem Blickwinkel der anderen betrachtet und auch die Reaktion des anderen auf das eigene Handeln berücksichtigt. Das Kind erlangt also die Fähigkeit, das Selbst mit den Augen des anderen zu sehen. Eine gegenseitige Perspektivenübernahme und eine Perspektivenkoordination erfolgt aber erst auf dem zwischen dem neunten und 15. Lebensjahr zu erreichenden *Niveau 3*, d. h. dass der Heranwachsende sowohl die eigene Perspektive als auch die des anderen gleichzeitig berücksichtigt. Auf diesem Niveau steht noch die direkte Interaktion mit dem anderen im Mittelpunkt der Reflexion und kommt daher dem sozialen Lernen (Kapitel IV.1, S. 146) besonders entgegen. Auf dem *Niveau 4*, das ab dem zwölften Lebensjahr erreicht werden kann, wird diese interpersonale Fähigkeit durch eine transpersonale Fähigkeit (Kapitel IV.1, S. 146) ergänzt: Das soziale System sowie sein Werte- und Normenkatalog werden bewusst wahrgenommen und prägen somit das eigene Verhalten und Handeln. Folglich werden zum einen die Perspektiven der sozialen Bezugsgruppe(n) übernommen, zum anderen das Selbst und die anderen in einem größeren sozialen Zusammenhang erkannt (Grammes/Welniak 2008, S. 332f)

Gemäß dieser Niveaus setzt die Entwicklungspsychologie den beginnenden politischen Lernprozess im Alter zwischen zehn und 16 Jahren, insbesondere aber ab dem 14. Lebensjahr an. (Herdegen 2005, S. 201) Die Kritik an der Herabsetzung des Wahlalters auf 16 Jahre, wenn diese auf der Behauptung beruht, Jugendliche könnten in diesem Alter noch keine politischen Kompetenzen erlangen, lässt sich folglich zurückweisen. Allerdings müssen die optimalen Bedingungen für politische Bildung geschaffen, d. h. sowohl ein adäquater politischer Unterricht ermöglicht als auch Lernkorridore gemäß den Erkenntnissen der Entwicklungspsychologie geschaffen werden. Plädoyers, das Wahlalter eher nach oben als nach unten zu verschieben, laufen unter dieser Voraussetzung dann letztlich Gefahr, der „partiellen Demokratie" des 19. Jahrhunderts, die auf den liberalen Idealen von Besitz und Bildung beruhte, das Wort zu reden.

Entwicklungsniveaus wie die oben angeführten haben ihre Wurzeln bereits bei Jean Piaget (Kapitel II.2, S. 92f) und Lawrence Kohlberg, der in seinem moralpsychologischen

Stufenmodell drei Entwicklungsstadien unterscheidet: Im *präkonventionellen Stadium* erfolgt die Unterordnung des Heranwachsenden unter die überlegene Macht, um damit in egozentrischer Manier ein Optimum für sich selbst herauszuholen. „Richtiges" Handeln wird als alleinige Befriedigung des „individuellen Ich" definiert. Das *konventionelle Stadium* zeichnet sich durch das Bemühen aus, zu gefallen und sich letztlich anzubiedern. Soziale Ordnung und Autorität werden kritiklos anerkannt und aufrechterhalten. Im *postkonventionellen Stadium* akzeptiert das „individuelle Ich" zwar einen Rahmen von Regeln und Erwartungen, ohne sich diesen aber vollends unterzuordnen. Vielmehr reflektiert der Einzelne über den vorgegebenen Rahmen, handelt rational und übt auch Kritik an den gegebenen Verhältnissen. (Kohlberg 1974, S. 60f; Reinhardt 2005, S. 369–372)

6. Ein subjekttheoretisches Modell politischer Bildung

Aufbauend auf die in der BRD, der Schweiz und in Österreich verbreiteten Modelle politischer Bildung, die sich weitgehend ähneln, soll im Folgenden ein neues, erweitertes und differenziertes Kompetenzmodell vorgestellt werden, das sich an den genannten subjekt- und sozialisationstheoretischen Überlegungen orientiert. Im Zentrum dieses Modells stehen zwei Kompetenzbereiche: die Reflexions- und die Partizipationskompetenz.

Die *Reflexionskompetenz* hat die Aufgabe, politische Sinnbildung zu ermöglichen, den Einzelnen vor allem aber auch dazu zu befähigen, zum einen die eigene Sinnbildung zu hinterfragen und zu dekonstruieren. Zum anderen ist damit aber auch die kritische Analyse von Politik und wissenschaftlichen Aussagen über Politik verbunden. Erst wenn jemand Reflexionskompetenz besitzt, lässt sich auch *Partizipationskompetenz* entwickeln, die eine auf demokratischer und rationaler Basis beruhende aktive Teilnahme an Politik ermöglicht. Demokratisch meint, dass politische Wahrnehmungs- und Handlungsdispositionen einer demokratischen politischen Kultur entsprechen müssen, wobei hier – im Sinne der aktiven Aneignung der Umwelt durch das Individuum – der vorgegebene Rahmen durch den „offenen Diskurs"[17] durchaus veränderbar ist. Rational meint schließlich, dass die Urteile und Entscheidungen argumentativ begründet werden können. Die Reflexionskompetenz beinhaltet drei Kernkompetenzen: die (De-)Konstruktionskompetenz, die Urteilskompetenz und die Methodenkompetenz. Die Partizipationskompetenz umfasst die Kritikkompetenz, die Orientierungskompetenz und die Handlungskompetenz.

---

17 Der „offene Diskurs" ist zum einen als Abwägen und Zusammenprallen unterschiedlicher Aussagen bzw. als Konsenssuche innerhalb eines vorgegebenen normativen Rahmens zu verstehen. Zum anderen umfasst er aber auch „Grenzüberschreitungen", Aussagen und Handlungen, die angesichts der herrschenden gesellschaftlichen Normen und Werte als unerhört gelten und Aufsehen erregen, aber dennoch eine Diskussion bzw. einen Disput nach sich ziehen. Der „offene Diskurs" ist daher ein Inklusionskonzept: Einerseits schreibt er einen auf Rationalismus basierenden Typus von Kommunikation vor, andererseits ist er aber in Bezug auf Sachthemen durchaus offen (Stichweh 2005, S. 43), weshalb das „Unerhörte" letztlich gehört wird und somit die bürgerlich-demokratische Gesellschaft bereichern und weiterentwickeln kann. Der jeweilige Diskurs dreht sich also nicht um die eigene Achse, sondern lässt sich durchaus erweitern, weshalb hier der Begriff des „offenen Diskurses" gewählt wurde.

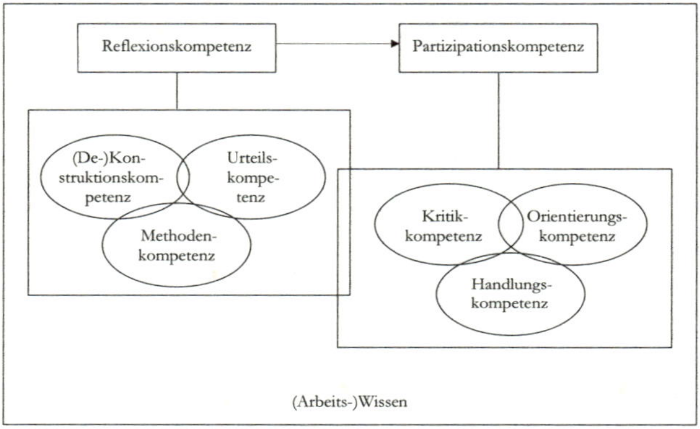

Grafik 8: Ein subjekttheoretisches Modell politischer Bildung

Dem Bereich der Reflexionskompetenz ist zunächst die *(De-)Konstruktionskompetenz* zuzuordnen. Diese meint einerseits die Fähigkeit, aus der komplexen Wirklichkeit eine Vorstellung von Politik zu entwickeln und diese auch mit Sinn zu belegen, d. h. dieser Bedeutung bei der Identitätsbildung beizumessen (Konstruktionskompetenz). Im Sinne von Richard Rorty ist dabei von Varianten des Weltverständnisses auszugehen. In diesem Zusammenhang hat Rorty den Begriff der „Kontingenz“ geprägt, d. h. dass unser Weltverständnis, das sich etwa in den Vorstellungen ausdrückt, die wir uns von der Politik machen, nicht beliebig ist, sondern rational nachvollziehbar bzw. kontingent. (Rorty 1989) Allerdings hängt die jeweilige Form der Kontingenz, die sich aus den Fragestellungen sowie den angewandten Regeln und Methoden ergibt, von den jeweiligen sozialen Konstellationen ab, in die der Einzelne eingebunden ist. Durch die Interaktion in anderen sozialen Milieus sind daher auch andere Formen der Kontingenz vorstellbar. Daher muss der Einzelne andererseits auch befähigt werden, den Prozess der politischen Sinngebung zu dekonstruieren, d. h. sich des Konstruktionscharakters politischer Sinngebung bewusst zu werden und diese als abhängig von Sozialisationsprozessen zu erkennen (Dekonstruktionskompetenz).

Die (De-)Konstruktionskompetenz steht in enger Verbindung mit Jacques Derridas Philosophie des „Dekonstruktivismus" (Derrida 1976). Diese geht davon aus, dass Texte, unter denen im Folgenden sowohl das gesprochene Wort als auch dessen schriftliche Manifestationen sowie Filme und Kunstwerke verstanden werden, niemals vollkommen eindeutig sind. Vielmehr ist „die Absicht des Autors oder Sprechers [...] nur eine Annahme, die sich hinter unendlichen Schichten der Interpretation verbirgt". (Schaal/Heidenreich 2006, S. 236) Der Begriff der „Interpretation" ist dabei nicht im klassischen Sinn zu verstehen, d. h. als Versuch, in einem „Text" lediglich einen bestimmten, vom Urheber des Textes beabsichtigten Sinn zu entdecken. Die Dekonstruktion geht einen Schritt weiter und untersucht den „Text" im gesamtgesellschaftlichen Kontext, indem sie ihn mit anderen „Texten" verbindet. Damit lassen sich versteckte Bedeutungen aufdecken, die dem Urheber des „Textes" nicht bewusst waren bzw. sind. Zu berücksichtigen ist zudem, dass sich Bedeutungen und Sinngehalt von „Texten" ständig wandeln und diese somit ein gleichsam „flimmerndes Ganzes" (Schaal/Heidenreich 2006, S. 237) darstellen. Die Dekonstruktion dieses „flimmernden Ganzen" lässt sich mithilfe der Diskursanalyse bzw. mithilfe diskursanalytischer Propädeutik (Kapitel IV.3.7, S.190f) bewerkstelligen, die auf der Diskurstheorie von Michel Foucault beruht (Foucault 1999, S. 54–73).

Ein „Text“ ist demnach nur vordergründig das Produkt eines Einzelnen. Bei genauerer Betrachtung erweist er sich „als Bestandteil eines (sozialen) Diskurses“. (Jäger 1999, S. 173)

Ohne die (De-)Konstruktionskompetenz ist keine *Urteilskompetenz* möglich. Gemäß den gängigen Kompetenzmodellen meint diese die Befähigung und Bereitschaft, ein individuelles und doch kommunikativ sowie rational begründetes und damit an demokratische Prozesse anschlussfähiges politisches Urteil zu fällen. (Hättich 1977; Massing 1999b, S. 199) Das politische Urteil wird im vorliegenden Modell aber nicht als statisch verstanden, sondern – im Sinne der (De-)Konstruktionskompetenz – als ständig veränderbares. Zwar muss der Einzelne letztlich eine politische Entscheidung treffen können, allerdings ein Problem von möglichst verschiedenen Perspektiven aus beleuchten. Dies bedeutet wiederum, unterschiedliche politische Urteile als rational begründbare Urteile zu akzeptieren und gegebenenfalls eigene Urteile infolge neuer Erkenntnisse auch wieder zu revidieren. Die Urteilsbildung bezieht sich folglich auf zwei Bereiche: zum einen auf die Prüfung bereits bestehender Urteile, zum anderen auf das Fällen eigener Urteile. (Krammer 2008, S. 7f) Überschneidungen zwischen diesen zwei Bereichen sind freilich nicht ausgeschlossen. So sind sowohl eigene als auch fremde Urteile von politischen Vorausurteilen und Vorurteilen zu unterscheiden (Kapitel II.4). Hinter der Urteilskompetenz steht letztlich die „Theorie des kommunikativen Handelns“ von Jürgen Habermas, die als gesellschaftliches Ideal eine herrschaftsfreie Gesprächssituation annimmt, in der gleichberechtigte Kommunikationspartner und -partnerinnen das vernünftigste Argument als Grundlage ihrer Entscheidung heranziehen. (Habermas 1995)

(De-)Konstruktionskompetenz und Urteilskompetenz setzen wiederum *Methodenkompetenz* voraus. Darunter lässt sich – um nur einige Beispiele zu nennen – sowohl die sogenannte „Sachkompetenz“, das Verfügen über Konzepte und die Bildung eigener Konzepte, sowie die Propädeutik reihen, d. h. die ansatzweise Beherrschung wissenschaftlicher Methoden wie etwa die Hypothesenbildung sowie deren Verifikation, Modifikation und Falsifikation. Verfahren der Text-, Bild- und Filmanalyse zählen ebenso dazu wie die Techniken zur Erstellung und Entschlüsselung von Statistiken. Ferner sind darunter auch Arbeitstechniken (Kapitel III.2, S. 159f) wie Argumentationstechniken, die Anwendung rhetorischer Regeln und von Regeln der Textstrukturierung zu verstehen. Von besonderer Bedeutung ist auch die Diskursanalyse (Kapitel III.3.7), welche die Abhängigkeit der Textproduktion von Sozialisationsprozessen erkennen lässt und Texte somit im gesamtgesellschaftlichen Kontext untersucht. Auch bei der Methodenkompetenz lassen sich wieder zwei Bereiche unterscheiden: zum einen Methoden, die den kritischen Umgang mit fertigen Manifestationen des Politischen erlauben, zum anderen Methoden, die eigene Urteile und Handlungen ermöglichen. (Krammer 2008, S. 10f) Wie bei der Urteilskompetenz überschneiden sich beide Bereiche allerdings zum Teil. Wenn etwa bei der Medienanalyse, d. h. bei fertigen Manifestationen des Politischen, zwischen sachlichen und bewertenden Elementen unterschieden werden soll, so ist diese Fähigkeit auch bei eigenen politischen Urteilen und Handlungen nicht unwesentlich.

Unter dem Bereich der Partizipationskompetenz werden schließlich drei Kernkompetenzen subsumiert: Kritikkompetenz, Orientierungskompetenz und Handlungskompetenz. *Kritikkompetenz* basiert – im Sinne des „selbstreflexiven Ich" – auf der Fähigkeit und Bereitschaft, die eigene politische Sinngebung dahingehend zu hinterfragen, ob sie im Einklang mit einem allgemeinen Demokratiebewusstsein steht bzw. ob sie – im Sinne der Aufklärung bzw. der Idee der „eingezäunten Freiheit" (Kapitel I.1, S. 15) – individuelle Freiheit garantiert, ohne die Freiheit des anderen einzuschränken. Dazu notwendig ist der Ausgleich zwischen eigener Bedürfnisbefriedigung und einem kollektiv geltenden, an demokratischen Richtlinien orientierten Regeln- und Normensystem, mit anderen Worten: eines Ausgleichs zwischen „individuellem" und „kollektivem Ich". Kritikkompetenz ist daher letztlich als eine Form „demokratischen Widerstands" (Kapitel II.3, S. 98) zu verstehen.

Die *Orientierungskompetenz*[18] ermöglicht es dem Lernenden, politisches Wissen und politische Kompetenzen zum besseren Verstehen von Gegenwartsphänomenen und aktuellen Problemen zu nutzen sowie sich in der Zukunft besser orientieren zu können. Im Detail bedeutet dies, dass der Lernende die Fähigkeit und Bereitschaft erwirbt, sich in der unübersichtlichen politischen Realität zurechtzufinden. Es gelingt ihm, aus der gleichsam unüberschaubaren „Baustelle" der Gesellschaft und Wirtschaft politisch relevante Aspekte herauszufiltern, diese sinnvoll miteinander in Beziehung zu setzen und somit zu strukturieren. Damit verbunden ist die subjekttheoretische Dimension der Identi-

18 Die „Orientierungskompetenz" ist einem historischen Kompetenzmodell entliehen, das im Rahmen des Projekts „Förderung und Entwicklung Reflektierten Geschichtsbewusstseins" (FUER Geschichtsbewusstsein) entwickelt wurde. Vgl. dazu Kapitel II.7.2.

tätsbildung, die auch die kritische Reflexion über politische Sinngebung und gegebenenfalls auch die Revidierung politischen Sinns beinhaltet. Dafür ist es notwendig, die erworbenen Kompetenzen in die kognitive Struktur zu integrieren und sie in unterschiedlichen Lebensbereichen anwenden zu können. „Transpersonaler" und „interpersonaler Raum" (Kapitel IV.1, S. 146) müssen daher zueinander in Beziehung gesetzt, lebensweltferne und somit abstrakte politische Phänomene in ihrer Bedeutung für den Einzelnen deutlich, d.h. letztlich – etwa durch Handlungsorientierung (Kapitel IV.1, S. 143f) – erfahrbar gemacht werden.

Erst auf Basis der Kritik- und Orientierungskompetenz ist schließlich der Aufbau von *Handlungskompetenz* möglich. Diese umfasst die Fähigkeit, in den „offenen Diskurs" einzutreten. Mit anderen Worten: Eigene Positionen in politischen Fragen müssen auf rationaler Basis formuliert werden, für die Bedürfnisse und Einstellungen anderer Menschen ist Verständnis aufzubringen und an der Lösung von politischen, wirtschaftlichen und gesellschaftlichen Problemen soll mitgearbeitet werden. Dazu gehört selbstverständlich auch die Durchsetzung sowohl von individuellen als auch kollektiven Interessen (Detjen u.a. 2004, S. 17; Krammer 2008, S. 9), allerdings – gemäß des demokratischen Wertekonsenses – in Form einer der „eingezäunten Freiheit" (Kapitel I.1, S. 15) entsprechenden Balance zwischen individueller Freiheit und Gesamtgesellschaft. Demnach darf die Freiheit des Einzelnen die Freiheit des anderen nicht beeinträchtigen.

7. Politische Bildung und Geschichtsdidaktik

Geschichtsunterricht und politische Bildung weisen vor allem in Österreich und der Schweiz eine enge Verbindung auf. So wurde etwa in Österreich das Fach Geschichte in der AHS-Unterstufe und Hauptschule sowie in der AHS-Oberstufe das Fach Geschichte sukzessive durch politische Bildung ergänzt. Zum einen beruht diese Verbindung auf Tradition: Politische Bildung, die – wie im ersten Kapitel dargestellt – weniger dem Ideal der Aufklärung, sondern letztlich der Indoktrination diente, gleichsam der Schaffung von Untertanen, berief sich zu Legitimationszwecken immer wieder auf die Geschichte. Zum anderen bildet „Geschichtlichkeit [...] nicht [nur] eine Kategorie neben anderen zum Verständnis des Politischen, sie durchdringt vielmehr alle anderen Kategorien; auch diese haben geschichtlichen Charakter.“ (Sutor 2005, S. 356) So sind etwa Herrschafts- bzw. Machtverhältnisse, Institutionen oder Kategorien wie Freiheit, Gerechtigkeit oder Frieden, um nur einige zu nennen, historisch gewachsen. Ohne Geschichte ist daher ein Verständnis politischer Konstellationen und Probleme nicht möglich.

7.1 Geschichte: Rekonstruktion oder Konstruktion?

Seit den 1970er-Jahren hat sich die Geschichtsdidaktik, wenn auch nur zögerlich, neben der historischen Forschung und Theorie zur dritten Dimension der Geschichtswissenschaft entwickelt. Sie hat daher auch auf die Entwicklungen in den anderen Dimensionen zu reagieren, wobei hier seit Ende der 1980er-Jahre das „Geschichtsbewusstsein“ als zentraler Schlüsselbegriff gilt. Dieses definiert sich als lebensweltlicher Zusammenhang zwischen Vergangenheitsdeutung, Gegenwartserfahrung und Zukunftserwartung. (Jeismann 1978, S. 32; Jeismann 1988; Rohlfes 2005, S. 17, 19–23) Der Blick auf die Vergangenheit bedeutet folglich Sinnstiftung, wobei diese in Form „historischen Erzählens" erfolgt. (Rüsen 1997, S. 58) „Historisches Erzählen", auch als „Narrativität" bezeichnet, meint, „dass historisches Wissen in der eigentümlichen Form einer Erzählung [...] vorliegt, also eines sprachlichen Gebildes, das auf bestimmte Weise zuvor isolierte Sachverhalte bedeutungsvoll miteinander verbindet [...]." (Barricelli 2006, S. 135) Historischen Narrationen liegt folglich immer ein „punktueller Sinnbildungsmodus" zu Grunde und kann somit als „punktuelle Sinncollage" betrachtet werden. Da die vorhandenen historischen Quellen niemals die gesamte Vergangenheit abdecken und es daher auch nicht erlauben, diese als Ganzes zu erfassen, dient ein „sinnkonstruierende[r] Faden [...] als eine ‚Angelschnur', mit der im Meer der Vergangenheitserinnerungen einzelne Perlen ‚gefischt' werden. Die Sinnbildung gleicht dabei einer Punktion, durch die der Vergangenheit einzelne Erfahrungseinheiten entnommen werden. [...] Die Sinnbezüge werden punktförmig so nebeneinander gesetzt, dass sie einen allgemeinen Zusammenhang zwischen Vergangenheit, Gegenwart und Zukunft collagieren." (Lange 2004, S. 33f)

In diesem Zusammenhang stellt sich die Frage, ob wir es bei Geschichte mit „Rekonstruktion" oder – im Sinne des „linguistic turn" – mit „Konstruktion" zu tun haben. Die Rekonstruktion beansprucht für sich „Objektivität", d. h. die Nachvollziehbarkeit geschichtswissenschaftlicher Ergebnisse durch die Anwendung allgemein akzeptierter Regeln. Dadurch unterscheide sich die Rekonstruktion von der Konstruktion, die auf intersubjektiv überprüfbare Regeln mehr oder weniger verzichte. (Kayser/Hagemann 2005, S. 11) Nicht ganz zu unrecht wird an dieser Unterscheidung kritisiert, dass auch die Rekonstruktion trotz ihrer Bindung an intersubjektiv anerkannte Regeln letztlich ein Konstrukt bleibt, das seine Wurzeln in der Gegenwart hat und für individuelle sowie kollektive Identitäten Bedeutung besitzt. So sind etwa historische Fragestellungen oder die verwendeten Methoden an einen „Zeitgeist", an herrschende Ideologien und an die jeweilige Sozialisation des Einzelnen gebunden. Geschichte ist daher – im Sinne von Richard Rorty (Kapitel II.6, S. 118f) – als „kontingent" und somit als Konstruktion zu betrachten. Ein solches Verständnis von Geschichte scheint sich in der Geschichtsdidaktik aber erst allmählich durchzusetzen.

7.2 Historische Kompetenzen – eine kritische Bewertung

Wie in der politischen Bildung werden auch in der Geschichtsdidaktik zunehmend Kompetenzen in den Mittelpunkt der Überlegungen gerückt. Michael Sauer unterscheidet etwa zwei Kompetenzbereiche: Sachkompetenz und Methodenkompetenz. Zur *Sachkompetenz* zählt Sauer zum einen „chronologisches Orientierungswissen", d. h. die Fähigkeit, zwischen früher und heute bzw. vorher und nachher zu unterscheiden sowie Schlüsselereignisse, Umbrüche und Kontinuitäten menschlicher Lebensweisen zu erkennen. Zum anderen gehört zur Sachkompetenz auch „Sachwissen": charakteristische Merkmale einzelner Epochen und Gesellschaften sowie Ursachen und Folgen wesentlicher Ereignisse und Prozesse. *Methodenkompetenz* umfasst bei Sauer das „historische Denken". Damit soll gewährleistet werden, dass Geschichte als Konstrukt erkannt, die Perspektivität in Vergangenheit und Gegenwart reflektiert, Alteritätserfahrung und Fremdverstehen ermöglicht sowie Methoden historischer Untersuchungen und Erklärungen beherrscht werden. Zur Methodenkompetenz gehört zudem nach Sauer der Umgang mit historischen Kategorien und Begriffen, die Fähigkeit, mit Quellen und Geschichtsdarstellungen umzugehen, eigene historische Lernprozesse zu organisieren und zu reflektieren sowie historische Kenntnisse und Erkenntnisse zu reflektieren. (Sauer 2002, S. 183–192; Sauer 2008, S. 22)

Ein weiteres Kompetenzmodell unterscheidet zwischen Gattungskompetenz, Interpretationskompetenz, geschichtskultureller Kompetenz und narrativer Kompetenz. (Rohlfes 2005, S. 395). *Gattungskompetenz* meint die Fähigkeit, historische Quellen und Literatur zu unterscheiden und gattungsgerecht zu nutzen. Unter *Interpretationskompetenz* wird die Fähigkeit zur analysierenden, an Kategorien (Kapitel IV.1, S. 142f) orientierten Interpretation sowie zur kritisierenden Interpretation von Quellen und Geschichtsdarstellungen verstanden. Letztere Form der Interpretation meint das Aufdecken verborgener Annahmen und Interessen. (Pandel 2006b, S. 96) Dazu ist wiederum *geschichtskulturelle Kompetenz* notwendig, d. h. die Fähigkeit, Geschichte als rekonstruierte oder konstruierte Vergangenheit (Kapitel II.7.1) zu erkennen. Die *narrative Kompetenz* ermöglicht es schließlich dem Lernenden, aus vorhandenen Informationen, insbesondere aus Quellen, historische Sinnzusammenhänge herzustellen.

Das ausführlichste, allerdings auch umstrittenste (Pandel 2006a, S. 9–14) historische Kompetenzmodell wurde schließlich im Rahmen des Projekts „Förderung und Entwicklung Reflektierten Geschichtsbewusstseins“ (FUER Geschichtsbewusstsein) entwickelt. Vier Kompetenzbereiche sind dabei zentral: die Fragekompetenz, die methodische Kompetenz, die Sachkompetenz und die Orientierungskompetenz. (Schreiber u. a. 2007, S. 17–53; Krammer 2009, S. 101)

Die *Fragekompetenz* meint die Fähigkeit und Bereitschaft, Fragen an die Vergangenheit zu stellen und die Fragestellungen zu erfassen, die fremden Narrationen zugrunde liegen. Mit der Fragekompetenz eng verbunden ist die *methodische Kompetenz*, die als Fähigkeit und Bereitschaft definiert wird, die Instrumentarien sowohl zur Re-Konstruktion und De-Konstruktion von Geschichte verwenden zu können. Daher werden auch die Re-Konstruktions- und die De-Konstruktionskompetenz (die im Modell eigentlich als „De-Rekonstruktionskompetenz“ bezeichnet werden müsste) als Kernkompetenzen unter die Methodenkompetenz gezählt. Unter Re-Konstruktionskompetenz wird die Fähigkeit verstanden, aus vorhandenen Quellen der Vergangenheit selbst Geschichte zu rekonstruieren. Die De-Konstruktionskompetenz, die mit der oben genannten „geschichtskulturellen Kompetenz“ vergleichbar ist, ermöglicht dagegen dem Lernenden, historische Erzählungen auf ihren Entstehungszusammenhang, ihre Funktionen bzw. die Absichten und Interessen der Erzähler zu hinterfragen. Das Modell geht somit davon aus, dass Geschichte „rekonstruiert“ werden könne, indem intersubjektiv anerkannte wissenschaftliche Methoden angewandt werden und eine bestimmte Auffassung über wirtschaftliche und gesellschaftliche Verhältnisse nachvollziehbar machen. Auf die Problematik einer solchen Annahme wurde bereits hingewiesen, zumal sich Rekonstruktion und Konstruktion nur auf dem ersten Blick zu unterscheiden scheinen (Kapitel II.7.1).

Die *Sachkompetenz* umfasst die Fähigkeit und Bereitschaft, „die Domäne des Historischen zu strukturieren und mit dafür entwickelten bzw. adaptierten Begriffen zu erschließen". (Schreiber u.a. 2007, S. 33) Zwei Kernkompetenzen werden daher unterschieden: die Begriffskompetenz und die Strukturierungskompetenz. Die Begriffskompetenz soll dazu befähigen, aus fachspezifischen Begriffen und den dahinter stehenden Kategorien und Konzepten „semantische Netze" (Schreiber u. a. 2007, S. 33) zu bilden sowie den Wandel von Begriffen im gesellschaftlichen Kontext zu erkennen. Dagegen dient die historische Strukturierungskompetenz zur „Strukturierung und Systematisierung der Domäne" mit Hilfe der Begriffe. Die Kategorie „Herrschaft" lässt sich durch die Begriffskompetenz mit der Kategorie „Mitbestimmung" verknüpfen, zugleich bildet sie ein ganzes Wort- und Begriffsfeld, zumal mehrere Subkategorien wie beispielsweise „Staat", „Gewalt", „Partizipation", „Freiheit" und „Unterdrückung" mitzudenken sind. Neben dieser semantischen Netzwerkbildung ermöglicht die Kategorie „Herrschaft" zudem eine Strukturierung und Systematisierung, indem sie notwendigerweise auf Wandlungsprozesse und somit auf Revolutionen, Verfassungsgebung oder Staatsauflösung achten lässt. (Borries u. a. 2007, S. 623–626)

Historische *Orientierungskompetenz* macht es schließlich möglich, historisches Wissen und die erworbenen Kompetenzen zum besseren Verständnis von Gegenwartsproblemen zu nutzen. Zudem umfasst sie die Fähigkeit, sowohl Geschichte als auch das eigene Geschichtsbewusstsein zu reflektieren und als Hilfe für die Orientierung in der eigenen Lebenswelt zu erkennen: „Es geht darum zu erkennen, zu akzeptieren und zu nutzen, dass Geschichte einen Beitrag dafür leisten kann sich zu orientieren, das eigene Tun und Lassen plausibler zu begründen, bzw. die eigenen (Vor-)Urteile, Einstellungen, Prägungen zu hinterfragen." (Schreiber 2006, S. 15)

Bei genauerer Betrachtung ergeben sich bei manchen der angeführten historischen Kompetenzen des FUER-Modells, auch wenn darüber ausführlich publiziert wurde (Körber/Schreiber/Schöner 2007), mehrere Fragen und Einwände: So ließen sich Re-Konstruktion und De-Konstruktion, die als „Basisoperationen" besondere Bedeutung besitzen (Schreiber 2007, S. 193), als eigene Kompetenzbereiche definieren. Genau genommen gehören lediglich die Methoden, die der Re-Konstruktion und De-Konstruktion dienen, in den Kompetenzbereich „Methodenkompetenz", etwa die Quellenkritik oder die Diskursanalyse bzw. diskursanalytische Propädeutik (Kapitel IV.3.7, S. 190f. Die sogenannte „Sachkompetenz" muss dagegen nicht unbedingt als eigener Kompetenzbereich hervorgehoben werden. Ähnlich wie bereits bei der Kritik an der „politischen Sachkompetenz" ausgeführt (Kapitel II.4, S. 109), handelt es sich bei den Begriffen, Kategorien bzw. Konzepten um (Arbeits-)Wissen; sie stehen erst mit Kompetenzen in Verbindung, wenn diese auch angewandt werden, um Fragen an die Geschichte zu stellen, eigene historische „Erzählungen" zu schaffen sowie eigene und fremde Narrationen zu dekonstruieren. Das Anwenden von (Arbeits-)Wissen", etwa wenn Begriffe wie „Freiheit" gleichsam als „Folie" auf bestimmte Texten gelegt und diese damit dekonstruiert werden, ist letztlich aber nichts anderes als eine Methode oder besser noch: eine Arbeitstechnik, die unter anderem einen notwendigen Bestandteil der Diskursanalyse darstellt.

Es scheint daher sinnvoll, unter den Kompetenzbereich „Methodenkompetenz“ alle jene Methoden zu reihen, die Fragekompetenz, Rekonstruktions- und De-Konstruktionskompetenz sowie Orientierungskompetenz ermöglichen. Innerhalb der Methodenkompetenz lassen sich aber selbstverständlich Hierarchien erstellen, wie sie etwa Andreas Körber anspricht, wenn er unter dem „Kompetenzbereich ‚Methodenkomptenz' die Fähigkeit sowie Bereitschaft und die dazugehörigen Kenntnisse und Einsichten“ reiht, „die den selbstständigen Einsatz der grundlegenden Operationen des historischen Denkens steuern. Konkrete isolierte Arbeitstechniken und Methoden, wie etwa die Interpretation einer einzelnen Quelle oder auch die Formulierung einer Fragestellung, das Recherchieren in Archiven und Bibliotheken sowie dem Internet etc., gehören zwar auch in den Bereich dieser Kompetenz, sie liegen jedoch auf einer anderen Ebene, definieren nicht für sich den Komptenzbereich. […] Methodenkomptenz als Ganzes entsteht dann, wenn der Schüler [und freilich auch die Schülerin, Anm. d. V.] die Methoden nicht nur auszuführen weiß, sondern selbstständig ihren Einsatz entscheidet, die Ergebnisse einzuschätzen weiß, ja sie ggf. kreativ verändern kann.“ (Körber 2007b, S. 133f) In eine solche Hierarchie, die der praktischen Umsetzung eines Kompetenzmodells entgegenkommt, lässt sich letztlich auch – selbst wenn Körber dies wohl verneinen würde – die Anwendung von Begriffen und Konzepten bzw. Kategorien, d. h. die Sachkompetenz reihen.

7.3 Geschichtsdidaktik und politische Bildung: Verknüpfungsversuche

Die Versuche, Geschichtsdidaktik und politische Bildung miteinander zu verbinden, beschränken sich bislang auf ein Nebeneinander beider wissenschaftlicher Disziplinen. Der Geschichtsdidaktik wird dabei eine vorbereitende und eine ergänzende Funktion für politische Bildung eingeräumt.

Die *vorbereitende Funktion* liegt zum einen in der Entwicklung begründeter Positionen zu historischen Problemen im Geschichtsunterricht. Darauf aufbauend kann ein Transfer zur politischen Bildung erfolgen; erscheint es doch als unwahrscheinlich, dass jemand mit reflektiertem Geschichtsbewusstsein der Politik und politischen Problemen unreflektiert begegnet. Zum anderen fördert historisches Lernen die Fähigkeit zur Empathie, d. h. das Einfühlen in andere, um deren Verhalten und Handlungen zu verstehen. „Verstehen" meint dabei freilich nicht, dass man sich in jemand anderen buchstäblich hineinversetzt: „[…] man *ist* selbstverständlich niemals *der* andere und auch nie wirklich in seiner Situation; und folglich sind die Gedanken und Gefühle, die man hat, auch niemals wirklich *seine*, sondern immer nur die eigenen." (Hausmann 1991, S. 179f) Folglich meint „verstehen", aufgrund einer Erfahrung etwas besser begreifen bzw. erklären zu können. Geschichtsunterricht bildet also zunächst eine Basis für die politische Bildung, zumal beide die Aufgabe haben, „die vorhandenen Kategorien der Beurteilung ins Bewusstsein zu heben und sie vorsichtig zu erweitern, also zusätzliche und besser reflektierte Urteilskategorien zu schaffen. Solche Kategorien sind häufig mit Emotionen verbunden, die zwar nicht ausgeblendet, aber bewusst und der

Reflexion zugänglich gemacht werden können". (Krammer 2009, S. 106)

Die *ergänzende Funktion* ergibt sich aus der historischen Dimension, die für die politische Bildung unentbehrlich ist. Wie bereits erwähnt, können in den meisten Fällen politische Probleme nur dann adäquat erfasst werden, wenn auch deren historische Wurzeln berücksichtigt werden. Der Geschichtsunterricht hat somit unter anderem „die historische Ortsbestimmung der Gegenwart" als Aufgabe (Detjen 2007, S. 287f) und bietet sich als „sekundäres Erfahrungsfeld" an, um „anthropologische, soziale und politische Erkenntnisse" zu gewinnen. (Detjen 2007, S. 287f) Demnach bietet Geschichte ein *„Reservoir bisheriger politischer Erfahrungen"* (Sutor 2005, S. 353) und ermöglicht die *Erfahrung des Prozesshaften* in der Gesellschaft, womit scheinbar Dauerhaftes als Mythos entlarvt wird. Als Beispiel sei etwa auf die politische Funktion von Volkskultur hingewiesen, die im Zusammenhang mit einem konservativen Heimatbegriff gerne als unveränderbar und „authentisch" präsentiert wird. Im Zusammenhang mit der Erfahrung des Prozesshaften steht die Erfahrung der *Kontingenz* und der *Mehrdimensionalität* gesellschaftlicher Phänomene, d. h. dass durch die Auseinandersetzung mit Geschichte das Gewordene nicht als unabdingbar, gleichsam schicksalhaft erscheint, sondern als Ergebnis bestimmter wirtschaftlicher und gesellschaftlicher Konstellationen. Das Bewusstsein, dass auch andere Entwicklungen hätten eintreten können,[19] ermöglicht schließ-

19 Eine eigene „Disziplin" in der Geschichtswissenschaft, die „Konjekturalhistorie", beschäftigt sich mit ungeschehener Geschichte. (Demandt 1986) Zum einen wird damit die Möglichkeit einer anderen Entwicklung deut-

lich die Erfahrung der *Alternative*, die gewohnte politische Strukturen und Wertorientierungen relativiert. (Sutor 1979, S. 95f; Detjen 2007, S. 288)

Neben der ergänzenden und vorbereitenden Funktion wurden auch Überschneidungsbereiche in Bezug auf die Kompetenzmodelle formuliert, die derzeit – wenn auch zum Teil mehr oder weniger heftig kritisiert – in der Geschichts- und Politikdidaktik den Diskurs bestimmen (Hellmuth 2008, S. 325–327): das Modell der Gesellschaft für Politikdidaktik und politische Jugend- und Erwachsenenbildung (GPJE) (Kapitel II.4, S. 110) sowie das – nicht ganz unumstrittene – historische Kompetenzmodell, das im Rahmen des Projekts „FUER Geschichtsbewusstsein" entworfen wurde (Kapitel II.7.2, S. 128–130).

Für Christoph Kühberger (2009, 113) übernimmt die historische Orientierungskompetenz, die es ermöglichen soll, historisches Wissen und historische Kompetenzen zum besseren Verständnis von Gegenwartsproblemen zu nutzen, auch Aufgaben politischer Bildung: „Versucht man [...] also historisch-politisches Denken im Unterricht zu fördern, kann man Fragen der Orientierung nicht ausschließen und sollte auch auf Konzepte der politischen Bildung zurückgreifen. Dabei wird ein verstärkter Gegenwarts- und Zukunftsbezug traditionelle Auswahlmechanismen des Geschichtsunter-

lich, wenn ein relevantes oder auch scheinbar nebensächliches Ereignis nicht oder in anderen Konstellationen eingetreten wäre. Zum anderen zeigt die Konjekturalhistorie aber auch den Konstruktionscharakter von Geschichte. Denn Erklärungen darüber, wie und warum die Gegenwart so und nicht anders ist, können durch die Entdeckung bzw. Berücksichtigung neuer Quellen bzw. neuer Quellenkombinationen obsolet oder zumindest ergänzungsbedürftig werden.

richts erweitern und neue, andere Themen positionieren." (Kühberger 2009, S. 113)

Ein anderer und weitergehender Versuch, Überschneidungsbereiche zu definieren, findet sich bei Thomas Hellmuth (Hellmuth 2008, S. 326f), der Überschneidungen mehrerer Kompetenzebereiche hervorhebt. So überschneiden sich mehrere politikbezogene Methoden, etwa die an Belegen gebundene Beweisführung, die Methoden der Text-, Bild- und Filmanalyse sowie Interview- und Argumentationstechniken mit geschichtsbezogenen Methoden, etwa mit den Analyseinstrumentarien für historische Quellen und historische Darstellungen. Ferner berührt die historische „Re-Konstruktionskompetenz"[20] sowohl die politikbezogene Methodenkompetenz als auch die politische Urteilskompetenz, zumal sie befähigt, aus unterschiedlichen Informationsquellen ein kohärentes Gesamtbild vergangener Ereignisse zu zeichnen, dieses Bild aber zugleich als Konstruktionsleistung zu erkennen und somit zu hinterfragen. Diese historische De-Konstruktionskompetenz überschneidet sich mit der politischen Urteilskompetenz, indem sie dazu beiträgt, unterschiedliche politische Standpunkte als Ausdruck bestimmter historisch begründeter Werthaltungen und Ideologien zu erkennen. Besondere Bedeutung besitzt dabei die Beschäftigung mit der Zeitgeschichte, die sich in

20 Noch einmal sei hier betont, dass die vorliegenden Ausführungen im Sinne des „linguistic turn" davon ausgehen, dass auch geschichtswissenschaftliche Ergebnisse Konstruktion sind (vgl. Kapitel II.7.1). Hier wird nur deshalb auf den Begriff „Re-Konstruktion" zurückgegriffen, weil dieser auch im historischen Kompetenzmodell des Projektes „FUER Geschichtsbewusstsein" verwendet wird.

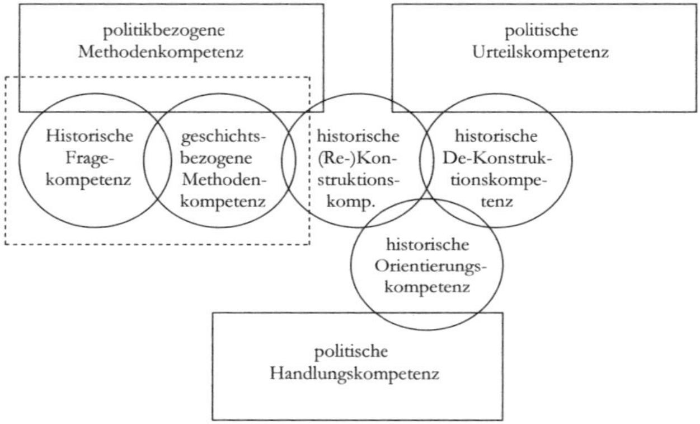

Grafik 9: Kompetenzüberschneidungen (Hellmuth 2008, S. 327)

ihrem Grundverständnis als „Epoche der Mitlebenden und ihre wissenschaftliche Behandlung" (Rothfels 1953, S. 2) definiert. Der Zeithistoriker bzw. die Zeithistorikerin ist somit für eine Vergangenheit zuständig, die viele der Zeitgenossen noch erlebt haben sowie von mehreren Generationen und unterschiedlichen Gruppen „aus ihrer jeweiligen Perspektive unterschiedlich, vielfach auch in einer politisch bedeutsamen Weise kontrovers" gedeutet wird. (Sutor 2005, S. 358f; vgl. dazu auch: Massing 2008, S. 78) Geschichte beeinflusst dabei in besonderer Weise politische Ansichten und Handlungen. Politische Handlungskompetenz hängt somit eng mit der historischen Orientierungskompetenz zusammen.

7.4 Politische Bildung als historisch-politische Sinnstiftung

Die vorliegenden Versuche, Geschichts- und Politikdidaktik miteinander zu verknüpfen, schöpfen das Potenzial, das der Geschichtsunterricht für die politische Bildung haben kann, nur unzureichend aus. Zwar wird bei der vorbereitenden Funktion des Geschichtsunterrichts wenigstens zum Teil auf die subjektive Ebene Bezug genommen, indem das „reflektierte" und „selbstreflexive Geschichtsbewusstsein" hervorgehoben wird. Geschichtsbewusstsein soll aber lediglich als Übungsfeld politischer Reflexion dienen. Eine mögliche Synthese von politischer Bildung und Geschichtsunterricht wird nicht in Betracht gezogen. Die ergänzende Funktion bleibt wiederum auf der strukturellen Ebene verhaftet, auf dem „Dreidimensionenmodell" (Kapitel II.1, S. 87f), und vernachlässigt damit die subjektive Ebene von Politik und politischer Bildung. Auch die Darstellung der Überschneidungsbereiche historischer und politischer Kompetenzen überzeugt letztendlich nicht, zumal bei Kühberger lediglich auf die Orientierungskompetenz Bezug genommen wird und andere Kompetenzbereiche mehr oder weniger ausgeklammert bleiben. Hellmuth versucht zwar, Überschneidungsbereiche mehrerer politischer und historischer Kompetenzen darzustellen, ein subjekttheoretischer Ansatz findet sich aber auch hier nur zum Teil.

Eine starke Betonung der subjektiven Ebene weist allerdings der Versuch von Dirk Lange auf, eine „historisch-politische Didaktik" zu begründen und dabei den Bewusstseinsbegriff in den Mittelpunkt zu rücken. Allerdings bleiben seine Ausführungen zum Teil unscharf, etwa wenn er zwischen „geschichtspolitischen“ und „politikgeschichtlichen Lernen“ unterscheidet. So entwickelt geschichtspolitisches Lernen laut Lange „die Fähigkeit zur politisch induzierten Zeitorientierung“, d. h. dass der Einzelne seine subjektiven Sinndeutungen in den Diskurs um die Deutung von Vergangenheit einzubringen imstande ist. Politikgeschichtliches Lernen schafft dagegen „die Kompetenz [...], Herrschaft historisch zu legitimieren. [...] Es wird die Denkfähigkeit erworben, politische Vorstellungen zustimmungswürdig zu machen, indem sie als Schon-Immer-So dargestellt werden.“ (Lange 2004, S. 70, 90) Die Trennung der beiden Formen historisch-politischen Lernens bleibt aber künstlich, zumal politikgeschichtliches Lernen, wird diesem Langes Definition zugrunde gelegt, geschichtspolitisches Lernen miteinschließt. Benötigt doch die historische Legitimation von Herrschaft die Fähigkeit, aus den überlieferten Quellen der Vergangenheit historische Konstruktionen, d. h. „Geschichte“ zu entwerfen. Zum anderen stellt sich bei Langes Ausführungen die Frage, ob er auch die kritische Reflexion der genannten Kompetenzen als Teil historisch-politischer Didaktik betrachtet. Vielmehr erwecken seine Ausführungen zunächst sogar den Eindruck, als habe historisch-politisches Lernen vor allem affirmative und herrschaftsstabilisierende Funktion. Auch die „historische Diskursfähigkeit“, die Lange als ein Ergebnis der „Kompetenz demokratisch-geschichtspolitischer Sinnbildung“ bezeichnet (Lange 2004, S. 93), bedeutet noch keineswegs das selbstreflexive Hinterfragen einer historisch-politischen Sinnbildung.

Dennoch kann Langes Versuch durchaus als wegweisend gelten: Zum einen betont er als Aufgabe historisch-politischen Lernens, die historische Diskursfähigkeit zu fördern und die Pluralität von Geschichtsdeutungen zu akzeptieren. Zum anderen deutet er zumindest an, dass auch die Analyse von Vergangenheitsdeutungen durch geschichtspolitisches Denken möglich sei (Lange 2004, S. 93f). Ein historisch-politisches Modell sollte allerdings weniger das politikgeschichtliche Lernen in ein Modell historisch-politischer Bildung integrieren, zumal dieses aufgrund ihrer Legitimationsfunktion ohnehin als problematisch zu werten ist. Vielmehr ist das geschichtspolitische Lernen als zentral zu verstehen.

Ein solches Modell kann auf den Überlegungen zu einem subjekttheoretischen Modell politischer Bildung (Grafik 8) aufbauen bzw. weicht von diesem in erster Linie durch die synthetische Einbeziehung der historischen Dimension ab. Notwendig ist allerdings die Explikation der „Reflexions-" und „Partizipationskompetenz" durch die „historische" und „politische Sinnbildungskompetenz".

Historische Sinnbildungskompetenz bezeichnet die Fähigkeit, sich im zeitlichen und gesellschaftlichen Wandel zu orientieren (Jeismann 1985, S. 43–71) und sich selbst darin zu verorten. Dabei ist es notwendig, ein „Zeitbewusstsein" zu entwickeln, das die Unterscheidung in Vergangenheit, Gegenwart und Zukunft ermöglicht. (Pandel 1991, S. 60) *Politische Sinnbildungskompetenz* befähigt wiederum, sich in der gegenwärtigen Politik und Gesellschaft zu orientieren, d. h. deren Komplexität und deren Bedeutung für das eigene Ich zu erkennen. Historische und politische Sinnbildungskompetenz setzen „Identitätsbewusstsein" (Massing 1996, S. 449) voraus, welches das eigene Ich als ein im historischen Prozess sozialisiertes wahrnimmt und daher auch ständig hinterfragt. Sinnbildung wird folglich als dynamischer Prozess verstanden, bei dem die Deutung von politischer Gegenwart und Vergangenheit eine identitätsstiftende Funktion besitzt. Diese wird aber immer wieder im Diskurs, in der argumentativen Auseinandersetzung mit den anderen, von einem selbst hinterfragt und gegebenenfalls auch revidiert. Eine Synthese von politischer Bildung und Geschichtsdidaktik auf Basis historisch-politischer Sinnstiftung steht freilich noch am Anfang. Die obigen Überlegungen können allerdings eine Basis für weitere Forschungsarbeiten (erste Ansätze bei: Hellmuth 2009c) liefern.

III. Methodik

Eine Unterrichtsmethodik, die dem vorgestellten subjekttheoretischen Modell politischer Bildung angemessen ist, bedarf zunächst einer Reflexion über didaktische Prinzipien bzw. über Aneignungsdimensionen, d. h. über die Formen und Möglichkeiten, durch die sich Lernende mit Politik und deren Problemen auseinandersetzen können. Aufbauend auf diese Prinzipien werden schließlich passende Unterrichtsmethoden vorgestellt, die im praktischen Teil (Kapitel IV) partiell Verwendung finden. Dabei wird zwischen Makro- und Mikromethoden unterschieden, denen wiederum bestimmte Arbeitstechniken zuzuordnen sind. Ein Anspruch auf Vollständigkeit besteht freilich nicht; vielmehr werden Methoden vorgestellt, die im Unterricht häufig verwendet werden und/oder sich für politische Bildung besonders eignen.

1. Didaktische Prinzipien

Didaktische Prinzipien dienen der Auswahl der Lerngegenstände, indem sie helfen, aus der unüberschaubaren politischen Wirklichkeit für einen Politikunterricht relevante Themen herauszufiltern. Dabei gilt die Regel, dem Bleibenden vor den tagesaktuellen Geschehnissen den Vorrang zu geben (Detjen 2007, S. 3), es sei denn, Reflexions- und Partizipationskompetenz und das dazu notwendige Arbeitswissen lassen sich auf der Basis aktueller Ereignisse entwickeln. Die didaktischen Prinzipien einer subjektorientierten politischen Bildung weichen nur geringfügig von den traditionellen Vorgaben ab bzw. sind lediglich inhaltlich zu ergänzen. Kategoriales Lernen gehört hier ebenso dazu wie Handlungsorientierung, Problemorientierung sowie Schüler- und Lebensweltorientierung, wobei der Begriff der „Lebenswelt" in der Politikdidaktik bislang nur unzureichend geklärt wurde und daher einer theoretischen Fundierung bedarf. Als weitere Prinzipien gelten das exemplarische Lernen und das Kontroversitätsprinzip.

Kategoriales Lernen reduziert mit Hilfe von Kategorien die komplexe Realität auf Wesentliches. Dazu muss der Lernende imstande sein, bestimmte Schlüsselfragen zu stellen. Bereits Max Weber empfahl die Bildung von „Idealtypen", die als Vergleichsgröße an die Wirklichkeit herangetragen werden, um diese zu ordnen. (Weber 1988, S. 212f) Der Erziehungswissenschafter Wolfgang Klafki hat die idealtypische Heuristik für die Erziehungswissenschaften adaptiert und das Konzept der „kategorialen Bildung" entworfen (Klafki 1959), das Mitte der 1960er-Jahre von Hermann Giesecke auf die Politikdidaktik übertragen und später von Bernhard Sutor ergänzt bzw. modifiziert wurde. Gemeinhin werden folgende Kategorien empfohlen: Problemdefinition, Konflikt, Macht/Durchsetzung, Recht, Interessen, Ideologie, Solidarität, Mitbestimmung, Demokratie, Kompromiss, Menschwürde, Geschichtlichkeit, Verantwortung und Wirksamkeit/Folgen. (Giesecke 1982; Giesecke 1997, S. 31–36; Sutor 1992, S. 35) Da der Geschichtlichkeit besondere Bedeutung zukommt (vgl. Kapitel II.7), hat die Geschichtsdidaktik Kategorien historischen Denkens zu benennen, die Synergien mit den Kategorien der politischen Bildung aufweisen. (Krammer 2009, S. 105–108). Dazu gehört der

Gegenwartsbezug im Sinne der historischen Ursachen des Gegenwärtigen und des Vergleichs historischer Probleme und Problemlösungsstrategien mit solchen der Gegenwart. (Bergmann 2002) Weitere Kategorien sind Identität im Sinne der Selbstverortung in der Gegenwart mit Hilfe der Vergangenheit sowie Wandel, verstanden als eine Kategorie, die das Gewordensein des Gegenwärtigen und die Veränderbarkeit des Bestehenden in das Bewusstsein rückt.

Die Gesellschaft befindet sich allerdings in einem ständigen Transformationsprozess, weshalb neue Probleme nicht immer mit alten Kategorien zu erfassen sind. So ist etwa die Kategorie „Gender" bei den erwähnten Kategorien zu ergänzen, wobei diese als „mehrfache relationale Kategorie" (Griesebner 2005, S. 154; vgl. auch Kühberger 2007, S. 641) betrachtet werden muss. Mit anderen Worten bedeutet dies, dass sich die Kategorie „Gender" nur in Verbindung mit anderen Kategorien als brauchbar erweist, etwa mit den Kategorien „Geschichtlichkeit" und Ideologie". Wenn infolge des gesellschaftlichen Wandels immer wieder neue Kategorien zur sinnvollen Erfassung der politischen Realität notwendig sind, müssen die Kategorien – im Sinne des „selbstreflexiven Ich" (Kapitel II.3) – selbst zum Gegenstand einer Objektivierung werden. Eine weitere Kategorie sollte daher auf die Fähigkeit ausgerichtet sein, selbstständig neue Kategorien zu bilden und andere gegebenenfalls zu verwerfen. (Hellmuth 2009b, S. 82)

Ein weiteres didaktisches Prinzip stellt die *Handlungsorientierung* dar, welche die selbstständige Beschäftigung des Lernenden mit dem Lerngegenstand postuliert. (Gudjons 1986) Lernen erfolgt demnach durch Erfahrung, wobei hier dem Lernen mit allen Sinnen besondere Bedeutung zukommt. Affektive und kognitive Lernvorgänge verbinden sich dadurch, Sinneswahrnehmung und Verinnerlichung korrelieren miteinander, d. h. dass etwa Bilder, Töne oder Gerüche dazu beitragen können, Erkenntnisse nachhaltig im Bewusstsein zu verankern. Die mit der sinnlichen Wahrnehmung verbundenen Erlebnisse müssen dafür zu Erfahrungen verarbeitet werden, die nicht nur Betroffenheit, sondern vor allem Erkenntnis ermöglichen. (Lange 2004, S. 86f) Erkenntnis bedeutet wiederum die Transformation von Erlebnissen von einer konkreten auf eine abstrakte Ebene. Bleibt dieser Transformationsprozess ausständig, bleibt „Erfahrungslernen" letztlich „Erlebnispädagogik", der nicht zu Unrecht Theoriefeindlichkeit vorgeworfen und daher erkenntnistheoretisch nur geringe Bedeutung beigemessen wird. (Detjen 2000, S. 33) Da Handlungen unlösbar mit dem Denken verknüpft sind (Gagel 1998b, S. 128–143), müssen sie daher im Sinne reflektierter Verinnerlichung, damit notwendigerweise auf einer abstrakten Ebene – in erster Linie mit Hilfe von Kategorien – strukturiert werden.

Handlungsorientierung wird durch *Problemorientierung* gefördert. Zum einen ist damit die Beschäftigung mit politischen Problemen gemeint, wobei hier zwischen alltäglichen Problemen und „epochaltypischen Schlüsselproblemen" der Politik, die meist globalen Charakter besitzen, zu unterscheiden ist. (Detjen 2007, S. 329) Zum anderen bedeutet Problemorientierung aber auch die Bewältigung politischer Probleme im Zuge individueller Identitätsarbeit, d. h. eine Problemorientierung auf subjektiver Ebene. Ein „Problem" ergibt sich im Sinne dieses Problemverständnisses „aus der subjektiv erlebten Diskrepanz zwischen einem tatsächlichen Ist-Zustand und einem erwünschten Soll-Zustand". (Lange 2004, S. 84) Dieser „Soll-Zustand" ist als subjektiver

Wunschzustand zu verstehen, der aber auch durch Sozialisation zustande kommt und daher partiell von den Vorstellungen und Wünschen anderer beeinflusst ist.

Problemorientierung setzt *Schüler- und Lebensweltorientierung* voraus, d. h. dass ein Zusammenhang zwischen Lerninhalten und sozialen Bedingungen der Lernenden hergestellt werden soll. Interessen, Bedürfnisse und Erwartungen der Lernenden sind bei der Ausrichtung von Lernprozessen zu berücksichtigen, um die Zusammenhänge zwischen der zunächst als abstrakt empfundenen Politik und dem eigenen täglichen Leben aufzuzeigen. Die Lebensweltorientierung gewährleistet hier größtmögliche Effektivität im Lernprozess, vorausgesetzt freilich, dass der Begriff der Lebenswelt auch definiert und dadurch erst didaktisch-methodisch nutzbar wird. Lebenswelt wird als unreflektierter Lebensraum verstanden, als Teil einer vertrauten Umwelt, die unbewusst bedeutend für das eigene Leben, somit sinnstiftend und handlungsrelevant ist. Dazu gehören soziale Beziehungen und die materielle Umwelt, damit in Verbindung sogenannte „Sinnprovinzen", die sich um spezielle Interessen organisieren und ein durch soziale Interaktion gebildetes und kodiertes Sonderwissen aufweisen. (Schütz/Luckmann 2003; Grathoff 1987) An diese Sinnprovinzen, in die der/die Lehrende zumindest teilweise Einblick gewinnen sollte, kann politische Bildung anknüpfen, etwa an spezifische Sprachformen wie dem Soziolekt von Jugendlichen, an konsumgesellschaftliche Orientierungen oder diverse Protestformen und deren Ursachen. Allerdings hat nicht alles, was lebensweltliche Bedeutung besitzt, zugleich auch politische Bedeutung. Es ist daher notwendig, den Lebenswelten der Lernenden – etwa in Bezug auf die Bedeutung bestimmter Musikstile, die im

Trend liegen – besondere Aufmerksamkeit zu schenken und ihren politischen Gehalt aufzudecken. (Lange 2004, S. 76; Hoppe 1996, S. 318f)

Notwendig ist dabei auch die Unterscheidung eines „interpersonalen" und eines „transpersonalen Raumes": Der interpersonale Raum beschreibt einen durch soziale Beziehungen definierten Raum, der Übersichtlichkeit gewährt, einen konkret erfahrbaren sozialen Nahraum. Abstrakte politikrelevante Begrifflichkeiten wie Macht und Herrschaft, Gesellschaft, Recht, System oder formale Institutionen, um nur einige zu nennen, werden dagegen auf der transpersonalen Ebene vermittelt, die nicht unmittelbar mit der Lebenswelt des Lernenden verknüpft sein muss. Demnach sind das „soziale Lernen", wenn dieses Demokratie als Lebensform versteht, und politische Bildung wechselseitig aufeinander bezogen. (Grammes/Welniak 2008, S. 334f) Allerdings gilt es, der sogenannten „Parallelisierungsfalle" zu entgehen, die soziales Lernen automatisch mit politischem Lernen gleichsetzt. Denn politische Probleme und Konflikte lassen sich nicht immer mit sozialem Lernen verstehen. So können etwa zwischenmenschliche Konflikte durch Sensibilisierung, Argumentation und Einsicht geklärt werden. Politische Konflikte lassen sich damit aber nur schwer regeln, zumal dazu Konzepte von Macht, Staat und Rechtsordnung bekannt sein müssen, d. h. das Verständnis abstrakter Begriffe als Voraussetzung gilt. (Massing 2008a, S. 29f; Dettmar-Sander/Sander 2007, S. 189–193) Nichtsdesstoweniger spiegelt sich im sozialen Lernen die Idee von partizipativer Demokratie; diese allein ist aber ungeeignet, um „Verbindungen zu rechtsstaatlicher Demokratie mit speziellen Funktionen herzustellen". (Grammes/Welniak 2008, S. 335)

Schüler- und Lebensweltorientierung legen als weiteres didaktisches Prinzip das *exemplarische Lernen* nahe, d. h. vertiefendes Lernen an konkreten Fällen. Dabei kann es sich um persönliche Probleme handeln, die durchaus politischen Charakter haben können, um Konflikte, tagesaktuelle Fragen oder Affären (Detjen 2007, S. 232), aber auch um Fälle, die auf den ersten Blick nicht als politisch erscheinen, etwa Filme, die hinsichtlich ihrer politischen Implikationen analysiert werden. (Hellmuth 2008, S. 328–330) Neben den spezifischen Aspekten, die solche Fälle aufweisen, findet sich in diesen auch implizit Allgemeines, das induktiv erschlossen wird. Dieser Weg vom Konkreten zum Abstrakten ermöglicht es etwa beim Erfahrungslernen, die gewonnenen Erkenntnisse nachhaltig zu sichern. Lernen sollte demnach nicht primär die Aneignung des Besonderen ermöglichen, sondern vielmehr Einsichten in Prinzipien, Strukturen und Regelmäßigkeiten vermitteln. (Hilligen 1991, S. 34; Detjen 2007, S. 324) Dennoch sollte dem Besonderen in manchen Fällen eine besondere Bedeutung beigemessen werden, zumal etwa der Vergleich von Besonderheiten auch Unterschiede deutlich machen kann. Politik weist keineswegs eine homogene Struktur auf, sondern ist ganz im Gegenteil durch Vielfältigkeit gekennzeichnet. So wird etwa bei Wahlkämpfen davon ausgegangen, dass bestimmte Strategien der Wahlwerbung zum Tragen kommen. Tatsächlich verlaufen Wahlkämpfe verschiedener Parteien aber nicht selten anders als angenommen, zumal die naheliegenden Regeln nicht berücksichtigt werden. Auch bei bestimmten Fallanalysen, die nicht der traditionellen politischen Bildung entsprechen, kann das Primat der Induktion zum Teil infrage gestellt werden. So eignen sich etwa Spielfilme, um die in der Gesellschaft verankerten Geschlechterrollen herauszuarbeiten, die filmische Umsetzung kann aber von Film zu Film variieren. Da nun Filme als Kunstwerk durchaus ihre Einzelberechtigung besitzen, sollte daher das Besondere neben dem Allgemeinen durchaus Berücksichtigung finden.

Letztlich entspricht die Betonung von Unterschieden, ohne die Bedeutung des Regelhaften zu vernachlässigen, dem *Kontroversitätsprinzip*, das als Teil des „Beutelsbacher Konsenses" (Kapitel I.6, S. 65f) formuliert wurde. Dieses Prinzip schreibt vor, unterschiedliche Perspektiven in Wissenschaft und Politik auch im Unterricht als kontrovers darzustellen. Dem Kontroversitätsprinzip ist das Überwältigungsverbot implizit, d. h. dass die Lehrperson die Lernenden nicht mit einer vermeintlich „richtigen" Meinung überrumpeln darf. Zwar kann und soll die Lehrperson ihre eigene Meinung vertreten, diese muss aber auch als solche ausgewiesen werden.

Das Verhalten der Lehrperson in dieser Frage ist von der jeweiligen Lerngruppe abhängig, wobei zwischen „argumentationsheterogenen", „argumentationshomogenen" und „apathisch-indifferenten Lerngruppen" (Reinhardt 1988, S. 69–72) unterschieden werden muss. Die beiden Letzteren können dazu verleiten, eine oder wenige Meinungen als absolut zu setzen, zumal der Lehrperson kaum Widerstand entgegengebracht wird. So lässt die apathisch-indifferente Lerngruppe die Meinung des Lehrenden einfach über sich ergehen. Dabei übernehmen die Schüler und Schülerinnen die Position der Lehrperson unreflektiert oder verfestigen deren eigenen Positionen im Sinne der Ablehnung anderer Meinungen, ohne sich rational und argumentativ mit einem Problem auseinandergesetzt zu haben: „Rede nur, ich ändere meine Meinung ohnedies nicht!" Die argumentationshomogene Lerngruppe zeichnet sich dagegen durch Konsens aus und lässt eine Polarisierung in politischen Fragen kaum zu. Damit verbunden sind freilich die Gefahr der Einseitigkeit und die Vernachlässigung der Komplexität politischer Probleme. Während in argumentationsheterogenen Lerngruppen ohnehin mehrere Meinungen aufeinanderstoßen, ist die Lehrperson bei den anderen Lerngruppen aufgefordert, die kontroversen Positionen besonders zu berücksichtigen und immer wieder auf diese hinzuweisen.

Auf dem ersten Blick scheint das didaktische Prinzip der Kontroversität zwar einleuchtend, bei genauerer Betrachtung ergeben sich aber zahlreiche Probleme. So sind etwa wissenschaftliche und politische Diskurse meist außerordentlich komplex, setzten spezifische Fachkenntnisse voraus und können daher zu Unübersichtlichkeit und Verwirrung bei den Lernenden führen. Die Lehrperson ist daher gezwungen, eine Auswahl zu treffen und die Komplexität mithilfe „didaktischer Reduktion" für den Unterricht aufzubereiten. Drei Formen der Reduktion sind möglich: Die „horizontale didaktische Reduktion" übersetzt Fachsprache in einfache Sprache, ohne aber inhaltlich zu vereinfachen. Das bedeutet zumeist, eine fachwissenschaftliche oder politische Aussage bzw. ein komplexes politisches Problem in eine konkrete Form zu transferieren. Im Gegensatz dazu bedeutet die „vertikale didaktische Reduktion" eine Vereinfachung komplexer Sachverhalte, womit ein geringerer Gültigkeitsgrad verbunden ist. Schließlich bietet sich noch die „quantitative Reduktion" an, die das Spektrum kontroversieller Positionen idealtypisch auf die Pro-Contra-Position zweier Parteien oder auf kategoriale Konflikte wie zwischen Arbeitnehmer und

Arbeitgeber reduziert. (Gagel 2000, S. 110–119; Grammes 1999, S. 52f)

Dennoch wird es kaum möglich sein, die Komplexität wissenschaftlicher oder politischer Realität im Unterricht umfassend zu vermitteln. Besitzt doch die Lehrperson selbst, auch wenn sie noch so engagiert ist, keinen vollständigen fachwissenschaftlichen Überblick und filtert außerdem Informationen naturgemäß. Welche Informationen als relevant betrachtet werden, ist wiederum von der Sozialisation und der Identität des Einzelnen abhängig. „Objektivität" bleibt somit Illusion; allerdings ist die Lehrperson im Sinne des „selbstreflexiven Ich" (Kapitel II.3) verpflichtet, über die eigene Abhängigkeit von Sozialisationsprozessen zu reflektieren, um sich darüber bewusst zu sein. Zugleich hat sie Lernprozesse so zu gestalten, dass auch den Schülern und Schülerinnen eine solche Selbstreflexion möglich ist.

Neben dem Problem der Komplexität der gesellschaftlichen Realität sowie der politischen und wissenschaftlichen Diskurse darüber stellt sich zudem die Frage, ob politisch extremistische Auffassungen gleichwertig neben anderen politischen Meinungen präsentiert werden sollen. Ein Ausschluss solcher Auffassungen mit der Begründung, sie würden einer demokratischen politischen Kultur widersprechen, scheint problematisch. (Detjen 2007, S. 327) Zum einen offenbart sich nämlich bei dieser Frage der Widerspruch der bürgerlich-liberalen Gesellschaft, zumal auch antidemokratische Positionen als „Grenzüberschreitung" (Kapitel II.3, S. 97) gewertet werden können, aber keineswegs zum Fortschritt der bürgerlich-liberalen Gesellschaft beitragen, sondern diese vielmehr infrage stellen. Zum anderen können die Schülerinnen und Schüler nur schwer zu einer demokratischen

Grundeinstellung gelangen und Gegenargumente gegen extremistische Positionen entwickeln, ohne sich mit solchen Meinungen auseinanderzusetzen.

Daher ist es notwendig, die Spielregeln einer demokratischen Gesellschaft kennenzulernen und sich – im Sinne des „selbstreflexiven Ich“ (Kapitel II.3) – mit der Demokratie zu identifizieren. „Demokratische politische Bildung wechselt nicht einfach die Etiketten für die Indoktrination aus, sie ist vielmehr ein Gegenmodell zur Indoktrination, weil sie von der Leitidee der Mündigkeit der Lernenden ausgeht.“ (Sander 2006, S. 24) Peter Schulz-Hageleit hat dafür eine didaktische Pyramide entworfen (Schulz-Hageleit 2002, S. 81–83), die sich zwar auf den Geschichtsunterricht bezieht, sich aber auch für die politische Bildung abwandeln lässt (Grafik 10): So sind LehrerInnen von einem demokratischen Wertekonsens geprägt, der auch die Selbstreflexion beinhaltet, und haben durch ihre Unterrichtsmethoden und -materialen und die von ihnen zum Teil zu gestaltenden Lernbedingungen dazu beizutragen, diesen zu bewahren und mitzugestalten. Die Lernbedingungen und selbstverständlich auch die Lehrbedingungen hängen aber auch von gesetzlichen Vorgaben, etwa von Lehrplänen und Verordnungen, sowie von den zur Verfügung stehenden, etwa räumlichen und zeitlichen Möglichkeiten innerhalb der Institution Schule oder anderer Bildungsinstitutionen ab. Ziel eines an der didaktischen Pyramide orientierten Unterrichts sollten Lernende sein, die sowohl über Reflexions- als auch Partizipationskompetenz verfügen. Mit anderen Worten: Sie sollten fähig und bereit sein, multiperspektivisch und empathisch zu denken, eigene Urteile über politische Probleme zu fällen, sich dabei ihrer Eingebundenheit in Sozialisationsprozessen bewusst und

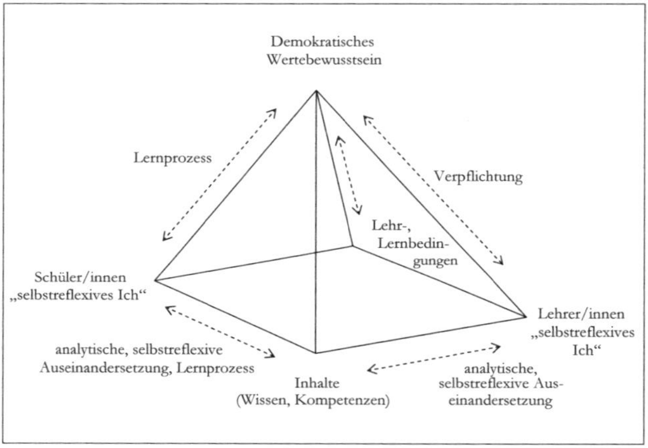

Grafik 10: Didaktische Pyramide (nach Schulz-Hageleit 2002, S. 81–83)

auch offen zu sein sowie eigene Urteile aufgrund rational nachvollziehbarer Gegenargumente immer wieder neu zu überdenken und gegebenenfalls zu revidieren.

2. Makromethoden, Mikromethoden und Arbeitstechniken

Wird politisches Lernen nicht nur als rezeptives Lernen von „Stoff“ verstanden, sondern als ein Prozess, in dem der Lernende Urteile und Wertungen entwickelt und auch auf rationaler Basis, d. h. mit Argumenten verteidigt, müssen entsprechende Lernarrangements geschaffen werden, die eine individuelle Beschäftigung mit den Unterrichtsthemen ermöglichen und fördern. (Bönsch 1995; Lange 2004, S. 80) Grundlegend ist dabei die Unterscheidung zwischen darbietenden, erarbeitenden und entdeckenden Lernverfahren. *Darbietende Lernverfahren* weisen einen relativ starken Strukturierungsgrad auf. Sie dienen der direkten Wissensvermittlung und sind hochgradig lehrergesteuert. *Erarbeitende Lernverfahren* umgehen zwar die direkte Wissensvermittlung, deren Schwäche das schnelle Vergessen von Informationen durch die Lernenden und die geringe Vermittlung von Kompetenzen darstellen. Sie sind aber in bestimmten Ausformungen „auf ein (im Lehrerkopf) schon festgelegtes Ziel" ausgerichtet (Detjen 2007, S. 346). Allerdings lassen erarbeitende Lernverfahren auch Lernprozesse im Sinne der sokratischen Mäeutik zu: Beim Lernenden wird durch das Aufzeigen von Widersprüchen, die zu kognitiven Dissonanzen[21] führen, das Bedürfnis nach neuem Wissen geweckt. Dieses Wissen wird aber nicht dargeboten, vielmehr leistet der Lehrer bzw. die Lehrerin nur Hilfestellungen, damit der Lernende Antworten selbst finden kann. (Grammes 2000, S. 103f). Auf diese Weise erfüllen erarbeitende Lernverfahren heuristische Funktionen, freilich nur dann, wenn der hohe Strukturierungsgrad zugunsten weiterer Handlungsspielräume aufgehoben wird, in denen die Lernenden „selbständig Gedanken äußern, Erfahrungen einbringen, Schlussfolgerungen ziehen und Ideen für Problemlösungen

21 Kognitive Dissonanz meint, dass bestimmte Erfahrungen nicht in die kognitive Struktur (Kapitel III.2, S. 92f), über die jemand verfügt, eingeordnet werden können. Sie widersprechen etwa bisherigen Erfahrungen, Bedürfnissen, Wünschen oder Einstellungen. Der damit ausgelöste Gefühlszustand führt entweder dazu, die widersprechende Erfahrung als Ausnahme zu verdrängen oder sie in die kognitive Struktur zu integrieren und diese somit zu erweitern. Damit verbunden sind Verhaltensveränderungen oder Einstellungsveränderungen. (Festinger 1978)

entwickeln" können. (Detjen 2007, S. 346) Noch größere Selbstständigkeit wird allerdings durch *entdeckende Lernverfahren* ermöglicht, die auf Lernhilfen und Anleitungen weitgehend verzichten. Vielmehr sollen die Lernenden auf der Basis des angebotenen Materials eigenständig Erkenntnisse gewinnen, die über das bisher bekannte hinausgehen. Das Ziel entdeckender Lernverfahren ist die Befähigung des Lernenden zur Induktion, d. h. der Transfer spezifischer Erkenntnisse auf eine allgemeine theoretische Ebene.

Auf den darbietenden, erarbeitenden und entdeckenden Lernverfahren beruhen sowohl Makro- als auch Mikromethoden des Unterrichts. Unter *Makromethoden* werden umfassende Entwürfe zusammenhängender Handlungen im Unterricht verstanden, die zumeist einen größeren Abschnitt einer Unterrichtseinheit oder auch eine oder mehrere Unterrichtseinheiten prägen. Dazu zählt der systematische Lehrgang, die exemplarische Fallmethode, die explorative Untersuchung (Erkundung, Experiment, Sozialstudie), das wirklichkeitssimulierende Spiel (Rollenspiel, Planspiel[22], Pro-Contra-Debatte) und die kooperative Produktion (Projekt, Politikwerkstatt, Zukunftswerkstatt). Makromethoden strukturieren die Unterrichtseinheit und verbinden die ein-

22 Das Planspiel ist ein komplexes Rollenspiel, in dem klare Interessengegensätze zum Ausdruck kommen und hoher Entscheidungszwang herrscht. Im Gegensatz zum Rollenspiel sind die Rollen, die in erster Linie politische Positionen und Interessen repräsentieren, stark formalisiert. Gegenstand eines Planspiels ist der politische Entscheidungsprozess. Die Entscheidung für eine bestimmte politische Position soll infolge der Konfrontation der Interessen, die den verschiedenen Rollen zugeschrieben werden, erfolgen. Ein Konflikt darf nicht vertagt, sondern muss gelöst werden. (Massing 2000, S. 127–130)

zelnen Unterrichtsphasen (Detjen 2007, S. 340f; Kuhn/Massing 2004, S. 9)

Die Idee, den Unterricht in einzelne Phasen zu gliedern, findet sich bereits bei Johann Friedrich Herbart, der sogenannte „Formalstufen" entwickelt hat (Herbart 2006): In der Phase der „Vertiefung" verschafft sich der Lernende Klarheit über sein Vorwissen und nimmt neues Wissen auf („Stufe der Klarheit"), das wiederum assoziativ verknüpft wird („Stufe der Assoziation"). Der Vertiefung folgt die Phase der „Besinnung", in der neue Wissenselemente in das System des vorhandenen Wissens integriert werden („Stufe des Systems"). Schließlich erprobt der Lernende das neue Wissen, womit dieses zur Methode wird („Stufe der Methode"). Herbarts Formalstufen entsprechen zwar nicht mehr den heutigen methodischen Vorstellungen, allerdings wurde damit ein erster Ansatz entwickelt, den Unterricht und das Lernen durch Phasenbildung planerisch zu gestalten.

Heute erfolgt die Aufteilung des Unterrichts – zumindest idealtypisch – zumeist in vier Phasen (Massing 2004a, S. 40f; Breit u.a. 2007, 205–237): In der *Einstiegsphase* werden zunächst das Thema präsentiert und die Lernenden motiviert, sich damit intensiver auseinanderzusetzen. 2) Es folgt die *Informationsphase*, in der zunächst die „reine" Faktenlage geklärt wird, d. h. (Arbeits-)Wissen bzw. zum Thema notwendiges „politisches Grundwissen" (Lach/Massing 2007, S. 220f) vermittelt werden. Im Sinne des „Überwältigungsverbots" (S. 65f) eignet sich diese Phase auch, unterschiedliche Interpretationen von Fakten gegenüberzustellen. Eventuell wird auch ein erster Schritt Richtung Methodenkompetenz gesetzt, indem die Methoden, die zur Anwendung kommen sollen, vorgestellt werden. Der Informationsphase folgt die *Anwendungsphase*, in der das bisher erworbene Wissen mithilfe unterschiedlicher Methoden überprüft wird. Schließlich sollen die Schüler und Schülerinnen in der *Problematisierungsphase* zur eigenen Urteilsbildung angeregt werden, indem sie mehrere Perspektiven zum Thema analysieren und gegeneinander abwägen. Im Sinne der Partizipationskompetenz sind in dieser Phase auch Verhaltens- und Handlungsalternativen herauszuarbeiten. Grundsätzlich lassen sich die einzelnen Kompetenzen aber meist nur schwer einer Phase zuordnen; die Methodenkompetenz kann zum Beispiel bei allen vier Phasen entwickelt werden. Die Phaseneinteilung birgt im Übrigen die Gefahr, den Unterricht in ein Korsett zu zwängen. Daher sollte sie nicht als absolut gesetzt, sondern vielmehr als Hilfe bei der Unterrichtsgestaltung dienen. (Massing 2007, S. 205)

Wolfgang Mattes (2002, S. 3) beschreibt Unterricht als handlungsorientierte Lernschleife (Grafik 11), wobei sich diese gleichsam als „Bewegung“ vom lehrergelenkten zum schülerzentrierten Unterricht vollzieht. Letztlich ähnelt auch diese Unterrichtsform dem Vier-Phasen-Modell, zumal in der Einstiegs- und Informationsphase primär darbietende Lernverfahren angewandt werden, in der Anwendungs- und Problematisierungsphase dagegen insbesondere erarbeitende und entdeckende Lernverfahren.

Die *Mikromethoden*, von Hermann Giesecke als „Arbeitsweisen“ bezeichnet (Giesecke 1973, S. 41f, 125f), sind Bestandteile der Makromethode und gestalten die Mikrostruktur des Unterrichts, indem sie der Gestaltung der einzelnen Unterrichtsphasen dienen. Zu den Mikromethoden werden unter anderem der Lehrervortrag, das Unterrichtsgespräch, das Brainstorming und die Textarbeit, aber auch So-

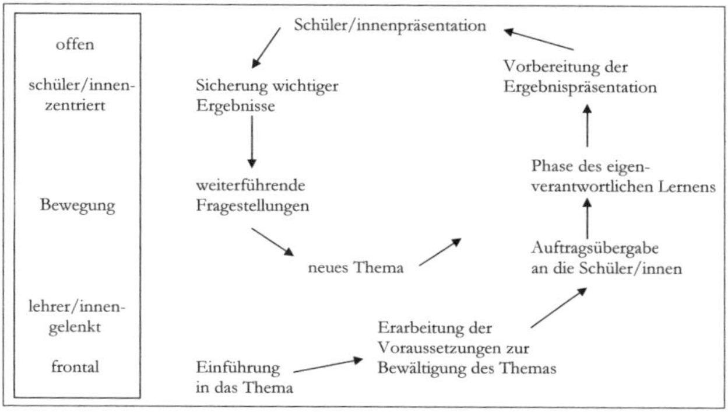

Grafik 11: Unterricht als handlungsorientierte Lernschleife (Mattes 2007, S. 3)

zialformen wie Einzel-, Partner- und Gruppenarbeit gezählt. (Detjen 2007, S. 340f; Kuhn/Massing 2004, S. 9)

Carl Deichmann spricht zwar den Mikromethoden, die dem Frontalunterricht dienen, etwa dem Lehrervortrag oder dem Unterrichtsgespräch, die Bedeutung nicht vollständig ab, hebt aber die handlungsorientierten Methoden als besonders geeignet für die politische Bildung hervor. Diese würden „dem Interaktionsprozess und dem Prozess der Identitätsbildung in der Alltagswelt entsprechen" und deutlich machen, „dass die Rollenbeziehungen der Menschen in konkreten Situationen definiert werden". (Deichmann 2004, S. 121f) Für den Lernenden bedeutet dies, die permanente Veränderung von Interaktion zu erkennen und sich damit auch über die Möglichkeit gewahr zu werden, im sozialen System unterschiedliche Rollen gestalten zu können. Laut Deichmann lässt sich unter diesem Aspekt eine Aufteilung von Makro- und Mikromethoden bzw. Arbeitsweisen nicht mehr aufrechterhalten, weshalb die einzelnen Methoden spezifischen Formen des Handelns – dem realen, simulativen und produktiven Handeln – zugeordnet werden sollten: Unter *realem Handeln* sind zum Beispiel Erkundigungen, Expertenbefragungen, Straßeninterviews, Schülerzeitungen oder Schulpartizipation zu verstehen, *simulatives Handeln* umfasst etwa Rollen- und Planspiele, Pro-Contra-Debatten oder Entscheidungsspiele. Zum *produktiven Handeln* werden schließlich das Erstellen von Tabellen, Schau- und Tafelbildern, von Flugblättern, Plakaten und Wandzeitungen sowie von Reportagen oder Hörspielen gezählt, ebenso Referate, Fotodokumentationen oder Ausstellungen. (Bundeszentrale für politische Bildung 1994, S. 149)

Obwohl handlungsorientierten Methoden im Politikunterricht besondere Bedeutung zukommen sollte, dürfen andere Methoden nicht unterschätzt werden. So ist zum Beispiel die klassische Textarbeit, auch wenn sie einen eher konservativen Ruf besitzt, noch immer eine zentrale Methode zur Gewinnung von Kompetenzen, insbesondere der Urteilskompetenz. Zudem sollte auch der Lehrervortrag, freilich unter der Voraussetzung einer adäquaten Gestaltung, nicht unterschätzt werden. Zwar wird diesem unterstellt, die Passivität der Lernenden zu fördern, Spontaneität und Kreativität zu ersticken und zudem autoritär zu sein. Empirische Beweise für solche Aussagen stehen allerdings aus (Massing 2004b, S. 13), weshalb eine pragmatischere Haltung angebracht erscheint. Wie bereits Hermann Giesecke Anfang der 1970er-Jahre betonte, hat es erstens „nichts mit ‚autoritärer Haltung' zu tun, wenn man jemand anderem seine Kenntnisse und Erfahrungen im Zusammenhang mitteilt. Zweitens ist verständiges Zuhören keine passive Haltung, es verlangt vielmehr hohe Konzentration, die Fähigkeit zum logischen Mitdenken, die Fähigkeit, augenblicklich bisherige Erfahrungen und Kenntnisse mit den Vorgetragenen zu assoziieren und daraus Fragen und Einwände abzuleiten. Verständiges Zuhören ist also eine höchst aktive Verhaltensweise." (Giesecke 1973, S. 126f)

Im Folgenden wird daher weiterhin an der Aufteilung in Makro- und Mikromethoden festgehalten, ohne die besondere Bedeutung handlungsorientierter Methoden außer Acht zu lassen. Von den Methoden sind allerdings Arbeitstechniken zu unterscheiden, wobei eine klare Abgrenzung nicht immer möglich ist. Grundsätzlich besitzen *Arbeitstechniken* einen stärker instrumentellen Charakter (Massing 2007, S. 11) und befähigen den Lernenden zu bestimmten Tätigkeiten im Rahmen der jeweiligen Methode, die angewandt wird.[23] So bedarf es etwa bei der Pro-Contra-Debatte der Argumentationstechniken, die Textarbeit setzt wiederum die Fähigkeit des Exzerpierens und – zumindest im propädeutischen Sinn – der Diskursanalyse voraus. Grundsätzlich lassen sich die Arbeitstechniken nach formalen methodischen, schriftlichen, kommunikativen und ästhetisch-produktiven Fertigkeiten systematisieren. (Massing 2007, S. 11)

---

23 Die vorliegende Definition von Arbeitstechniken unterscheidet sich in Nuancen von jener bei Breit u.a. 2007. Dort finden sich auch das Unterrichtsgespräch, die schriftliche Übung, Klausuren, das Arbeitsblatt und der Folieneinsatz, also in erster Linie von Lehrern und Lehrerinnen verwendete Methoden, als Arbeitstechniken angeführt. Lediglich der Einsatz von Folien ist auch bei Lernenden vorstellbar, d. h. dass in diesem Fall – laut obiger Definition – die Grenze zwischen Methode und Arbeitstechnik verschwimmt.

Formale methodische Fertigkeiten	schriftliche Fertigkeiten	kommunikative Fertigkeiten	ästhetisch-produktive Fertigkeiten
Sammeln und Ordnen/Strukturieren von Infos	Protokoll/ Niederschrift	Moderieren/Gesprächsleitung	Collage und Wandzeitung
Lesen und Exzerpieren	Referat	Vortragen und Präsentieren	Plakat
Umgang mit Tabellen, Schaubildern, Statistiken	Facharbeit	Kooperationsfähigkeit	schauspielerische Techniken
Interpretation und Dekonstruktion von „Texten“		Diskurs-/Argumentationsfähigkeit	

Tabelle 1: Systematische Gliederung von Arbeitstechniken (nach Massing 2007, S. 11)
Anm.: Die Tabelle beansprucht keine Vollständigkeit, sondern führt lediglich Beispiele für Arbeitstechniken an.

Eine weitere Möglichkeit zur Einteilung von Methoden findet sich bei Wolfgang Sander (2008, S. 201–213). Zur Strukturierung von größeren Lerninhalten nennt er komplexere Methoden wie Projekt, Sozialstudie, Fallstudie, Produktlinienanalyse[24],

24 Die Produktlinienanalyse nimmt den gesamten „Lebenslauf“ eines Produktes in den Blick, von der Gewinnung der Rohstoffe bis hin zur Verwertung und Beseitigung der Verpackung. Damit lassen sich zum einen die Konflikthaftigkeit, aber auch die mögliche Vereinbarkeit wirtschaftlicher, gesellschaftlicher und ökologischer Ansprüche bei der Erzeugung von Produkten und bei Produkten selbst vermitteln. In Form von Produktlinienmatrizes können die unterschiedlichen Aspekte des Produkts (Rohstoffgewinnung, Produktionsverfahren, Handel, Ge- und Verbrauch, Entsorgung/Recycling und Transport) auf die Dimensionen Natur (Energieverbrauch, Umweltverschmutzung etc.), Gesellschaft (Arbeitsbedingungen, Gesundheit etc.) und Wirtschaft (Kosten, Preise etc.) bezogen werden. Damit ist zum einen eine kritische Bestandsaufnahme von Pro-

Zukunftswerkstatt, Schülerfirma[25], Studienfahrt und Tagung/Kongress. Dabei handelt es sich um Methoden, die zum Teil den erwähnten Makromethoden entsprechen. Ansonsten orientiert sich Sander an die Grundsituationen des Lernens und ordnet diesen einzelne Methoden zu, wobei manche dieser Methoden nach der obigen Definition als Arbeitstechniken gelten müssen. Die von Sander angeführten Grundsituationen und Methoden bzw. Arbeitstechniken (Tab. 2) sind keineswegs spezifisch bzw. ausschließlich für die politische Bildung charakteristisch, sondern auch auf andere Fächer übertragbar.

Recherchieren	Man kann etwas über Politik lernen, indem man sich aus Quellen über Politik informiert. *Methoden:* • Lesetechniken als basale Arbeitstechniken • Auswertung von Printmedien: Zeitungen, Zeitschriften, Fachbücher • Nutzung von Bibliotheken und Archiven • Auswertung von elektronischen Datenbanken

dukten möglich, zum anderen lassen sich – unter dem Leitprinzip „Zukunftsfähigkeit" – auch Vorschläge für Alternativen bei der Produktion bis hin zur Entsorgung erarbeiten.

25 Eine Schülerfirma stellt ein reales Unternehmen dar, das von Schülern und Schülerinnen gegründet worden ist. Als Trägerin einer Schülerfirma fungiert meist die jeweilige Schule. Eine Schülerfirma beschränkt sich demnach nicht auf die bloße Simulation von realen Geschehnissen, sondern Schüler und Schülerinnen handeln mit wirklich existierenden Waren und wirtschaften mit Kapital. Oftmals werden alle Schritte – von der Produktentwicklung bis hin zur Vermarktung – von den Schülern und Schülerinnen selbst durchgeführt.

Recherchieren	• Auswertung von Rundfunk- und Fernsehsendungen • Informationssuche im Internet • Informationssuche in Museen • Befragungen von Experten, Akteuren, Zeugen (persönlich, per Telefon, Brief, E-Mail)
Miteinander sprechen	Man kann etwas über Politik lernen, indem man in Gesprächen mit anderen Menschen Wissen austauscht. *Methoden:* • Moderationsmethode • Aquarium/Fish-bowl • Freie Diskussion und strukturierte Debatte • Pro- und Contra-Diskussion • Sokratisches Gespräch[26] • Podiumsdiskussion, ggf. mit externen Experten • Kleingruppenarbeit
Etwas darstellen	Man kann etwas über Politik lernen, indem man anderen etwas über Politik präsentiert. *Methoden:* • Referate • Präsentation von (Gruppen-)Arbeitsergebnissen, möglichst in Verbindung mit Visualisierungen (s. u. „Veranschaulichen“) • Standbild • Szenische Präsentation: Sketch, Pantomime, Theater, Kabarett

26 Mithilfe des Sokratischen Gesprächs sollen Erkenntnisse und Einsichten, die auf eigener Lebenserfahrung basieren, strukturiert und im Diskurs mit anderen auf ihre Tragfähigkeit hin überprüft werden. Dem Einzelnen soll eine autonome und kritische Reflexion ermöglicht werden. Siehe dazu: Cremer 2000, S. 166–169.

Aktives Zuhören	Man kann etwas über Politik lernen, indem man sich mit dem, was andere über Politik präsentieren (referieren, erzählen), gedanklich auseinandersetzt und dem Vorgetragenen Informationen entnimmt, die in das eigene Wissensnetz integriert werden können. *Methoden:* • sich Notizen machen als basale Arbeitstechnik • Protokoll • Schriftlicher oder mündlicher Bericht über das Gehörte • Fragen an Referenten formulieren • Vorgetragene Position vergleichen, ggf. Gegenposition erarbeiten
Etwas herstellen	Man kann etwas über Politik lernen, indem man ein Produkt herstellt, in dem sich die Resultate des Lernens dokumentieren. *Methoden:* • Ausstellung gestalten • Multimedia-Präsentation erarbeiten • Internet-Publikation realisieren • Video drehen • Hörstück aufnehmen • Schriftliche Dokumentation erstellen und ggf. veröffentlichen • (Schüler-)Zeitung publizieren • Beiträge in örtlichen Zeitungen, u. U. Gestaltung einer Zeitungsseite • Lernergebnisse in Lern- und Arbeitsmaterial für andere umsetzen (z. B. Lexikon, kommentierte Linklisten)

Veranschaulichen	Man kann etwas über Politik lernen, indem man abstrakte Zusammenhänge anschaulich macht. *Methoden:* • Referate und andere mündliche Beiträge visualisieren (Tafel, Wandzeitung, OHP-Folien, Computerpräsentationen u. a. m.) • Komplexe Zusammenhänge und Strukturen visualisieren (z. B. Mind-Mapping, Textgrafiken, Diagramme, Tabellen) • Abstrakte Zusammenhänge an konkreten Beispielen erarbeiten (Situationen, Vorfälle, Biografien)
Erforschen	Man kann etwas über Politik lernen, indem man politisch bedeutsame Situationen selbst erforscht. *Methoden:* • Systematisches Beobachten • Umfragen (Interviews oder mit einem standardisierten Fragebogen) • Erkundungen • Praktika
Probehandeln	Man kann etwas über Politik lernen, indem man politische bedeutsame Situationen simuliert. *Methoden:* • Rollenspiele • Talkshows • Planspiele • Computersimulationen (Modellrechnungen, interaktive Multimedia-Simulationsspiele, Simulationen im Internet)

Üben und Wiederholen	Man kann in der politischen Bildung erworbene Kompetenzen und neu erlerntes Wissen besser behalten und für sich nutzen, wenn man übt und wiederholt. *Methoden:* • Spielerisches Üben: Rätsel, Puzzle, Quiz, Memory • Lückentexte • Wortkarteien mit Fachbegriffen • computerunterstütztes Üben • Training des öffentlichen Auftretens (Rhetorik, Präsentation)
Anwenden	Man kann in der politischen Bildung erworbene Kompetenzen und erlerntes Wissen besser für sich nutzen und weiter verbessern, wenn man Erlerntes in neuen Situationen anwendet. Für diese Lernsituation gibt es keine charakteristischen Methoden.
Feedback und Evaluation	Man kann besser lernen, wenn man qualifizierte Rückmeldungen über das eigene Lernen erhält. *Methoden:* • Blitzlicht[2] • Ein-Punkt-Abfrage aus der Moderationsmethode[3]

27 Ein Blitzlicht ist eine Momentaufnahme in einer Gruppe und spiegelt deren Stimmung. Alle Teilnehmer und Teilnehmerinnen äußern sich kurz – in ein bis zwei Sätze, die sich nicht aufeinander beziehen sollten – zu einer von der Seminarleitung vorgegebenen klaren Fragestellung. Diese subjektiven Aussagen werden dann kommentiert, diskutiert oder bewertet.

28 Mithilfe der Ein-Punkt-Abfrage kann relativ einfach und schnell ein

	• einfache und komplexe Fragebögen • Videoaufzeichnungen und Lernsituationen • mündliche und schriftliche Rückmeldungen von Lehrenden an Lernende zu deren Arbeitsergebnissen, die konkrete Hinweise auf Stärken, Schwächen und Verbesserungsmöglichkeiten enthalten
Selbstreflexion	Man kann besser lernen, wenn man Wissen über sein eigenes Wissen und Lernen gewinnt und sein Lernen bewusst steuern kann. *Methoden:* • Brief an sich selbst • Lerntagebuch • Techniken der Arbeits- und Zeitplanung und des Selbstmanagements

Tabelle 2: Grundsituationen des Lernens und Methoden (bzw. Arbeitstechniken) in der politischen Bildung (Sander 2008a)

Anm.: Die genannten Methoden und Arbeitstechniken sind exemplarisch zu verstehen und erheben nicht den Anspruch auf Vollständigkeit.

Feedback der Schüler und Schülerinnen zu einem bestimmten Unterrichtsthema eingeholt werden. Schüler und Schülerinnen können durch das Ankleben eines Punktes in ein Koordinatensystem eine Rückmeldung geben. Es empfiehlt sich, ihnen die Möglichkeit des anonymen Anklebens zu geben. Im Anschluss sollte das Ergebnis in der Gruppe besprochen werden, da das Ankleben der Punkte selbst ein guter Ausgangspunkt für eine Feedbackdiskussion ist. (Sander 2008a, S. 217; Mattes 2002, S. 19)

3. Ausgewählte Methoden

Eine Auswahl von Methoden und Arbeitstechniken kann nur relativ willkürlich erfolgen; einzig ihre Verbreitung und die besondere Eignung für die Realisierung des im Kapitel II vorgestellten subjekttheoretischen Modells können im Folgenden als Auswahlkriterien angeführt werden.[29] Dabei sind vor allem handlungsorientierte Methoden hervorzuheben: das Rollenspiel, die Talkshow, die Pro-Contra-Debatte, die Sechs Hüte von de Bono und die Gruppenarbeit. Aber auch die Textarbeit, die im Übrigen sowohl ergebnis- als auch prozessorientiert sein kann, wird in den folgenden Ausführungen detailliert besprochen. Schließlich ist auch der systematische Lehrgang in den hier vorgestellten Methodenkanon aufgenommen, zumal er sich im Zusammenhang mit den vorgestellten Kompetenzmodellen vor allem zur Vermittlung von notwendigem (Arbeits-)Wissen eignet.

3.1 Systematischer Lehrgang

Der systematische Lehrgang dominiert im Allgemeinen den Unterricht nicht nur in der politischen Bildung. Der Lernprozess ist ergebnisorientiert und nicht prozessorientiert ausgerichtet. Zentral ist dabei die kontinuierliche Lenkung durch die Lehrperson, die als Experte bzw. Expertin auftritt und bereits im Vorhinein das Ziel definiert hat. (Detjen

29 Weitere Methoden und Arbeitstechniken finden sich u. a. bei: Kuhn/Massing 2000; Sander 2005, S. 487–631; Frech u.a. 2004; Breit u.a. 2007. Ebenfalls empfehlenswert die „Methodenkiste" unter www.bpb.de, 19. Juli 2009.

2007, S. 355–357) Der Aufbau eines systematischen Lehrgangs orientiert sich an der Sachlogik, die sich aus dem jeweils zu behandelnden Gegenstand ergibt. Demnach bleiben die Interessen der Lernenden und auch deren Lernlogik eher nebensächlich, wiewohl sich diese auch mit der Sachlogik überschneiden können.

Systematisch bedeutet, dass der Lehrgang mit der Analyse der einzelnen Elemente des Lerngegenstandes beginnt und die Ergebnisse in weiterer Folge verknüpft werden. (Detjen 2007, S. 355f) Das Ziel des Lehrgangs ist es, ein vom Lehrenden erwünschtes Ergebnis zu erzielen. Typisch für den systematischen Lehrgang sind neben dem Lehrervortrag bestimmte Formen des „Unterrichtsgesprächs". Diese basieren auf der Erkenntnis, dass „Lernprozesse [...] als produktive und nachvollziehbare Auseinandersetzung mit dem Lerngegenstand einer Verständigung der am Lehren und Lernen Beteiligten" bedürfen, „der sprachlichen Interaktion also". (Lach/Massing 2007, S. 123) Damit erwirbt der Lernende zum einen sprachliche Fähigkeit, um politische Probleme in Begriffe zu fassen. Sprache ermöglicht wiederum die Reflexion über diese Probleme und trägt zur Bewusstseinsbildung bei. Zum anderen wird in Form des Dialogs demokratischer Erfahrungsraum geboten.

Das Unterrichtsgespräch stellt zudem ein adäquates Instrumentarium zur Vermittlung von (Arbeits-)Wissen dar. Dabei eignen sich unter den Unterrichtsgesprächen insbesondere zwei gelenkte Gesprächsformen: das Lehrgespräch und eine bestimmte Form des „fragend-entwickelnden Unterrichtsgesprächs".[30] Beim Lehrgespräch sind Ziel und

30 Bei den Unterrichtsgesprächen werden offene Gesprächsformen (Unterhaltung, Schülergespräch), gelenkte Gesprächsformen (Lehrgespräch,

Inhalt des Gesprächs vorgegeben, die Kommunikation ist auf Verständnis-, Wiederholungs- und Beispielfragen beschränkt. Das fragend-entwickelnde Unterrichtsgespräch ist dagegen nicht unbedingt vollständig gelenkt, sondern unterscheidet unter anderem zwischen dem divergierenden und dem konvergierenden Gespräch. Während das divergierende Gespräch eine nur geringfügige Lenkung aufweist und eine Vielzahl möglicher Antworten zulässt, wird das konvergierende Gespräch vom Lehrer oder der Lehrerin geführt und strukturiert, d. h. dass Ergebnisse bereits im Vorhinein feststehen und die Lernenden an diese nur herangeführt werden. (Lach/Massing 2007, S. 124f)

Der systematische Lehrgang darf allerdings nicht auf die Instruktion von abfragbaren Wissen verengt werden, weshalb der Unterricht mehrere Phasen aufweisen sollte: eine Phase des Einstiegs, der Motivationsweckung, der Problemerörterung, der Abwägung von Entscheidungsalternativen und des Transfers auf andere Fälle.[31] Dazu können unterschiedliche Mikromethoden und Arbeitstechniken herangezogen werden, etwa die Gruppenarbeit und eine bestimmte Form der Textarbeit. (Rothe 2000, S. 99f) Bei der Textarbeit eignet sich vor allem eine gelenkte, ergebnisorientierte Form der Texterschließung, d. h. dass die Fragen in erster Linie auf

fragend-entwickelndes Unterrichtsgespräch, Bewertungsgespräch, Prüfungsgespräch) und geregelte Gesprächsformen (Diskussion, Debatte, Pro-Contra-Debatte) unterschieden. (Lach/Massing 2007, S. 124f)

31 Letztlich entsprechen diese Phasen den bereits idealtypisch formulierten Unterrichtsphasen (Kapitel III.2, S. 155f), d. h. der Einstiegsphase (Einstieg, Motivationsweckung), der Informationsphase und Anwendungsphase (Problemerörterung) sowie der Problematisierungsphase (Entscheidungsalternativen, Transfer).

die Aneignung der Inhalte eines Texte gerichtet sind (Kapitel III.3.7, S. 184). Auf Basis der Textarbeit ermöglicht die Gruppenarbeit (Kapitel III.3.6) etwa das Abwägen von Entscheidungsalternativen oder den Transfer auf andere Fälle. Weiterhin lenkt aber der Lehrer oder die Lehrerin den Lernvorgang durch „geschlossene Fragen“, d. h. durch Fragen, die nur wenig Raum für kreative Antworten lassen.

3.2 Rollenspiel

Das Rollenspiel zählt zu den handlungs- und prozessorientierten Makromethoden, d. h. dass dem Lernen selbst ein didaktischer Eigenwert zukommt. So trainieren die Schüler und Schülerinnen ihre Argumentationsfähigkeit und können sich in andere einfühlen, d. h. die Fähigkeit zur Empathie entwickeln. Kann doch die Übernahme von Rollen, die von der eigenen Meinung abweicht, die Möglichkeit eröffnen, andere Perspektiven einzunehmen und damit zu verstehen, warum jemand so und nicht anders handelt. Zudem befähigt das Rollenspiel zur sogenannten „Streitkultur“, d. h. zur gewaltfreien Auseinandersetzung und Konfliktfähigkeit sowie zur Möglichkeit des Konsenses. Dabei wird auch die angeblich anzustrebende politische Harmonie als Mythos entlarvt bzw. die Einsicht gefördert, dass Konsens nicht immer erzielt werden kann, sondern für bestimmte Probleme je nach (ideologisch-politischer) Perspektive unterschiedliche Lösungen existieren können. Schließlich macht das Rollenspiel soziale Hierarchien erfahrbar, die oftmals eine gleichberechtigte Interaktion verhindern.

Grundsätzlich wird zwischen „offenem“ und „geschlossenem Rollenspiel“ unterschieden. Im *offenen Rollenspiel* wird zwar eine bestimmte Situation vorgegeben, die Lernenden entwickeln innerhalb dieses Rahmens aber die Spielhandlung selbst und gestalten auch ihre Rollen weitgehend selbst aus. Damit ist der Ausgang des Rollenspiels nicht voraussehbar. Beim *geschlossenen Rollenspiel* gibt dagegen der Lehrer bzw. die Lehrerin die Dramaturgie weitgehend vor. Das Verhalten der Akteure wird durch genauere Vorgaben gelenkt, womit sich das Rollenspiel auch durchaus für den systematischen Lehrgang eignen und daher als Mikromethode dienen kann. Als Mikromethode lässt sich das Rollenspiel auch im Rahmen anderer Makromethoden anwenden, etwa bei Formen kooperativer Produktion wie Projekte oder Zukunftswerkstätten.

Um Rollenspiele sinnvoll einzusetzen, sind folgende Regeln zu beachten: Die vielschichtige und komplexe Wirklichkeit muss auf wesentliche Aspekte reduziert werden, um eine Überfrachtung zu vermeiden und das Problem „greifbar" zu machen. Im geschlossenen Rollenspiel sind Ausgangssituation und Rollenanweisungen auf Rollenkarten detailliert darzulegen. Das offene Rollenspiel lässt dagegen den Akteuren weitgehende Freiheiten bei der Gestaltung ihrer Rollen. Wie beim geschlossenen Rollenspiel erhalten die Schüler und Schülerinnen aber Informationsmaterial zum Problem, um innerhalb ihrer Akteursrolle wirklichkeitsnah argumentieren zu können. Neben den Akteuren benötigt das Rollenspiel auch Schüler und Schülerinnen, die nach vorgegebenen Richtlinien das Verhalten der Akteure im Rollenspiel beobachten: Welche Argumente werden verwendet? Welche Beziehungen sind erkennbar? Mit welchen (Pseudo-)Argumenten kann „gepunktet" werden und warum? Welche gesprächsstrategisch wichtigen Schlüsselsituationen gibt es? Welche Besonderheiten sind beim nonverbalen Verhalten bzw. bei der Körpersprache der Beteiligten festzustellen? Dem Rollenspiel sollte eine Auswertungsphase folgen, bei der die Erfahrungen der Akteure und Beobachter diskutiert werden. Auf diese Weise ist es möglich, das Erlebte auf eine abstrakte bzw. theoretische Ebene zu transferieren, womit erst eine kognitive Verarbeitung gewährleistet ist. (Kroll 2001, S. 34f).

Die Abstraktion kann verdeutlichen, dass wir in unserem Verhalten und Handeln gesellschaftlichen Erwartungen entsprechen und daher bestimmte Rollen übernehmen. George Herbert Mead spricht vom „generalized other“ bzw. „verallgemeinerten Anderen“, dem der Einzelne zu entsprechen versucht: „In der Form des verallgemeinerten Anderen beeinflusst der gesellschaftliche Prozeß das Verhalten der ihn abwickelnden Individuen, das heißt, die Gemeinschaft übt die Kontrolle über das Verhalten ihrer einzelnen Mitglieder aus.“ (Mead 1995, S. 198) In diesem Sinn unterscheidet Mead zwischen einem „Me“ und einem „I“, wobei er letzteres als „die Reaktion des Organismus auf die Haltung anderer“, das „Me“, versteht. Erving Goffman schließt an Meads sogenannten „Symbolischen Interaktionismus“[32] an und definiert die Gesellschaft gleichsam als Bühne, auf denen die einzelnen Darsteller nach einer bestimmten Dramaturgie agieren. Der Darsteller ist zudem Mitglied einer

32 Meads Theorie wird deshalb „Symbolischer Interaktionismus“ genannt, weil er zum einen den Zeichen der Sprache, die er als Symbole versteht, eine zentrale Bedeutung bei der Kommunikation beimisst, zum anderen weil die Gesellschaft sich durch den ständigen sozialen Austausch, durch Interaktion also, entwickelt und sich auch die individuelle Identität sich in diesem Prozess der Interaktion herausbildet. (Retter 2002, S. 27f)

sozialen Gruppe bzw. eines sozialen Milieus, das Goffman als Ensemble betrachtet, das bestimmte Stücke spielt und vor einem Publikum, das mit dem „generalized other" zu vergleichen ist, Erfolg haben will. (Goffmann 1997)

Das Rollenspiel trägt sowohl zur Reflexions- als auch Partizipationskompetenz (Kapitel III.6, S. 116–123) bei. Im Sinne der Reflexionskompetenz ermöglicht das simulative Spiel die Möglichkeit, Vorstellungen von Politik zu entwerfen bzw. zu konstruieren (Konstruktionskompetenz). Zugleich lässt die Übernahme einer Rolle eine gewisse Distanz zum gespielten Ich zu, zumal bewusst eine andere Perspektive eingenommen wird und somit die Beweggründe für bestimmtes Verhalten und Handeln aufgedeckt werden können (Dekonstruktionskompetenz). Folglich bedeutet Empathie, sich in den anderen hineinzuversetzen, ohne aber letztlich in der Rolle völlig aufzugehen. Dazu muss der Lernende bestimmte Methoden und Arbeitstechniken – zumindest ansatzweise – beherrschen (Methodenkompetenz), im Rollenspiel etwa schauspielerische Fähigkeiten und Argumentationstechniken, in der Auswertungsphase unter anderem die propädeutische Analyse von „Texten" im weiteren Sinn, d. h. erste Ansätze der Diskursanalyse (vgl. Kapitel III.3.6).

Die Partizipationskompetenz wird im Rollenspiel wiederum dadurch gefördert, dass gleichsam der politische „Ernstfall" trainiert wird. So steht im Spiel auch die Frage nach individueller Bedürfnisbefriedigung und gesamtgesellschaftlicher Verträglichkeit im Raum, über die spätestens in der Auswertungsphase reflektiert wird (Kritikkompetenz). Durch die Übernahme einer Rolle wird zudem geübt, sich in einer bestimmten gesellschaftlichen Konstellation zurechtzufinden (Orientierungskompetenz), auch wenn diese nur simuliert ist und vielleicht ein politisches Problem nicht in seiner gesamten Komplexität erfasst. Zu guter Letzt verlangt ein Rollenspiel vom Lernenden, auch Entscheidungen zu treffen, Urteile zu fällen und diese auch – wobei hier wieder Methodenkompetenz notwendig ist – im Diskurs zu begründen (Partizipationskompetenz).

3.3 Talkshow

Die Talkshow als eine Methode für den Politikunterricht erscheint auf den ersten Blick recht ungewöhnlich. Auf dem zweiten Blick zeigt sich aber schnell, dass sie auch in der politischen Bildung als Methode sehr gut eingesetzt werden kann: Nahezu alle Schüler und Schülerinnen kennen unterschiedliche Talkshows, viele sehen solche auch kontinuierlich, in denen mehr oder weniger gesellschaftlich relevante Themen diskutiert werden. Ihre Inszenierung zählt aber keineswegs zu den klassischen Unterrichtsmethoden, möglicherweise deswegen, weil in der Praxis noch immer ergebnisorientierte Methoden Vorrang haben. Für die Unterrichtssituation ist aber oftmals das Ergebnis der Diskussion weit weniger interessant (sofern überhaupt von einem Ergebnis gesprochen werden kann) als der Prozess selbst.

Die Vorbereitung einer Talkshow muss gründlich geplant werden. Laut Hans-Werner Kuhn (2004a, S. 119) gibt es kein Thema, das nicht im Zuge einer Talkshow behandelt werden könnte. Genau darin liegt auch der Reiz der Methode. Schüler und Schülerinnen schlüpfen in unterschiedliche Rollen und können bzw. müssen innerhalb dieser auch Positionen einnehmen, die im Gegensatz zu ihren eigenen persönlichen Meinungen stehen. Aufgrund des Inszenierungscharakters ist allen

Beteiligten freilich bewusst, dass sie nur auf Zeit eine Rolle übernehmen. Mit anderen Worten: Die Vorteile der Methode bestehen in der Emotionalität, die den Wechsel von der sachorientierten auf die empathische Ebene erlaubt, in der Kontroversität und im Inszenierungscharakter (Simulation), womit unterhaltsamer Unterricht ermöglicht wird. Damit sind aber auch Nachteile verbunden: Die sachliche, objektive Argumentation tritt in den Hintergrund und der Showcharakter dominiert. Zudem hat die Inszenierung mit dem Lebensumfeld der Schüler und Schülerinnen meist nur wenig zu tun.

Dreh- und Angelpunkt der Methode ist der Moderator bzw. die Moderatorin. Diese Rolle erfordert ein hohes Maß an Vorbereitung, Leitfragen müssen gründlich recherchiert und je nach Diskussionsverlauf griffig, pointiert oder auch provokant formuliert werden. Außerdem muss die Moderation auch dafür Sorge tragen, dass die Diskussion nicht zu sehr vom Thema abschweift und die wesentlichen Grundregeln einer Diskussion eingehalten werden. Daher muss die Person, die moderiert, neben einer intensiven Vorbereitung auch Durchsetzungsstärke und Empathie mitbringen.

Kuhn (2004a, S. 120f) unterscheidet vier Arten von Talkshows: 1. Themen-Talk (ein vorgegebenes, aktuelles Thema steht im Mittelpunkt); 2. Konfro-Talk (ein kontroverses Thema wird in einem emotionalen Streitgespräch behandelt); 3. Promi-Talk (prominente Persönlichkeiten diskutieren über „Gott und die Welt" oder über ein bestimmtes vorgegebenes Thema); 4. Porträt-Talk (Einzelgespräch zwischen Moderator bzw. Moderatorin und Gast).

Der Inszenierungscharakter einer Talkshow kann im Unterricht zusätzlich unterstrichen werden, indem der Raum, in dem die Talkshow stattfindet, einem Fernsehstudio ähnlich angeordnet wird: mit einem Podium für die Gäste und Stühlen für die Zuseher und Zuseherinnen oder auch durch das Aufstellen einer Videokamera. Ein eigenes Redaktionsteam kann den Ablauf im Detail festlegen. Die Zuseher und Zuseherinnen erhalten einen konkreten Arbeitsauftrag (im Sinne eines Beobachtungsauftrages), der sich auf die Beobachtung der einzelnen Akteure bzw. auf deren Statements beziehen kann. Aber auch politische Kategorien (Kapitel III.1, S. 142f), etwa Macht, Ideologie oder Gender, können im Zentrum der Beobachtung stehen, wobei hier eine hohe Abstraktionsleistung erbracht werden muss. (Kuhn 2004a, S. 143) Daher empfiehlt es sich, den Schülern und Schülerinnen als Hilfestellung bestimmte Indikatoren zur Verfügung stellen, an denen sie politische Kategorien festmachen können: Macht lässt sich etwa beobachten, wenn Kenntnisse über soziale Hierarchien und Manipulationstechniken vorhanden sind. Die Wirksamkeit von Ideologie ist zu erkennen, wenn ideologische Positionen zu gesellschaftlichen Problemen bzw. Bereichen wie Familie oder Staat bekannt sind. Gender braucht wiederum das Wissen über Verhaltens- und Handlungsmuster, die mit Gender als soziokulturelle Kategorie (Kapitel IV.2.1, S. 224–226) verbunden sind.

3.4 Pro-Contra-Debatte

Die Diskursfähigkeit, die im Rollenspiel und zum Teil auch in der Talkshow eine zentrale Bedeutung besitzt, lässt sich mithilfe einer anderen Makromethode, der *Pro-Contra-Debatte*, trainieren. Einerseits können die Schüler und Schülerinnen dabei ihre eigenen Positionen artikulieren und diese nach bestimmten Regeln zur Diskussion stellen. Andererseits ist es auch möglich, dass sie in Rollen schlüpfen und somit Meinungen vertreten, die sie nicht unbedingt teilen. Damit entwickeln sie, ähnlich wie im Rollenspiel, eine gewisse Empathiefähigkeit, die das Verständnis für ein bestimmtes Verhalten oder Handeln fördert.

Die Pro-Contra-Debatte ist an strenge Regeln gebunden und basiert auf einer inszenierten polaren Konfrontation, die von einigen wenigen Rollenträgern ausgetragen und von den übrigen Schülern und Schülerinnen beobachtet wird. Die Debatte ist im Übrigen nicht mit der Diskussion gleichzusetzen, zumal Letztere einen Konsens oder einen Kompromiss zum Ziel hat. Dazu werden vor allem Gemeinsamkeiten hervorgehoben, ebenso ist die zur Verfügung stehende Zeit – zumindest im zeitlichen Rahmen der Unterrichtsstunde – nicht begrenzt. (Massing 1999a, S. 403f)

Im Detail sind bei der Pro-Contra-Debatte folgende Rollen vorgesehen: ein Moderater, zwei Anwälte (ein Pro- und ein Contra-Anwalt), zwei bis vier Sachverständige sowie ein Publikum. Peter Massing empfiehlt, bei der Pro-Contra-Debatte folgende Ablaufschritte einzuhalten: 1. Der Moderator bzw. die Moderatorin begrüßt die TeilnehmerInnen der Debatte und stellt das Thema vor. 2. Im Publikum erfolgt vor der Debatte eine Abstimmung über bestimmte Fragen. Danach werden die Pro- und Contra-Stimmen ausgezählt und an die Tafel geschrieben. 3. Die Anwälte halten ein Plädoyer bzw. ein kurzes Eingangsstatement, in denen sie ihre Positionen begründen. 4. Der Moderator bzw. die Moderatorin und die Anwälte befragen die Sachverständigen zu den einzelnen Positionen, die als Experten versuchen, nach objektiven (meist wissenschaftlichen) Kriterien zu urteilen. 5. Die Anwälte verdeutlichen nochmals ihre Position und berücksichtigen in ihren Begründungen die Aussagen der Sachverständigen. 6. Schließlich lässt der Moderator bzw. die Moderatorin neuerlich im Publikum abstimmen, wobei festgestellt werden muss, ob jemand im Publikum seine Meinung geändert hat. 7. In einem Auswertungsgespräch werden die Plausibilität und die Überzeugungskraft der Argumente evaluiert, aber auch die taktisch-rhetorischen Mittel reflektiert, die von den Debattierenden verwendet wurden. Die Zuschauer, die ihre Meinung geändert haben, können dabei als Ausgangspunkt dienen, indem sich der Moderator bzw. die Moderatorin nach ihren Beweggründen erkundigt. (Massing 1999a, S. 403–407) Das Auswertungsgespräch, vor allem die Analyse des zweiten Plädoyers der Anwälte, wird zudem offen legen, dass wir Informationen oftmals so filtern, dass sie unseren eigenen Vorstellungen entsprechen. Damit ist ein erster Schritt zur Bewusstmachung unserer selektiven Wahrnehmung getan, die wiederum von unserer Sozialisation abhängt (vgl. Kapitel II.2 und II.3).

3.5 Sechs Hüte von de Bono

Anhand der Sechs Hüte von de Bono (de Bono 1999; Boos 2007) soll eine weitere kommunikative Methode vorgestellt werden, die Diskursfähigkeit und damit verbunden die Fähigkeit zur Argumentation trainiert. Die Denkhüte von de Bono sind eine Kreativtechnik, die dazu anleitet, andere Denkpositionen einzunehmen und unterschiedliche Blickwinkel in die Diskussion zu bringen. Verschiedenfarbige Hüte stehen dabei für unterschiedliche Positionen, die im Zuge der Umsetzung der Methode eingenommen werden sollen. Um ein Problem aus unterschiedlichen Perspektiven betrachten zu können, muss den Schülern und Schülerinnen von Beginn an dargelegt werden, dass es kein „richtig“ und „falsch“ gibt, sondern alle Argumente als Grundlagen für Problemlösungen herangezogen werden können. Allerdings gibt es mehr oder weniger plausible Argumente, wenn diese nach rationalen Kriterien beurteilt werden.

Die Denkhüte sind im Unterricht vielfältig einsetzbar. So können je nach Hut gemeinsam in der Gruppe Argumente und Positionen gesammelt werden, oder es können in Arbeitsgruppen die jeweiligen Gruppenpositionen erarbeitet und für eine abschließende plenare Diskussion zwischen den Gruppensprechern bzw. Gruppensprecherinnen verwendet werden.

Die Methode weist mehrere Vorteile auf: Alle Beteiligten werden einbezogen, sie lässt sich auf viele Bereiche und Themen anwenden und zeigt, dass es zu einem Thema immer mehr Meinungen gibt, womit Voraus- und Vorurteile (Kapitel II.4, S. 107) vermindert werden und auch ein Perspektivenwechsel angeregt werden kann. Zudem können Schüler- und Schülerinnen spielerisch in eine Rolle schlüpfen, womit den didaktischen Prinzipien der Handlungs- sowie Schülerorientierung (Kapitel III.1, S. 143f, 145f) entsprochen wird. Die Methode stärkt ferner die Bereitschaft zur eigenständigen Argumentation, die Teilnehmer und Teilnehmerinnen lernen unterschiedliche Denk- und Wahrnehmungsperspektiven einzunehmen, Kreativität wird – nicht zuletzt aufgrund unterschiedlicher Variationsmöglichkeiten – gefördert und Problemlösungsorientierung geschult.

Ein Nachteil der Methode ist allerdings ihre Komplexität, die ihre Umsetzung im Schulalltag erschwert. Zudem sind Vorbereitung und Durchführung zeitintensiv, weil sich die

Lernenden langsam an die Methode herantasten müssen. Die Lehrperson hat daher dafür zu sorgen, dass sich Schüler und Schülerinnen durch diese komplexe Methode nicht überfordert fühlen. Problematisch kann es schließlich auch sein, wenn nicht für alle Hüte wirklich überzeugende Argumente gefunden werden. Daran lässt sich freilich auch zeigen, dass nicht jedes Argument bei genauerer Betrachtung wirklich stichhaltig ist.

Gemäß den Überlegungen von de Bono lassen sich den einzelnen Hüten unterschiedliche Argumentationsgrundlagen zuordnen. Tabelle 3 soll dies veranschaulichen und einen Überblick über die Komplexität der Methode geben.

Hüte	Argumentationsgrundlagen
Weißer Hut	Objektivität, Neutralität, analytisches Denken, Konzentration auf Zahlen, Daten und Fakten
Roter Hut	Emotionen, Subjektivität, Konzentration auf Gefühle und Meinungen
Schwarzer Hut	(konstruktive) Kritik, Konzentration auf Risikoeinschätzung und Skepsis
Gelber Hut	Optimismus, positives Denken, Spekulationen, Best-Case-Szenario
Grüner Hut	Kreativität, Konstruktivität, neue Ideen und Lösungsmöglichkeiten entwerfend
Blauer Hut	Moderation und Ordnung, hält den Prozess im Überblick und strukturiert die Gruppendiskussion; fasst Ergebnisse zusammen, ordnet Argumente und gestaltet den Umsetzungsprozess

Tab. 3: Die „Sechs Hüte von Bono" – Argumentationslinien (http://www.greens-web.learnline.de, 9. Juli 2009)

3.6 Gruppenarbeit

Gruppenarbeit eignet sich nicht allein zur Erarbeitung von (Arbeits-)Wissen, sondern fördert auch oder vor allem selbstständiges Denken und Handeln, Solidarität und Kreativität. Neugierde kann ausgelebt werden und das Betreten von Lernumwegen ermöglicht eine intensive, d. h. prozessorientierte Beschäftigung mit einem Thema und damit eine nachhaltige kognitive Verankerung des Gelernten. Zudem trainieren Schüler und Schülerinnen in der Gruppe, „im Gespräch, in der Debatte und im gemeinsamen Handeln die Gültigkeit der eigenen Normen und Ideale zu überprüfen und mit den anderen Gruppenmitgliedern zum Konsens zu bringen. Sie sollen lernen, dass im Unterricht und auch danach nicht das Recht des Stärkeren, sondern das des besseren Arguments zu gelten hat." (Meyer 1987, S 241) Möglich ist freilich auch, dass in der Gruppe kein Konsens erzielt wird und mehrere Meinungen nebeneinander – von allen Gruppenmitgliedern akzeptiert – bestehen bleiben. Zentral ist dabei die Theorie des „kommunikativen Handelns" von Jürgen Habermas, die als gesellschaftliches Ideal eine herrschaftsfreie Gesprächssituation annimmt, die weder durch Tradition und Weltanschauungen noch durch das Recht des Stärkeren beeinträchtigt ist. Vielmehr sollten die Kommunikationspartner und -partnerinnen alle latenten strategischen Ziele und Geltungsansprüche ausschließen und verständnisorientiert handeln, d. h. auf der Grundlage vernünftiger Argumente. (Habermas 1995, S. 410f)

Gruppenarbeit muss behutsam eingeführt werden, zumal Klassen in vielen Fällen vom Frontalunterricht geprägt sind. Die Ergebnisse sind daher oftmals dürftig, weshalb Herbert Gudjonus empfiehlt, den Übergang vom Frontalunterricht zur Kleingruppenarbeit in mehreren kleinen Schritten vorzubereiten: Zunächst sollten kleinere Phasen von Partnerarbeiten in den Unterricht eingeschoben und in einem weiteren

Schritt kurze, etwa zehnminütige Gruppenarbeiten eingeplant werden. Später können regelmäßige Gruppenarbeitsphasen die Unterrichtsstunde gliedern. Außerdem ist es sinnvoll, vor Gruppenarbeiten bestimmte arbeitstechnische Fertigkeiten zu trainieren, etwa das Nachschlagen in einem Buch oder das Exzerpieren von Texten. (Gudjonus 2003, S. 143f)

Die Anzahl der Gruppenmitglieder sollte mindestens drei und maximal fünf Schüler und Schülerinnen betragen, die Organisation der Gruppe – Schriftführer/in, Diskussionsleiter/in, ein oder mehrere Präsentator/innen, eventuell auch ein/e Schreitschlichter/in – liegt im Verantwortungsbereich der Gruppenmitglieder selbst (wobei die Regeln der Gruppenarbeit selbstverständlich zuvor besprochen und eventuell auch erprobt werden sollten). Der Lehrer oder die Lehrerin sollte so wenig wie möglich in die Arbeit der Gruppe eingreifen, sondern lediglich beobachten und nur in Ausnahmefällen auf Wunsch der Schüler und Schülerinnen beratend zur Seite stehen. Nur auf diese Weise kann Gruppenarbeit letztlich zur selbstständigen Informationsgewinnung und (politischen) Urteilsbildung beitragen. (Breit 2007, S. 181–187)

Zusätzlich relevant für den Erfolg der Gruppenarbeit sind selbstverständlich die Arbeitsaufgaben, die „offen“ (z. B. „Welche Gründe gab es für den ersten Golfkrieg?“) oder „geschlossen“ (z. B. „Filtere aus den Texten wirtschaftliche Merkmale, die zum ersten Golfkrieg führten“) formuliert werden können. Geschlossene Arbeitsaufgaben engen die Lernenden in ihren Antworten eher ein und dienen vor allem der Vermittlung von (Arbeits-)Wissen. Offene Fragen sind dagegen prozessorientiert und lassen einen kreativeren Umgang mit dem Thema zu, provozieren aber auch unpräzise und fachlich falsche Antworten. Dennoch scheinen offene Arbeitsaufgaben meist geeigneter, „die Stufe der Rezeption und Reproduktion [zu] überschreiten und kognitiv anspruchsvollere Operationen [zu] ermöglichen“. (Frech 2007, S. 80)

Letztlich ist allerdings zu bezweifeln, ob Gruppenarbeit den mit ihr verbundenen Ansprüchen auch immer gerecht werden kann. Erstens bewirkt sie gruppendynamische Prozesse, die eine hohe Stabilität der Gruppe bedürfen und sehr viel Zeit in Anspruch nehmen. Beides ist im schulischen Alltag aber kaum vorhanden. (Meyer 1987, S. 239) Zweitens widerspricht die gesellschaftliche Realität, in der erfolgsorientiertes funktionales Handeln keine Seltenheit darstellt, dem mit der Gruppenarbeit verbundenen „kommunikativen Handeln“. Die Schule ist daher überfordert, wenn sie allein für die gesellschaftliche Durchsetzung eines solchen Handelns verantwortlich gemacht wird. Pädagogische Bemühungen müssten daher mit einer Gesellschaftsreform einhergehen. Allerdings sind das Bildungssystem und die Bildungspolitik bis heute durch den eigentümlichen Widerspruch geprägt, einerseits den „mündigen Bürger“ im Sinne der Aufklärung zu erziehen (Kapitel I.1, S. 15–19), andererseits aber der Wirtschaft vor allem funktionstüchtige Bürger und Bürgerinnen zur Verfügung zu stellen (Kapitel I.2, S. 24f, 27f).

3.7 Arbeit mit „Texten“

Wird von Textarbeit im Unterricht gesprochen, so werden dabei zumeist Texte im *klassischen Sinn*, d. h. geschriebene Texte damit verbunden. Die Arbeit mit solchen Texten erfolgt meist als Teil eines ergebnisorientierten Lernprozesses und eignet sich als solche unter anderem für den systematischen Lehrgang. Vorrangig geht es um die Vermittlung von Arbeitswissen, d. h. dass sich die Erschließungsfragen in erster Linie auf die Informationen im Text beziehen. (Frech 2007, S. 79) Dabei spielen die sogenannten „W"-Fragen im Sinne von Lasswell eine bedeutende Rolle: Was hat sich ereignet? Wo, wann, wie, weshalb ist etwas passiert? Wer war an dem Ereignis beteiligt? Wie ist das Ereignis verlaufen? Wie hängen die einzelnen Aspekte der Ereignisse zusammen? (Massing 2004a, S. 45) Fragen wie diese, die noch durch andere ergänzt werden könnten, zielen vor allem auf die drei Dimensionen des Politischen ab: die „polity", die „policy" und die „politics". Die subjekttheoretische Ebene (Kapitel II.1, S. 88f) bleibt weitgehend ausgeschlossen.

Texte können aber auch im *handlungsorientierten Sinn* verwendet und dabei einer subjekttheoretischen Betrachtung unterzogen werden. Voraussetzung dafür ist zunächst, unter dem Begriff des „Textes" nicht nur geschriebene Texte zu subsumieren, sondern auch Werke der bildenden Künste, Filme oder auch einen bestimmten Habitus, etwa Freizeitverhalten oder auch Kleidungsgewohnheiten. Hervorzuheben ist dabei, dass Texte, ob sie nun klassisch oder im breiteren Verständnis definiert werden, nach ihrer Entstehung zunächst als gleichsam abgestorben zu betrachten sind. (Ong 1999, S. 97) Eine Wiederbelebung erfolgt allerdings durch die Rezipienten, die infolge ihrer Sozialisation Texte unterschiedlich auffassen und sie mit anderen Texten in Verbindung setzen. Zugleich produziert aber auch der „Autor" oder die „Autorin" – auch hier wird der Begriff weiter gefasst und etwa auch der Träger bzw. die Trägerin von bestimmter Kleidung darunter verstanden – den Text keineswegs in völliger Isolation, sondern ist selbst in Sozialisationsprozesse eingebunden. Zudem befindet er sich sowohl in einer Sender- als auch in einer Empfängerposition, d. h. er muss versuchen, sich in die Situation des Empfängers zu versetzen und dessen Reaktionen vorherzusehen. Der Rezipient ist folglich bei der Produktion eines Textes immer fiktiv vorhanden; dabei finden Tradition und Intertextualität nicht nur bewusst, sondern auch unbewusst Eingang in den Text. (Ong 1999, S. 95–104) Texte sind somit – im Sinne Jacques Derridas (Derrida 1976) – niemals vollkommen eindeutig, sondern durch unzählige Deutungsschichten geprägt. Sie unterliegen in der Interpretation einem ständigen Transformationsprozess und sind somit – wie bereits erwähnt (Kapitel II.6, S. 119) – als ein „flimmerndes Ganzes" (Schaal/Heidenreich 2006, S. 237) zu betrachten.

Um bei der Analyse von Texten diesem „flimmernden Ganzen", d. h. dieser Vielschichtigkeit gerecht zu werden, bedarf es eines differenzierteren Analyseinstrumentariums, als es von der traditionellen Textarbeit unter anderem im Zusammenhang mit dem systematischen Lehrgang geboten wird. Nicht nur der Inhalt soll als (Arbeits-)Wissen erfasst werden, sondern – im Sinne prozessorientierter Lernprozesse – auch die Entstehungszusammenhänge und die Vielfalt der Interpretationsmöglichkeiten. Ein solches Instrumentarium bietet etwa die *reflektierende Interpretation* von Texten: Zunächst wird der Text analysiert, d. h. ein Sachverhalt mit Hilfe von Hypothesen und deren Prüfung objektiv erfasst. Danach setzen sich die Schüler und Schülerinnen kritisch mit dem Sachverhalt auseinander bzw. erörtern den Text. Hierbei werden die unterschiedlichen Hypothesen diskutiert und mit Erfahrungen verglichen, wobei „eine wechselseitige Steigerung im Gespräch durch den Austausch von unterschiedlichen Wissensbeständen“ erfolgt, „eine extensive Auslegung und Erfahrung von Wirklichkeit“. Dabei wird versucht, aus dem Text auf allgemeine Aspekte zu schließen und nach Typischem zu suchen. (Weißeno 2000, S. 191) Die reflektierende Textinterpretation macht den Lernenden bewusst, dass es „weder ‚falsche‘ noch ‚richtige‘, sondern allenfalls mehr oder minder angemessene Interpretationen geben kann [...].“ (Kuhn 2005, S. 515) Indem die verschiedenen Interpretationen im Unterricht diskutiert werden, integrieren die Lernenden im Sinne eines „integrativen Verstehens“ unterschiedliche Erklärungsansätze. Bei bestimmten Texten ist es auch möglich, die unterschiedlichen Interpretationen in einem Rollenspiel (Kapitel III.3.2) zu thematisieren.

Integratives Verstehen ermöglicht ein tieferes Verständnis des Textes und wird dem „hermeneutischen Zirkel“ gerecht, der laut Hans-Georg Gadamer das Textverständnis prägt. „Wer einen Text verstehen will, vollzieht immer ein Entwerfen“, schreibt Gadamer. „Er wirft sich einen Sinn des Ganzen voraus, sobald sich ein erster Sinn im Text zeigt. Ein solcher zeigt sich wiederum nur, wenn man den Text schon mit gewissen Erwartungen auf einen bestimmten Sinn hin liest. Im Ausarbeiten eines solchen Vorentwurfs, der freilich beständig von dem her revidiert wird, was sich bei weiterem Eindringen in den Sinn ergibt, besteht das Verstehen dessen, was dasteht.“ (Gadamer 1977, S. 56f) Bei diesem Vorgang handelt es sich freilich nicht wirklich um einen „Zirkel“, sondern um eine „Spirale“, zumal ein Zirkel einen Kreis zeichnet und das Verstehen somit niemals an ein Ziel käme, also gar nicht möglich wäre. Zu berücksichtigen ist zudem, dass der „hermeneutische Zirkel" bzw. die „hermeneutische Spirale" auch die Gefahr der Beliebigkeit der Textinterpretation birgt. Denn auch nach der Korrektur des Vorverständnisses, mit dem an den Text herangegangen wird, kann das jeweilige Verständnis des Textes der verschiedenen Interpreten völlig unterschiedlich sein. (Hausmann 1991, S. 148–175) Eine Grundregel der Textinterpretation ist daher, das Verständnis an Anhaltspunkten im Text zu koppeln und nicht allein mit individuellen Erfahrungen und Assoziationen zu begründen. Das bedeutet freilich nicht, dass die Leser eines Textes keine „überraschende[n] Sinnzusammenhänge ans Licht" bringen können, „an die man [der Autor bzw. die Autorin, Anm. d. V.] beim Schreiben nicht gedacht hatte" (Eco 1986, S. 12), die aber unbewusst wohl intendiert waren.

Die Analyse eines Textes im oben beschriebenen Sinn, d. h. die *Dekonstruktion eines Textes*, stellt selbst in der Sekundarstufe II ein schwieriges Unterfangen dar. Völlig aussichtslos scheint sie daher – auf den ersten Blick – bei jüngeren Schülern und Schülerinnen. Und tatsächlich ist in der Sekundarstufe I die Dekonstruktion eines Textes nur ansatzweise möglich, nicht zuletzt, weil bei Zehn- bis Vierzehnjährigen laut Entwicklungspsychologie (Kapitel II.5, S. 114f) die Fähigkeit zur Abstraktion nur geringfügig ausgebildet und zudem Kontextwissen nur bedingt vorhanden ist. Bei der Auswahl von Texten kann aber besonders darauf geachtet werden, dass die Erfahrungswelt der Lernenden tangiert wird und somit die Anforderung zur Abstraktion auf einer niedrigen Ebene bleibt. (Weißeno 2000, S. 192) Außerdem bieten sich Kommunikationsmodelle als Analyseinstrumentarien an, um den Einblick in die Vielschichtigkeit von Texten zu erleichtern (Hellmuth 2009b, S. 90f). Besonders geeignet ist dafür das bereits klassische Modell von Friedemann Schulz von Thun (Schulz von Thun 1992), das sogenannte „Nachrichtenquadrat“, das zwischen Sender und Empfänger sowie zwischen den vier Seiten einer Nachricht unterscheidet, d. h. der Selbstoffenbarung, dem Sachinhalt, dem Appell und der Beziehungsebene (siehe Grafik 12). Letztere ist mit dem fiktiven Empfänger gegeben, der vom Textproduzenten immer bewusst oder unbewusst mitgedacht wird. Wenn wir Texte mit Bezug auf das Nachrichtenquadrat betrachten, werden ihre unterschiedlichen Ziele deutlich: Was soll dem Empfänger in einem Text vermittelt werden? Welcher Seite der Nachricht ist ein Text zuzuordnen? In welcher Beziehung steht der Sender zum Rezipienten des Textes, d. h. welche gemeinsamen kulturellen Bedingungen verbinden die beiden?

Ergänzend dazu kann „lustbetonte Leseerfahrung“ (Spinner 2004, S. 136) die Dekonstruktion eines Textes erleichtern, indem keine rein rezeptive, sondern eine aktive und kreative Lesehaltung eingenommen wird (Eichner 2007, S. 16). Die Texte werden dabei gemäß einer „handlungsorientierten Textanalyse“ gleichsam filetiert, zerstückelt und auch zerstört. (Eichner 2007, S. 15f; Janssen 2007, S. 26f, 29) So können wichtige Schlüsselbegriffe und Schlüsselstellen in Texten durch Wörter und Textpassagen ersetzt werden, die aus dem Zusammenhang gerissen wurden. Dadurch entstehen Unsinntexte, die wiederum von den Lernenden völlig unterschiedlich verstanden werden können. Empfehlenswert sind auch Text-Puzzles, bei denen der Text abschnittsweise zerschnitten wird. Die zum Teil unterschiedlichen Ergebnisse, die solche Puzzles hervorbringen, machen die Bedeutung der Subjektivität bei der Textproduktion und Textdeutung sichtbar.

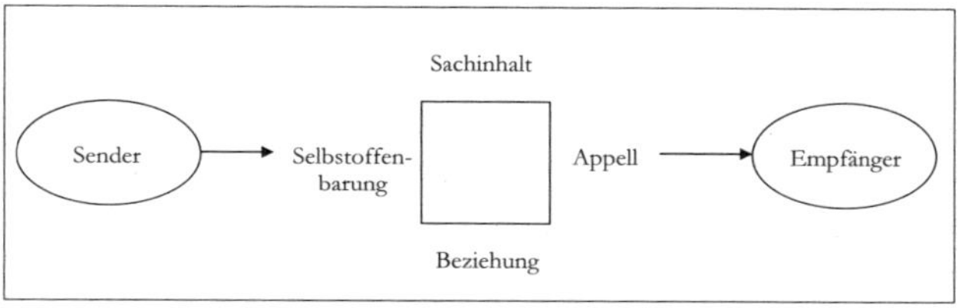

Grafik 12: Kommunikationsmodell von Friedemann Schulz von Thun

Weiters ist es auch möglich, Texte umschreiben zu lassen: Auf Grundlage eines Zeitungsartikels kann etwa ein fiktives Interview mit einem Politiker bzw. einer Politikerin erarbeitet und eventuell auch in Form eines Rollenspiels vorgestellt werden. Ferner lässt sich ein Perspektivenwechsel vornehmen, d. h. dass ein Text aus einer anderen Sicht neu entworfen wird. So ist es beispielsweise möglich, einen frauenfeindlichen Text emanzipatorisch abzuändern oder Wahlkampfmaterial umzugestalten. (Janssen 2007, S. 26f) Schüler und Schülerinnen können auch mit Hilfe von Texten Reden verfassen, die zum Beispiel im Parlament gehalten werden könnten. Auch hier ist es wiederum möglich, in einem weiteren Schritt ein Rollenspiel auszuarbeiten, bei dem mehrere Abgeordnete zu einem Thema wie etwa „Wählen mit 16" ihre Argumente vorbringen. Schließlich lassen sich Texte auch in ein Schaubild, in eine Statistik oder auch in Kunstwerke wie Zeichnungen, Gemälde oder Musikstücke umwandeln.[33]

33 Die „handlungsorientierte Textanalyse" erhöht im Übrigen auch die Lesemotivation der Lernenden, indem sie intrinsisch motiviertes Lesen, d. h. Lesen aus eigenen Interessen ermöglicht. Gewöhnlich erfolgt aber im Unterricht ein extrinsisch motiviertes Lesen, d. h. dass die Schüler und Schülerinnen wissen, dass sie lesen müssen, um gute Noten zu erhalten.

An diese ersten, freilich noch recht unstrukturierten und kognitiv noch nicht vollständig verarbeiteten Einblicke in die Dekonstruktion von Texten kann der Lernende später – im Sinne des Plattformlernens (Kapitel II.4, S. 106) – anknüpfen. Spätestens ab der Sekundarstufe II sollte ein Text nicht mehr als Produkt eines Einzelnen verstanden werden, sondern „als Bestandteil eines (sozialen) Diskurses" (Jäger 1999, S. 173), d. h. als Produkt, das infolge direkter Interaktion zwischen dem Textproduzenten und seiner sozialen Umwelt und/oder durch den Einfluss von Medien entstanden ist. Der Diskurs ermöglicht die Verbindung eines Textes mit anderen Texten, d. h. dass eine Textanalyse letztlich eine *Diskursanalyse* sein muss.

Dazu sind mehrere Begriffe zu klären: Zunächst muss zwischen Diskursen der Wissenschaft (*Spezialdiskurse*) und nicht-wissenschaftlichen Diskursen (*Interdiskurse*) unterschieden werden, wobei Elemente des Spezialdiskurses unter anderem infolge populärwissenschaftlicher Vermittlung ständig in den Interdiskurs einfließen. Ferner ist zwischen Diskurssträngen und Diskursebenen zu unterscheiden. *Diskursstränge* zeigen, was in der Gegenwart und zu einem früheren Zeitpunkt gesagt wurde. Unterschiedliche Diskursstränge sind miteinander verschränkt, d. h. dass sie sich gegenseitig beeinflussen und stützten. So ist etwa die Entwicklung der Definition von „Freiheit" als ein Diskursstrang zu betrachten, der wiederum von anderen Diskurssträngen abhängt,

---

Damit ist eine rein rezeptive Lesehaltung verbunden. Fakten werden auswendig gelernt und bald wieder vergessen, bleibende Wissensstrukturen, die für Kompetenzen von Bedeutung sind, werden nicht gebildet. (Eichner 2007, S. 16)

etwa von Demokratie-Auffassungen, Wirtschaftstheorien oder sozialpolitischen Überlegungen. Diskursstränge erscheinen auf verschiedenen *Diskursebenen*, etwa in der Wirtschaft, der Politik, den Medien und der Erziehung sowie im Alltag, im Geschäftsleben oder der Verwaltung. Nachvollziehbar werden Diskursstränge und Diskursebenen mit Hilfe von *Diskursfragmenten*, d. h. mit Texten, die ein bestimmtes Thema behandeln. Diskursfragmente erlauben auch Rückschlüsse auf den *diskursiven Kontext*, in dem bestimmte Vorkommnisse gesehen werden müssen. Bei der Schändung eines jüdischen Friedhofs oder eines nationalsozialistischen Gedächtnisortes sind etwa die Geschichte des Rechtsextremismus und des Antisemitismus, die Geschichte des Nationalsozialismus und Faschismus sowie die dahinterstehenden Ideologien zu berücksichtigen. Schließlich ist auch die *Diskursposition* bei der Dekonstruktion von Texten zu beachten, womit der spezifische Standort einer Person oder eines Mediums im Diskurs verstanden wird, etwa deren ideologisch-politischer, kultureller oder sozialer Hintergrund.

3.8 Arbeit mit Karikaturen

Bei Bildern handelt es sich um eine spezifische Form von „Texten". Ihr Einsatz hat noch keine allzu lange Tradition. Bilder in Schulbüchern dienen meist nur zur optischen Aufwertung bzw. zur Illustration. (Besand 2007, S. 26) Sie können aber innerhalb der politischen Bildung weit mehr leisten und wesentlich zur Sensibilisierung von Lernenden beitragen.

Im Folgenden soll dies am Beispiel der Karikatur (ital. caricare = überladen) veranschaulicht werden, die als „satirische

Darstellungen von Menschen oder gesellschaftlichen Zuständen" definiert werden können. „Um anschaulich und gelegentlich auch schockierend zu wirken, überzeichnen, übertreiben und deformieren sie die Wirklichkeit. So entsteht eine inhaltlich stark verdichtete und auf das Wesentliche konzentrierte Aussage. Die meisten Karikaturen haben einen sozialen oder politischen Hintergrund." (George 2000, S. 85f) Tabelle 4 fasst die Einsatzmöglichkeiten der Karikatur zusammen. Grundsätzlich gilt für die Arbeit mit Karikaturen im Unterricht, dass sie einerseits wohldosiert eingesetzt werden und andererseits eine gewisse Vorbildung vorausgesetzt bzw. vor der Analyse das notwendige Kontext- bzw. (Arbeits-)Wissen geschaffen wird. Schüler und Schülerinnen sollen folglich schrittweise an die Arbeit mit Karikaturen herangeführt werden.

Ich-Botschaft	Erzeugt eine menschlich warme Atmosphäre; betont den Beziehungsaspekt zwischen Lehrer/innen und Schüler/innen.
Beschreibung	Kann etwas langweilig sein, eignet sich aber gut für ungeübte Lerner/innen.
Autor/innenintention	Führt nach einer Beschreibung zu einer vertiefenden Deutung, trägt zur Reflexionskompetenz (Kapitel II.6) bei.
Provokation	Fordert zu Widerspruch auf und ist geeignet, viele Schüler/innenmeldungen herauszulocken.
Entscheidungsfrage	Die Frage hat den Vorteil, dass jede/r Schüler/in eine Antwort geben kann.
Dialog/Interview	Anspruchsvoller Impuls, der gedankliche Kreativität fördert; kann auch als Schreibauftrag verwendet werden.
Fantasie	Guter Impuls, der sich für einen Schreibauftrag eignet, auch zu zweit oder zu dritt als „Brainwrighting".
Sukzessives Aufdecken	Das allmähliche Aufdecken erzeugt Aufmerksamkeit, Neugier und Konzentration und ist ein gutes Vorgehen in einer undisziplinierten Anfangssituation. Durch das sukzessive Aufdecken werden immer weitere Informationen und Hintergründe zur Karikatur den Schüler/innen bekanntgeben. Zusätzlich erfolgt eine schrittweise Sensibilisierung der Schüler/innen hinsichtlich der Vielschichtigkeit der in der Karikatur angesprochenen Inhalte.
Problemorientierung	Fordert zu einem Vergleich mit der Realität auf und kann die Formulierung des Unterrichtsthemas einleiten.

Tab. 4: Einsatzmöglichkeiten von Karikaturen im Unterricht (nach Mattes 2002, S. 17)

Diese Aufstellung zeigt sehr gut, wie Komplexität und Schwierigkeitsgrad im Rahmen der Arbeit mit Karikaturen im Politikunterricht variiert werden können. Darüber hinaus kann aber auch eine umfangreiche Analyse einer Karikatur durchgeführt werden. In diesem Fall bieten sich zwei Verfahren an. Entweder kann eine Karikatur im Sinne der Hermeneutik oder – gemäß der traditionellen Textanalyse (Kapitel III.3.5, S. 183f) – anhand der Lasswell-Formel analysiert werden.

Die *Lasswell-Formel*, die ursprünglich aus der Massenkommunikationsforschung stammt, bietet einen guten Orientierungsrahmen für die Analyse von Karikaturen. In Tabelle 5 findet sich eine verdichtete Form von unterschiedlichen Fragestellungen, die sich als Rahmen für eine Analyse im Unterricht verstehen und je nach Karikatur adaptiert und abgeändert werden müssen. In Anlehnung an Lasswell empfiehlt Mattes (2002, S. 120f) die „Drei-Fragen-Deutung". Gemäß diesem Deutungsmodell reicht die Beantwortung von drei Fragen aus, um eine Karikatur im Unterricht ausreichend interpretieren zu können: 1) Was sehe ich? 2) Zu welchen Problemen nimmt die Karikatur Stellung? Inkludiert ist hier auch, die Absicht des Karikaturisten zu verstehen. 3) Welche Wirkung erzielt die Karikatur? Bei der Beantwortung dieser Fragen wird die Karikatur aus eigener Sicht bewertet.

Bei Mattes fehlt die – bei Lasswell mit dem Analysebereich „Zeit und Ort" zumindest partiell mitberücksichtigte – Frage nach dem gesellschaftlichen Kontext bzw. den (sozialen) Diskursen, in dem die Karikatur eingebettet ist. Gerade diese Frage ist aber für eine *politikdidaktische Hermeneutik*, die sich auf die Dekonstruktion von „Texten"

Analyse-Bereich	Leitfragen
Sender (Who/Wer?)	Wer hat die Karikatur gezeichnet? In wessen Diensten? Was ist über den Karikaturisten/die Karikaturistin bekannt? Wer sind die Auftraggeber/innen? Welche Ziele verfolgt der Karikaturist/die Karikaturistin? Welche Partei wird ergriffen?
Aussage (What/Was?)	Was sieht man? Was wird ausgesagt? Welches Problem/Ereignis ist dargestellt? Welche Personen sind zu erkennen? In welchen Lebenssituationen? Welcher Widerspruch wird aufgedeckt?
Stil (How/Wie?)	Was fällt besonders auf? Welche Mittel verwendet der Karikaturist/die Karikaturistin? Auf welche Weise spricht er/sie uns an? Wie werden Personen dargestellt? Welche Typisierungen werden verwendet?
Zeit/Ort (When/Wann?)	Wann ist die Karikatur entstanden? Wo ist sie entstanden? Was wissen wir aus anderen Quellen über diese Zeit?
Intention (Why/Warum?)	Was will der Karikaturist/die Karikaturistin erreichen? Wen (was) greift er/sie an und warum tut er/sie das? Was will der Karikaturist/die Karikaturistin bewirken?
Wirkung (What Effect/Welche?)	Welche Emotionen löst die Karikatur aus? Wie wirkt die Karikatur - auf die Zeitgenossen (Zielgruppen – Gegner/innen – Nichtbetroffene) - auf uns? - auf andere? Welchen Stellenwert wird sie (einmal) als historische Quelle – im Sinne einer Lang-Zeit-Wirkung – erfahren (können)?
Weg (What Cannel/Kanal?)	Wie wird die Karikatur verbreitet (Zeitung, Flugblatt usw.)? Wem gehört das Kommunikationsmittel? Wer entscheidet über die Platzierung der Karikatur?

Tab. 5: Lasswell-Formel und Karikaturen im Unterricht (Kuhn 2004, S. 33)

bezieht und damit „Verstehen" im Sinne von „Erfassen" und „Begreifen" ermöglichen soll (Kapitel III.3.7), von zentraler Bedeutung.[34] Die von Erwin Panofsky vorge-

34 Streng genommen kommt dem Begriff noch eine methodologische Bedeutung in Abgrenzung der Geisteswissenschaften zu den Naturwissenschaften hinzu: Erstere „verstehen", letztere „erklären". Eine solche rigorose Unterscheidung, die aus der Vieldeutigkeit der beiden Begriffe

nommene Unterscheidung von Ikonographie und Ikonologie ermöglicht ein solches „Verstehen“ (Panofsky 1984, S. 207–225; vgl. dazu auch: Bourdieu 1997, S. 127f). So werden bei der *ikonographischen Beschreibung* die einzelnen Bildelemente sprachlich benannt, ohne bereits eine Analyse vorzunehmen. In einem weiteren Schritt lässt sich schließlich mithilfe der *ikonologischen Analyse* die Bedeutung der einzelnen Bildelemente offen legen, wobei hier das kollektive Gedächtnis (Kapitel II.2, S. 92) miteinbezogen werden muss (Pandel 2008, S. 122–128). Dies ist durch die Zuhilfenahme von Zusatzinformationen, die aus zeitgenössischen Quellen oder wissenschaftlicher Literatur entnommen werden, möglich.

Kuhn (2004, S. 27) bezieht sich ebenfalls auf die Hermeneutik und unterscheidet drei Stufen der Analyse: Verstehen, Auslegen und Anwenden. Sein Verständnis von „Verstehen“ ist allerdings mit der ikonographischen Beschreibung zu vergleichen, womit dem „Verstehen“ im hermeneutischen Sinn freilich nicht entsprochen wird. Ein solches „Verstehen“ wird bei Kuhn erst in der zweiten und dritten Stufe erreicht, d. h. beim Auslegen und Anwenden. „Auslegen“ bedeutet für ihn das Fragen nach Ideen, Motiven, Hintergründen und Intentionen, „Anwenden“ die Überprüfung wesentlicher Aussagen der Karikatur unter Zuhilfenahme von Zusatzinformationen. Auch wenn die Begrifflichkeiten bei Kuhn andere

resultiert, ist allerdings kaum haltbar. Beide Vorgehensweisen ergänzen sich letztlich: „*Einerseits* ist Verstehen (im Sinne des ‚etwas verstehen‘) eine *Voraussetzung* des Erklärens [...]; *andererseits* ist aber auch umgekehrt das Erklären eine Voraussetzung des Verstehens (im Sinne des ‚verstehen, warum‘).“ (Haussmann 1991, S. 233) sind, entspricht seine Vorgangsweise aber letztlich doch der von Panofsky vorgeschlagenen Bildanalyse, die in den Praxisbeispielen (Kapitel IV.2.3) Anwendung findet.

IV. Praxisbeispiele

Kompetenzmodelle politischer Bildung (Kapitel II) dienen gleichsam als Folien, die über den Unterricht gelegt werden können. Sie sollten bei methodischen Überlegungen immer im Hintergrund präsent sein, eine strikte Zuordnung von Unterrichtseinheiten bzw. Unterrichtssequenzen zu bestimmten Kompetenzbereichen muss aber geradezu zwanghaft erscheinen, nicht zuletzt, weil sich die unterschiedlichen Kompetenzen vielfach überschneiden und eine Auseinanderdifferenzierung letztlich die Einheit des Unterrichts zerstören würde. Kompetenzen werden zudem nur schrittweise aufgebaut (Kapitel II.5). Um daher Frustration sowohl bei den Lehrenden als auch bei den Lernenden zu vermeiden, muss – und das gilt nicht nur für die politische Bildung – bei der Gestaltung und Evaluation des Unterrichts eines bewusst sein: Die Ergebnisse im Unterricht sind oftmals fragmentarisch und erscheinen – zumindest auf dem ersten Blick – als nicht zufriedenstellend. Lernen erfolgt aber gleichsam als „Plattform-Lernen" (Kapitel II.4, S. 106), d.h. dass das Gelernte, und dazu gehören auch „Fragmente", in die kognitive Struktur integriert und somit Bestandteil der individuellen Identität wird. In bestimmten Situationen können solche Identitätsbausteine dann verwendet, erprobt und ergänzt bzw. mit anderen in Beziehung gesetzt werden. Die vorgeschlagenen Unterrichtsbeispiele zeigen somit, wie im Sinne einer dynamischen Aneignung von Kompetenzen schrittweise auf ein zentrales Ziel des politischen Unterrichts hingesteuert wird: die Anwendung von Schablonen durch die Fähigkeit zur kreativen Analyse und Problemlösung zu ersetzen (Kapitel II.4).

IV.1 „Handlungsorientierte Staatsbürgerkunde": Demokratische Systeme

Staatsbürgerkunde, die – freilich in maßvollen und sinnvollen Dosierungen – einen nicht wegzudenkenden Bestandteil politischer Bildung darstellt, ist traditionell eine recht „trockene" Angelegenheit. Nur selten weist sie einen direkten Bezug zur Lebenswelt der Schüler und Schülerinnen auf. Deshalb empfiehlt es sich, die Lernenden durchaus lustbetont an die Materie heranzuführen und auch die eigentliche Staatsbürgerkunde dadurch etwas unkonventionell zu gestalten. Handlungsorientierung bietet dabei die Möglichkeit, das Interesse der Lernenden zu wecken.

Im folgenden Unterrichtsbeispiel stehen die drei Möglichkeiten demokratischer Systeme im Zentrum: parlamentarische, präsidentielle und gemischte Systeme. Um ein Verstehen dieser Systeme zu ermöglichen, müssen die Schüler und Schülerinnen aber zunächst – zur Vermittlung von (Arbeits-)Wissen – an die demokratischen Prinzipien herangeführt werden. Erst im Anschluss daran stehen die drei demokratischen Systeme im Mittelpunkt des Unterrichts. Das Unterrichtsbeispiel eignet sich für die Sekundarstufe II, wobei zu berücksichtigen ist, dass das Thema außerordentlich komplex ist und sich daher eine „vertikale didaktische Reduktion" (Kapitel III.1, S. 149f) empfiehlt, d. h. eine Vereinfachung komplexer Sachverhalte. Wenn diese auch einen geringeren Gültigkeitsgrad der Unterrichtsmaterie zur Folge hat, wird damit doch ein grundlegendes Ziel politischer Bildung erreicht: die Schaffung einer Basis, auf der weitere Lernprozesse aufbauen können.

1.1 Informationen zum Thema

Die Beschäftigung mit den Formen demokratischer Systeme ermöglicht es den Schülern und Schülerinnen, nicht nur das Funktionieren, sondern auch den Sinn der Demokratie zu begreifen. Grundsätzlich können Demokratien – wird von sozialistischen Volksdemokratien abgesehen (Kapitel I.8, S. 82) – in parlamentarische, präsidentielle und gemischte Systeme unterteilt werden. (Pelinka 2000, S. 37–49; Hellmuth/Hiebl 2002, S. 20–22)

In *parlamentarischen Systemen* beschickt die Parlamentsmehrheit – eine Partei oder eine Parteienkoalition, die über die absolute Mehrheit verfügt – die Regierung. Ausgenommen ist hier eine Minderheitsregierung, die jedoch von einer Parlamentsfraktion, die keine Regierungsmitglieder stellt, geduldet werden muss. Parlamentswahlen in parlamentarischen Systemen bedeuten somit immer auch die Wahl der Regierung bzw. des Regierungschefs. In den meisten Fällen stammen die Regierungsmitglieder aus der Partei bzw. den Parteien mit Stimmenmehrheit, weshalb Regierungsarbeit meist mit dem Willen der Parlamentsmehrheit – sei es aufgrund ideologischer Anschauungen und/oder durch „Fraktionszwang“ – übereinstimmt. Eine wirkliche Kontrolle durch das Parlament ist daher nur bedingt möglich.[35] Dennoch

35 Daher kommt gerade in parlamentarischen Systemen zusätzlichen Kontrollorganen wie dem Verfassungs- und Verwaltungsgerichtshof, dem

kann das Parlament die Regierung durch einen Misstrauensantrag jederzeit auflösen, was freilich nur selten passiert. Die Regierung hat wiederum die Möglichkeit, das Parlament aufzulösen, womit Neuwahlen verbunden sind. Dem Staatsoberhaupt, dem Präsidenten, bleiben in einem parlamentarischen System nur die formale Bestätigung der Regierung und Repräsentationsaufgaben.

Im Gegensatz zu parlamentarischen Systemen ist bei *präsidentiellen Systemen* eine Trennung von Parlament und Regierung bzw. Regierungschef gewährleistet, zumal beide Institutionen unabhängig voneinander durch direkte Volkswahl bestellt werden. Der Regierungschef ist in diesem Fall zugleich das Staatsoberhaupt und daher mit umfassenden Machtbefugnissen ausgestattet. Zudem hat das Parlament keine Möglichkeit, die Regierung mit einem Misstrauensvotum zum Rücktritt zu zwingen; ebensowenig kann die Regierung die Auflösung des Parlaments einleiten. Das Parlament und die Regierung bewahren damit ihre relative Selbstständigkeit, d. h. dass Regierung und parlamentarische Mehrheit in ihrer politischen Meinung nicht übereinstimmen müssen. Der Einfluss der Regierung auf das Parlament ist daher relativ gering bzw. von Absprachen und Kompromissen abhängig, zumal die Regierung auf die Gesetzgebung des Parlaments angewiesen ist.

Schließlich gibt es auch die Möglichkeit eines *gemischten Systems*, das sowohl Elemente des parlamentarischen als auch des präsidentiellen Systems vereint. Die wahlberechtigte Bevölkerung wählt voneinander unabhängig das Parlament und

---

Rechnungshof und der Volksanwaltschaft besondere Bedeutung zu. Diese Institutionen sind – zumindest formal – politisch unabhängig.

den Präsidenten. Wie in parlamentarischen Systemen bestellt die Parlamentsmehrheit die Regierung, die vom Präsidenten ernannt wird. Die Regierung ist sowohl dem Parlament als auch dem Präsidenten verantwortlich. Einerseits hat sie das Recht, das Parlament aufzulösen, andererseits kann sie aber auch einem Misstrauensvotum des Parlaments ausgesetzt sein. Der Präsident hat ebenfalls gewisse Rechte und Pflichten wie etwa die Ernennung der Regierung. Wenn nun Parlament und Präsident unterschiedliche Ziele verfolgen, können sie sich in gemischten Systemen gegenseitig lähmen. Entweder gibt eine Seite nach oder es müssen Kompromisse ausverhandelt werden, da keine der beiden Seiten den Widerstand des anderen auf legalem Weg brechen kann. Das Problem kann freilich auch dadurch gelöst werden, dass sich der Präsident oder das Parlament politisch zurückzieht.

Als parlamentarisches System kann in den folgenden Beispielen das politische System der *Bundesrepublik Deutschland* bezeichnet werden. Der Bundespräsident hat in erster Linie Repräsentationsaufgaben, seine politische Rolle ist – mit Ausnahme weniger formaler Aufgaben und Befugnisse – auf die eines überparteilichen Vermittlers beschränkt. Das politische System der *USA* ist dagegen dem präsidentiellen System zuzuordnen, zumal dort Legislative und Exekutive gesondert gewählt werden. Der Präsident ist zugleich Staatsoberhaupt und Regierungschef und hat gegenüber dem Parlament keine politische Verantwortung. Es ist ihm aber auch nicht möglich, das Parlament aufzulösen. Das Parlament hat wiederum kein Recht, sich mit einem Misstrauensvotum gegen den Präsidenten zu wenden. Davon zu unterscheiden ist ein Amtsenthebungsverfahren („impeachment"), das nur bei Verstößen gegen das Gesetz eingeleitet werden kann. Das Parlament ist ein echtes Zwei-Kammern-System,[36] d. h. dass keine der Kammern mit der Regierung fusioniert ist (wie etwa in parlamentarischen Systemen) und es daher auch keine automatische Abwertung der anderen Kammer gibt. Das politische System *Österreichs* ist schließlich als gemischtes System zu bezeichnen. Der Bundespräsident übt zwar einen „Rollenverzicht", hat aber durchaus Rechte, die über die Repräsentationsfunktion hinausgehen. Anton Pelinka (2000, S. 48f) spricht auch beim *Schweizer System* von einer Sonderform des gemischten Systems, unter anderem weil parlamentarisches Amt und Regierungsamt unvereinbar sind, die Regierung dem Parlament gegenüber politisch nicht verantwortlich ist, sich aber dennoch aus dem Parlament heraus legitimiert. Allerdings ist der Schweizer Präsident in seiner Funktion nicht mit den Präsidenten anderer Staaten zu vergleichen, zumal die Schweiz weder ein Staatsoberhaupt noch einen Regierungschef kennt. Vielmehr übernimmt die Schweizer Regierung, der Bundesrat, die mit diesen Ämtern verbunden Aufgaben als Kollegium. Der Bundespräsident wird lediglich für ein Jahr aus dem Kreis der Regierungsmitglieder, der Bundesräte, als Vorsitzender des Bundesrates gewählt. Er hat in dieser Funktion keine besonderen Rechte, sondern führt sein

---

36 Der Parlamentarismus beruht zumeist auf einem Zwei-Kammern-System, wobei die beiden Kammern in den wenigsten Fällen über die gleichen Rechte verfügen. Oftmals wird nur eine Kammer direkt gewählt, die dann auch die größeren Rechte besitzt. Die unterschiedlichen Kompetenzen haben ihren Grund darin, dass aufgrund der unterschiedlichen Bestellungsmodalitäten der beiden Kammern unterschiedliche Mehrheitsverhältnisse herrschen können. Bei gleichem politischem Gewicht wäre letztlich eine Kammer in der Lage, eine andere Regierung als die andere Kammer zu legitimieren.

Ministerium (Departement) weiter und übernimmt lediglich Repräsentationsaufgaben. (Moeckli 2008) Das Schweizer System ist daher wohl eher als eine mit zahlreichen Elementen der direkten Demokratie durchmischte Sonderform des parlamentarischen Systems zu bezeichnen.

1.2 Heranführung: Demokratische Prinzipien

Die Heranführung an das eigentliche Thema, dem Vergleich der drei Formen demokratischer politischer Systeme, erfolgt durch die Kontrastierung feudaler bzw. absolutistischer Ideen mit demokratischen Prinzipien. Dabei kommen handlungsorientierte Methoden zur Anwendung, womit die Sachebene bzw. die kognitive Ebene, welche die Schüler und Schülerinnen zunächst nur in Ausnahmefällen interessiert, verlassen wird und sich der Unterricht in einem ersten Schritt auf die empathische Ebene verlagert: Texte oder Grafiken sind für die Schüler und Schülerinnen zunächst „nichts anderes als Quellen, die zu lesen und zu bearbeiten waren“, womit „ein Bruch in der Ganzheitlichkeit“ entstehen kann, d. h., „die Methode entspricht nicht dem ‚Wesen' einer Sache, dem Inhalt“ und wirkt sich daher „negativ auf die Lernlogik (Herz/Empathie/Motivation)“ aus. Indem nun aber die Vorstellungskraft der Schüler und Schülerinnen „aktiviert wird, kann eine Ebene des ‚Erklärens und Verstehens' erreicht werden. Objektbereich und Subjektbereich [...] werden so aufeinander bezogen und miteinander verknüpft“. (Völkel 2008, S. 24, 27)

Mehrere Möglichkeiten bieten sich an, um eine solche Verknüpfung von Objektbereich und Subjektbereich zu erzielen. So können von den Schülern und Schülerinnen zwei *Standbilder* entworfen werden: eines zum Absolutismus und eines zur Demokratie. Als Grundlage dienen die Materialien 1 und 2, die Informationen zu beiden Herrschaftsformen liefern. Auf die Rolle eines Regisseurs wird in diesem „wortlosen Rollenspiel, das sich in einem einzigen Bild manifestiert" (Jannsen 2005, S. 39), verzichtet. Symbolische Elemente sind beim Entwurf eines Standbildes hilfreich, etwa abgewandte, fixierende oder zugewandte Blicke sowie offene oder verschränkte Arme. Die Gestaltung eines Standbildes ermöglicht es den Schülern und Schülerinnen, ihrer Phantasie freien Lauf zu lassen, gemeinsam zu diskutieren und dabei Wissen und Erfahrungen auszutauschen. Sie werden zudem dazu aufgefordert, „sich in die Situation und die Beteiligten einzufühlen, um das Verhalten, die Motive der Beteiligten und das Leiden der Opfer verstehen zu können". Damit werden Lernziele wie „Empathie, Fähigkeit zum Mitleid, Solidarität" gefördert. (Jannsen 2007, S. 15f)

Als Alternative zu den Standbildern oder als Ergänzung lässt sich mithilfe der Materialien 1 und 2 ein *offenes Rollenspiel* (Kapitel III.3.2, S. 170f) gestalten, in dem die Lernenden für die Spielhandlung und die Rollen weitgehend selbst verantwortlich sind. Einzig und allein die Situation wird von der Lehrperson vorgegeben: ein Disput zwischen Vertretern der Aufklärung bzw. Demokratie und des Absolutismus im ausgehenden 18. Jahrhundert. Damit wird am historischen Beispiel ein Normalfall des politischen Unterrichts trainiert: unterschiedliche Meinungen sichtbar zu machen, Argumente für oder gegen etwas auszutauschen und somit Perspektivenvielfalt zu gewährleisten. Freilich muss im vorliegenden Fall der demokratische Wertekonsens (Kapitel III.1, S. 151f) hervorgehoben und letztlich eine – selbstreflexive – Parteinahme für die Demokratie die Folge sein.

Anstelle des Rollenspiels könnte die Auseinandersetzung auch in Form einer *Pro-Contra-Debatte* (Kapitel III.3.4) stattfinden, wobei in diesem Fall ein Moderator oder eine Moderatorin, Sachverständige und Anwälte mit eingeführt werden müssen. Eine andere Möglichkeit bietet die Methode der *Talkshow*, wobei sich hier wohl der „Konfro-Talk“ (Kapitel III.3.3, S. ##) am besten eignet. Die Verlagerung der Konfrontation in die Gegenwart hat den Vorteil, eine gewisse Verfremdung zu erzielen und dadurch lustvolles Lernen zu erreichen. Zudem ermöglicht die Verfremdung – im Sinne von Bertolt Brechts Vorstellungen des epischen Theaters (Brecht 1995, S. 175) – eine gewisse Distanzierung vom Thema, womit die Ebene der Empathie verlassen und der Weg zur Kognition, die Fähigkeit zur reflexiven Auseinandersetzung, beschritten werden kann. Der Zuschauer und der Schauspieler werden unter anderem zu Analytikern der Gesellschaft und betrachten diese gleichsam aus „objektiver“ Perspektive.

Eine weitere Möglichkeit, die Schüler und Schülerinnen an die Staatsbürgerkunde heranzuführen, bietet ein *handlungsorientierter Umgang mit Bildern*, der die Vorstellungskräfte der Schüler und Schülerinnen aktivieren kann. Es lohnt sich daher, Bilder über die Bedeutung als Quelle hinaus zu verwenden und sie etwa zum Sprechen zu bringen. (Völkel 2008, S 115f) Im vorliegenden Fall sollen die Schüler und Schülerinnen eine Federzeichnung von Jacques Louis David, die eine Szene aus der Französischen Revolution darstellt, mit Sprechblasen ergänzen: „Der Schwur im Ballhaus“ aus dem Jahr 1791 (Material 3). Dafür werden mehrere Gruppen gebildet, die zunächst entweder durch Internetrecherche, durch Literaturrecherche in der Schulbibliothek und/oder mithilfe des Schulbuches die Hintergründe des Ballhausschwurs erarbeiten. Die Lehrperson kann freilich auch Materialien zur Verfügung stellen; möglicherweise wurde aber die Französische Revolution ohnehin schon im Unterricht durchgenommen. Folgende Fragen werden in einem ersten Schritt beantwortet: 1. Wer versammelte sich im Ballhaus? 2. Welche Gründe gab es für die Versammlung? 3. Warum herrscht unter den Versammelten eine solche Aufregung? 4. Welche Folgen hatte der Ballhausschwur? 5. Was hält der Maler von diesem Ereignis? Als Symbol ist in diesem Zusammenhang der Lichteinfall im Hintergrund besonders hervorzuheben. In einem weiteren Schritt werden den einzelnen Gruppen eine Kopie des Gemäldes in DIN-A–4-Größe bzw. – wenn es die Qualität der Kopie zulässt – in DIN-A–3-Größe sowie Papier, aus dem die Sprechblasen ausgeschnitten werden, zur Verfügung gestellt. Mithilfe der Materialien 1 und 2 verfassen die Schüler und Schülerinnen aussagekräftige Texte für diese Sprechblasen, die schließlich auf die Kopie des Gemäldes geklebt werden. Als Abschluss präsentieren die einzelnen Gruppen ihre Arbeiten, begründen ihre Texte und stellen sie schließlich im Klassenplenum zur Diskussion.

Material 1: Absolutismus und ständische Gesellschaft

Drei Stände – von Gott gewollt

„Der Adel schützt die Geistlichkeit und die Bauern; die Geistlichkeit vermittelt das Heil den Laienständen Adel und Bauern; und die Bauern schließlich ernähren die Herrenstände Adel und Geistlichkeit."

Blickle, Peter: Unruhen in der ständischen Gesellschaft 1300–1800, München 1988, S. 4.

Die Macht des Fürsten

„Alle Welt beginnt mit der monarchistischen Staatsform. Sie hat ihr Vorbild in der väterlichen Gewalt, in der Natur selbst. Die Menschen werden allesamt als Untertanen geboren, und die väterliche Autorität, die sie an Gehorsam gewöhnt, gewöhnt sie zugleich daran, nur ein Oberhaupt zu kennen [...]. Der Fürst blickt von einem höheren Standort aus; man darf darauf vertrauen, dass er weiter sieht als wir; deshalb muss man ihm ohne Murren gehorchen [...]. Die Fürsten handeln als Gottes Diener auf Erden. Durch sie übt er seine Herrschaft aus. [...] Der König braucht niemandem Rechenschaft abzulegen über das, was er befiehlt. [...] Der ganze Staat ist in der Person des Fürsten verkörpert; in ihm ist der Wille des Volkes wirksam; der Fürst kann sich selber zurechtweisen, wenn er merkt, dass er Böses getan hat."

Bossuet, Jacques-Bénigne: Politique tirée des propres paroles de L'Écriture sainte. Édition critique, Genève 1967 (Original von 1710).

„Wenn die Unterthanen die Majestät des Königs erkennen sollen, so müssen sie erkennen, daß bey ihm die höchste Gewalt und Macht sey. Und demnach ist nöthig, daß ein König und Lands-Herr seinen Hoff-Staat dergestalt einrichtet, damit man daraus seine Macht und Gewalt zu erkennen Anlaß nehmen kann."
Wolff, Christian: Vernünftige Gedanken von dem gesellschaftlichen Leben der Menschen (1721), zit. bei: Vogler, Günter: Absolutistische Herrschaft und ständische Gesellschaft, Stuttgart 1996, S. 73.

Material 2: Demokratie

Ein Theaterstück kritisiert den Absolutismus

„Weil Ihr ein großer Herr seid, Herr Graf, haltet Ihr Euch für einen großen Geist! Adel, Rang, Vermögen, das alles macht Euch stolz. Was habt Ihr eigentlich getan, sie zu verdienen? Ihr gabt Euch nur die Mühe, geboren zu werden, weiter nichts! Im übrigen seid Ihr ein ganz gewöhnlicher Mensch. Ich dagegen, ein Mann der dunklen Menge, mußte, nur um zu leben, weit mehr Verstand und Kenntnisse gebrauchen, als man seit 100 Jahren gebraucht, um ganz Spanien zu regieren."

Beaumarchais: Ein toller Tag oder Figaros Hochzeit (1781), zit. in: Strotzka, Heinz: Zur Praxis des Geschichtsunterrichts, Wien 1983, S. 143.

Die natürliche Freiheit des Menschen

„Die natürliche Freiheit des Menschen heißt, auf Erden keine ihm übergeordnete Macht anzuerkennen, dem Willen oder der gesetzgeberischen Autorität von niemandem unterjocht zu sein und sich lediglich das Naturrecht zur Regel zu setzen. Die Freiheit des Menschen in der Gesellschaft bedeutet, nur der legislativen Gewalt unterworfen zu sein, die nach allgemeiner Übereinstimmung im Staat etabliert worden ist, und keinerlei andere Autorität und kein Gesetz außer denjenigen anzuerkennen, welche jene Gewalt gemäß der ihr anvertrauten Aufgabe geschaffen hat."

John Locke: Two treatises of government (1690), zit. bei: Mandrou, Robert: Staatsräson und Vernunft 1649–1775, 3. Auflage, Frankfurt a. M./Berlin/Wien 1981, S. 105.

Grenzen der Freiheit

„Dieses Recht [Freiheit] gibt die Natur allen Menschen, damit sie über ihre Person und ihre Güter in der Weise verfügen, die ihrem Urteil nach ihrem Glück am meisten angemessen ist – allerdings mit der Einschränkung, daß sie dieses Recht in den Grenzen des Naturgesetzes anwenden und es nicht zum Schaden der anderen Menschen mißbrauchen."

(Anonym: Liberté naturelle – Natürliche Freiheit, in: Enzyklopädie. Eine Auswahl, Frankfurt a. M. 1989, S. 192f)

Demokratie

„Demokratie stammt von den griechischen Wörtern *demos* und *kratein* ab, die auf Deutsch *Volk* und *beherrschen* bedeuten. Um von Demokratie reden zu können, gibt es einige Kriterien, die erfüllt sein müssen:

- Es muss Elemente direkter und indirekter Demokratie geben. Direkte Elemente sind Bereiche, in denen die Bevölkerung direkt* über bestimmte Angelegenheiten entscheidet. [...] Die indirekten Elemente sind jene Bereiche, in denen gewählte oder von Parteien entsandte Abgeordnete tätig sind, als z. B. Parlament und Regierung [...].
- In einer Demokratie müssen all jene, die von Entscheidungen betroffen sind, mitbestimmen dürfen. Das ist über das Wahlrecht geregelt. [...]
- In einer Demokratie gilt grundsätzlich, dass die Mehrheit entscheidet (Mehrheitsprinzip). Dem sind aber Grenzen gesetzt. So darf die Mehrheit nicht über Minderheitenrechte (das sind spezielle Rechte zum Schutz von Minderheiten) entscheiden [...]."

Gärtner, Reinhold: Politiklexikon für junge Leute, Wien 2008, S. 48f.

* Direkte Demokratie bedeutet, dass die wahlberechtigte Bevölkerung mit Hilfe von Volksbegehren (Initiativen), Volksabstimmungen (Referenden) oder Volksbefragungen über bestimmte Angelegenheiten über die Volksvertreter im Parlament hinweg entscheiden bzw. diese zur Beschäftigung mit bestimmten Themen gleichsam zwingen kann. In der Schweiz existiert neben der Abstimmungsdemokratie auch die Versammlungsdemokratie auf Gemeindeebene, bei der etwa durch Handhebung entschieden wird.

Verfassung

Die Verfassung gibt die „Spielregeln" eines politischen Systems vor: Wem wird auf welche Weise Macht gewährt? Wer kontrolliert Macht? Wie erfolgt eine Machtablöse? Die Hauptaufgabe jeder Verfassung ist aber die Begrenzung der Macht, um Machtwillkür zu verhindern. Moderne demokratische Verfassungen sehen daher eine Gewaltenteilung vor, weil dadurch die Konzentration von Macht (Gewalt) in den Händen einer einzigen oder weniger Personen vermieden werden kann. Grundsätzlich wird zwischen gesetzgebender Gewalt (Legislative), ausführender Gewalt (Exekutive) und Rechtsprechung (Judikative) unterschieden.

Material 3: „Der Schwur im Ballhaus" (Jacques Louis David, 1791, Federzeichnung auf Leinwand, Entwurf für ein Monumentalgemälde)

1.3 Das zentrale Thema: Demokratische Systeme

Die Umsetzung des Themas für den Unterricht in der Sekundarstufe I erfordert, wie bereits erwähnt, eine „vertikale didaktische Reduktion“ (Kapitel III.1, S. 149f). Unter anderem bleibt daher auch die Jurisdiktion unerwähnt, zumal bereits die Behandlung der unterschiedlichen Wahlmodalitäten sowie Funktionen des Parlaments und der Regierung erhebliche kognitive Leistungen erfordern. Der Zugang und auch die Aneignung des komplizierten und „trockenen“ Stoffes werden aber durch eine Verbindung von Sach- und Subjektebene erleichtert, die mit Hilfe von handlungsorientierten Methoden hergestellt wird. So präsentiert die Lehrperson den Schülern und Schülerinnen die drei demokratischen Systeme nicht einfach mittels Lehrervortrag, sondern ermöglicht es ihnen, diesen mit einer Kombination von erarbeitenden und entdeckenden Lernverfahren (Kapitel III.2, S. 153f) gewissermaßen auf die Spur zu kommen.

Die Materialien 4 bis 7 bieten Informationen zu den politischen Systemen der Bundesrepublik Deutschland, Österreich, der Schweiz und den USA. In Einzel- oder auch in Gruppenarbeit filtern die Schüler und Schülerinnen zunächst die Grundlagen des politischen Systems im eigenen Land und jenem der USA heraus. Im Sinne eines erarbeitenden Lernverfahrens dienen die Fragen zu den Texten als Hilfestellung, um die politischen Systeme zu begreifen und letztlich die Aufgabe zu bewältigen, für beide Länder eine Grafik zu zeichnen. Diese Aufgabe beinhaltet wiederum Elemente entdeckender Lernverfahren: Sie ist nicht auf einem Schlag zu bewältigen, erfordert mehrere Versuche, bedarf eines Vergleichs mit den Texten und bietet keineswegs die Sicherheit, eine angemessene Lösung zu finden. Der Vergleich mit den Materialien 8 bis 11, die vorgefertigte Grafiken als Lösungen bieten, kann in weiterer Folge Verständnisprobleme aufdecken und klären, womit ein weiterer Lernprozess in Gang gesetzt wird.

Material 4: Deutschland

Das deutsche Parlament

Das Parlament der Bundesrepublik Deutschland beschließt vor allem Gesetze und kontrolliert die Regierung. Es setzt sich aus zwei Kammern zusammen: dem Bundestag und dem Bundesrat. Der Bundestag wird direkt gewählt, wogegen die Abgeordneten des Bundesrats von den Landesregierungen entsandt werden. Der Bundesrat hat gegenüber dem Bundestag weniger Kompetenzen. Er gewährleistet zwar die Mitwirkung der Bundesländer an Gesetzen, die diese betreffen („zustimmungsbedürftige Gesetze"), und kann solche verhindern, wenn sie auch nach Überarbeitung als nicht akzeptabel erscheinen. Bei „nicht zustimmungsbedürftigen Gesetzen" kann der Bundesrat zwar auch ein Veto einlegen, allerdings vom Bundestag überstimmt werden. Der Bundestag hat neben der Gesetzgebung auch die Aufgabe, den Bundeskanzler zu wählen und kann diesen durch ein Misstrauensvotum ablösen. Zudem wählt er als Teil der Bundesversammlung den Bundespräsidenten. Die Bundesversammlung setzt sich zu gleichen Teilen aus Mitgliedern des Bundestages und Personen zusammen, die von dem jeweiligen Bundesland entsandt wurden.

Der deutsche Bundespräsident

Der Bundespräsident der Bundesrepublik Deutschland übernimmt vor allem repräsentative Tätigkeiten. Zudem ernennt und entlässt er die Bundesregierung und kann den Bundestag auflösen, wenn die Kanzlerwahl drei Mal gescheitert ist oder ein Misstrauensvotum durchgesetzt wurde. Er muss Bundesgesetze gegenzeichnen und kann sie prüfen, d. h. überprüfen, ob sie verfassungsgemäß zustande gekommen sind bzw. nicht der Verfassung widersprechen. Schließlich hat er auch ein Begnadigungsrecht. Der Bundespräsident kann in vielen Fällen nicht allein entscheiden, sondern bedarf einer Gegenzeichnung durch ein Mitglied der Bundesregierung.

- Was ist unter „zustimmungsbedürftigen" und „nicht zustimmungsbedürftigen Gesetzen" gemeint?
- Welche Rechte hat das Parlament, welche der Bundespräsident? Welches Verhältnis besteht zwischen Präsidenten und Parlament?
- Zeichne nach den Texten eine Grafik, die das deutsche politische System veranschaulicht.
- Vergleiche deine Grafik mit den drei möglichen demokratischen Systemen (Material 12). Welchem System würdest du die deutsche Demokratie zuordnen?

Material 5: Österreich

Das österreichische Parlament

Das Parlament in Österreich hat vor allem zwei Funktionen: zum einen die Gesetzgebung, zum anderen die Kontrolle der Regierung. Es besteht aus zwei Kammern: dem Nationalrat und dem Bundesrat. Der Nationalrat wird direkt gewählt, der Bundesrat durch die Landtage besetzt. Der Bundesrat hat gegenüber dem Nationalrat eine geringere Bedeutung. Denn erstens ist die Bundesregierung nur dem Nationalrat politisch verantwortlich und zweitens besitzt der Bundesrat bei der Gesetzgebung ein nur aufschiebendes Vetorecht. Der Nationalrat kann das Veto des Bundesrats mit einem „Beharrungsbeschluss" außer Kraft setzen. Der Nationalrat hat indirekt die Aufgabe, die Bundesregierung zu bilden und zu stützen. Mit einfacher Mehrheit kann er jeder Bundesregierung das Misstrauen aussprechen und sie stürzen.

Zum Teil regiert der Nationalrat auch mit, zumal die Bundesregierung in manchen Fällen, etwa beim Abschluss von Staatsverträgen, seine Zustimmung einholen muss.

Der österreichische Bundespräsident

Der österreichische Bundespräsident wird direkt von der wahlberechtigten Bevölkerung gewählt. Er ernennt die Bundesregierung und kann diese auch entlassen, er löst den Nationalrat auf, muss Gesetze beurkunden, ist Oberbefehlshaber des Bundesheers, vertritt die Republik nach außen und kann Häftlinge begnadigen. Zudem hat er ein Notverordnungsrecht: Wenn der Nationalrat nicht zusammentreten kann, ist er berechtigt, Verordnungen zu erlassen, die vorläufig gesetzliche Änderungen bewirken. Allerdings darf er von seinem Notverordnungsrecht nur dann Gebrauch machen, wenn die Bundesregierung ihn dazu auffordert und das Einvernehmen mit dem Ständigen Unterausschuss des Nationalrates vorliegt, einer Versammlung von Nationalratsabgeordneten, die jederzeit einberufen werden können.

- Welche Rechte hat das Parlament, welche der Bundespräsident? Welches Verhältnis besteht zwischen Präsidenten und Parlament?
- Was ist mit „Notverordnungsrecht" gemeint?
- Zeichne nach den Texten eine Grafik, die das österreichische politische System veranschaulicht.
- Vergleiche deine Grafik mit den drei möglichen demokratischen Systemen (Material 12). Welchem System würdest du die österreichische Demokratie zuordnen?

Material 6: Schweiz

Das Schweizer Parlament (Bundesversammlung)

Die Bundesversammlung in der Schweiz beschließt vor allem Gesetze, wählt und kontrolliert den Bundesrat, d.h. die Bundesregierung, und wählt den Bundeskanzler. Sie setzt sich aus zwei Kammern zusammen: dem Nationalrat als Volksvertretung und dem Ständerat als Vertretung der Kantone. Beide Kammern tagen in der Regel getrennt, Gesetze werden aber in beiden Kammern behandelt und müssen von beiden Kammern angenommen werden. Gemeinsame Sitzungen erfolgen lediglich als Vereinte Bundesversammlung, die unter anderem für die Wahl des Bundesrates (Bundesregierung) und des Bundeskanzlers zusammentritt. Beide Kammern werden direkt gewählt. Die direkte Demokratie ist in der Schweiz stark ausgeprägt, weshalb die wahlberechtigten Bürger/innen auch über die Bundesversammlung hinweg direkten Einfluss auf die Gesetzgebung und die Regierungstätigkeit ausüben können.

Der Bundespräsident und der Bundeskanzler in der Schweiz

Die Schweizer Verfassung kennt kein Staatsoberhaupt und keinen Regierungschef. Diese beiden Funktionen werden von den Bundesräten, den Mitgliedern des Bundesrates (Bundesregierung), gemeinsam wahrgenommen. Die Rolle des Bundespräsidenten unterscheidet sich daher von anderen Demokratien: Er ist Mitglied des Bundesrates, leitet sein Departement (Ministerium) und wird lediglich für ein Jahr aus dem Kreis der Bundesräte als Vorsitzender des Bundesrates (Bundesregierung) gewählt. Zudem hält er etwa zu Neujahr oder aus Anlass des Schweizer Nationalfeiertags Ansprachen. Auch das Amt des Bundeskanzlers besitzt nicht die politische Bedeutung wie in anderen Ländern. Er berät lediglich den Bundesrat und den Bundespräsidenten in der Regierungsarbeit und kann im Bundesrat Anträge stellen. Wie der Bundespräsident wird er von der Vereinigten Bundesversammlung gewählt.

- Welche Rechte hat die Bundesversammlung (Parlament), welche Bedeutung der Bundespräsident und der Bundeskanzler?
- Zeichne nach den Texten eine Grafik, die das schweizerische politische System veranschaulicht.
- Vergleiche deine Grafik mit den drei möglichen demokratischen Systemen (Material 12). Welchem System würdest du die Demokratie in der Schweiz zuordnen?

Material 7: USA

Der Kongress (Parlament) in den USA

Der Kongress hat vor allem die Gesetzgebung, die Kontrolle der Regierung und der Geheimdienste sowie die Vergabe des Staatsbudgets zur Aufgabe. Er setzt sich aus zwei Kammern zusammen, die direkt gewählt werden: dem Senat und dem Repräsentantenhaus. Beide Kammern sind bei der Gesetzgebung gleichwertig, d. h. dass sowohl Senat als auch Repräsentantenhaus einem Gesetz zustimmen müssen. Ist das nicht der Fall, muss ein eigens einberufenes Komitee ein neues Gesetz ausarbeiten. Dieses wird dann den beiden Kammern neuerlich zur Abstimmung vorgelegt. Dem Kongress ist es möglich, den Präsidenten mit seiner Zustimmung zum Budget erheblich unter Druck zu setzen. Zudem kann der Kongress bei Gesetzesverstößen des Präsidenten ein Amtsenthebungsverfahren („impeachment") gegen ihn einleiten. Dieses Verfahren ist nicht gleichzusetzen mit einem Misstrauensvotum, das lediglich an die Vertrauensfrage des Präsidenten und die Abstimmungsmehrheit im Parlament gebunden ist.

Der Präsident der USA

Der Präsident der USA ist zugleich Staatsoberhaupt, Regierungschef und Oberbefehlshaber der Streitkräfte. Als Regierungschef ernennt er das sogenannte Kabinett, d.h. seine Minister, wobei der Senat seine Zustimmung geben muss. Im Kabinett gibt er aber die Richtlinien vor, unter anderem kann er auch einen Minister jederzeit entlassen. Der Präsident der USA hat das Recht, nach Verabschiedung eines Gesetzes im Kongress sein Veto dagegen einzulegen; nur durch eine Zweidrittelmehrheit in beiden Kammern kann dieses Veto aufgehoben werden. Der Präsident wird von Wahlmännern aus den jeweiligen Bundesstaaten gewählt. Dieses Wahlsystem funktioniert nach dem Prinzip „The winner takes it all", zumal alle Wahlmänner eines Bundesstaates jener Partei angehören, die bei den Wahlen die Mehrheit erlangt hat.

- Welche Rechte hat der Kongress, welche der Präsident? Welches Verhältnis besteht zwischen Kongress und Präsident?
- Zeichne nach den Texten eine Grafik, die das politische System der USA veranschaulicht.
- Vergleiche deine Grafik mit den drei möglichen demokratischen Systemen (Material 12). Welchem System würdest du die Demokratie in den USA zuordnen?

Material 8: Das politische System der USA

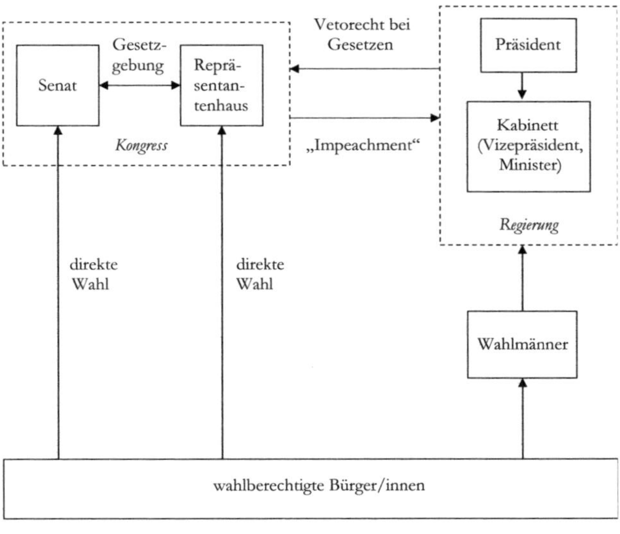

Material 9: Das politische System der Bundesrepublik Deutschland

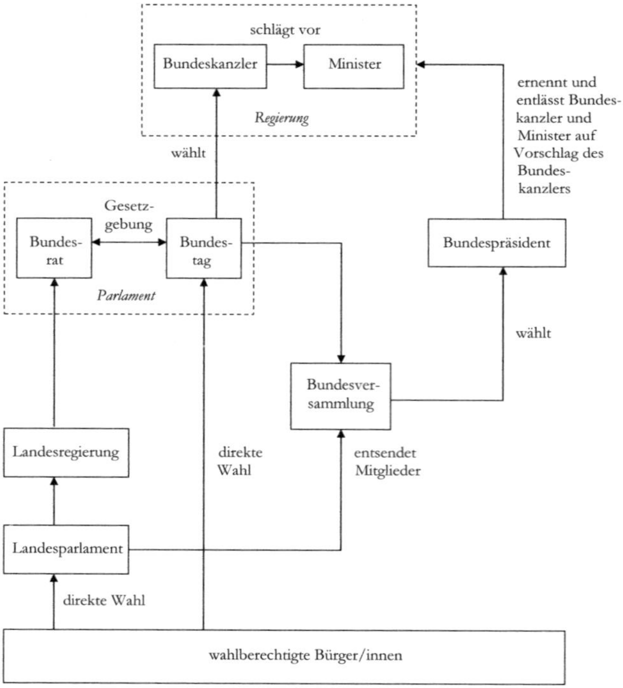

Material 10: Das politische System in Österreich

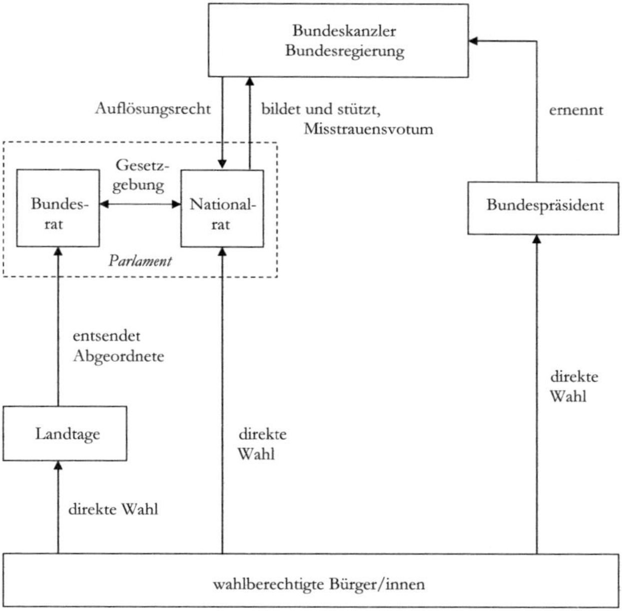

Material 11: Das politische System der Schweiz

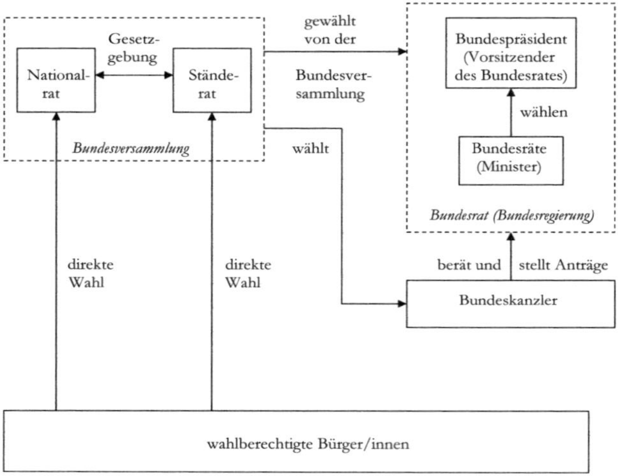

In einem weiteren Schritt erfolgt der Transfer der spezifischen, an die jeweiligen Staaten gebundenen Ergebnisse auf eine allgemeine theoretische Ebene: Mit Hilfe von Material 12 werden die drei möglichen demokratischen Systeme in Form eines fragend-entwickelnden, genauer in Form eines konvergierenden Unterrichtsgesprächs (Kapitel III.3.1, S. 168f) vorgestellt. Das Ergebnis steht dabei bereits im Vorhinein fest, die Lehrperson führt die Schüler und Schülerinnen lediglich mit Fragen und der Aufforderung um Erklärungen an dieses heran: Versucht, die drei dargestellten Systeme zu beschreiben. Welche Institutionen wählt die wahlberechtigte Bevölkerung? Wie unterscheiden sich die Systeme voneinander? Die Lehrperson bestätigt und korrigiert die Antworten und Statements der Schüler und Schülerinnen im Laufe des Gesprächs.

Schließlich erhalten diese die Aufgabe, die von ihnen gezeichneten und die zur Klärung von Missverständnissen erhaltenen Grafiken (Material 8–11) dem parlamentarischen, präsidentiellen oder gemischten System (Material 12) zuzuordnen. Selbstverständlich müssen sie ihre Wahl auch begründen. Hilfreich erweist sich dabei die Frage nach dem Verhältnis zwischen Regierung und Parlament und danach, wer die Regierung wählt. Im Anschluss daran kann in Bezug auf die Gewaltentrennung, deren Funktion und Bedeutung nochmals explizit erläutert werden sollten, über die Vor- und Nachteile der einzelnen Systeme diskutiert werden.

Material 12: Drei Formen demokratischer Systeme

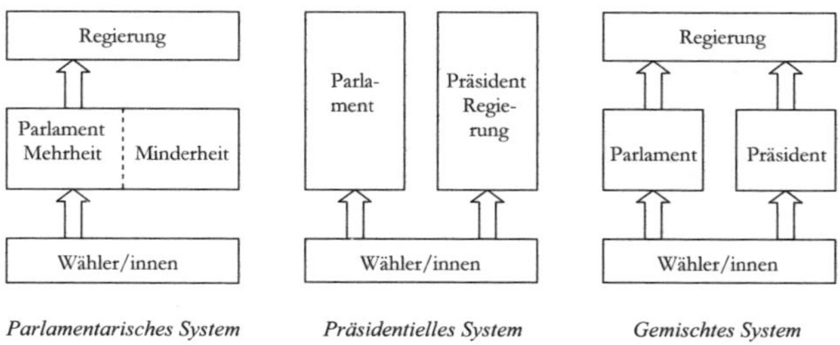

Pelinka, Anton: Grundzüge der Politikwissenschaft, Wien/Köln/Weimar 2000, S. 47

1.4 Abschluss: Begriffslabyrinth

Rätsel erfreuen sich allgemein großer Beliebtheit, wie die hohen Einschaltquoten bei Quiz- und Ratesendungen beweisen. Sie können daher das Interesse der Lernenden durchaus steigern. So kann etwa als Abschluss und Zusammenfassung ein Begriffslabyrinth dienen, in dem relevante Begriffe des

Material 13: Begriffslabyrinth

E	O	C	S	K	P	A	B	O	K	L	Q	S	D	E	M	O	K	R	A	T	I	E	L	E
K	L	N	P	Z	R	T	X	N	S	J	E	K	Q	S	E	Y	T	I	G	S	D	L	I	P
L	Q	U	I	V	S	H	L	K	I	N	I	V	C	D	F	H	Q	A	S	D	J	P	L	I
Q	S	D	I	E	T	Z	U	I	O	P	L	Z	E	R	B	N	L	K	S	A	U	I	Z	P
E	R	T	S	R	B	L	X	C	E	Z	I	O	F	H	J	L	A	S	E	U	F	S	E	L
S	G	J	K	F	R	T	U	I	V	B	N	A	S	L	K	R	T	Z	O	P	L	W	B	C
S	Q	Z	P	A	R	L	A	M	E	N	T	V	X	C	S	G	H	J	K	L	W	E	T	Z
Y	X	V	E	S	Z	I	P	H	K	L	A	D	G	W	E	R	T	Z	U	Q	W	J	K	L
X	V	N	F	S	K	E	R	T	D	K	G	H	J	K	L	W	R	Z	I	O	P	C	V	N
W	R	F	H	U	Q	J	K	L	F	E	T	U	G	H	J	V	N	S	E	F	H	K	K	L
C	V	D	G	N	E	T	Z	L	F	E	R	T	Z	B	G	J	K	U	O	P	S	F	H	T
Z	I	O	P	G	V	N	U	L	R	I	S	K	V	L	D	U	R	T	O	S	A	U	S	K
F	T	N	W	D	R	T	N	J	E	W	T	U	K	L	S	F	E	N	M	L	K	E	T	B
Y	V	D	G	H	E	R	T	K	I	E	R	T	Z	U	I	N	G	W	E	T	Z	I	P	V
S	F	H	E	T	R	Z	B	H	H	S	C	X	B	H	J	K	U	I	O	G	E	R	T	Z
V	E	R	T	B	F	H	E	T	E	Q	E	C	T	G	Z	U	O	P	R	E	E	D	F	B
B	V	G	H	B	H	N	K	L	I	W	E	T	U	G	J	V	N	S	E	S	Q	E	C	B
M	E	T	U	C	X	Y	S	W	T	D	T	U	O	P	V	H	K	L	A	E	D	T	Z	U
W	E	T	B	T	X	F	P	R	A	E	S	I	D	E	N	T	A	S	D	T	R	T	V	N
A	S	F	H	K	L	M	B	C	L	I	Z	E	K	H	F	S	K	H	L	Z	I	U	Z	A
K	O	Z	R	W	M	D	A	S	I	G	K	L	D	Z	R	O	U	N	V	X	G	S	A	T
L	K	J	H	G	F	D	W	R	F	A	S	D	O	U	A	F	S	A	J	G	D	W	T	U
B	C	G	J	A	B	S	O	L	U	T	I	S	M	U	S	U	Z	R	T	N	V	G	H	A
D	R	T	U	K	H	F	S	M	U	S	Z	T	I	N	D	B	J	K	G	D	T	E	T	B
H	K	L	O	U	T	N	B	A	S	G	E	S	Z	D	I	R	E	T	D	E	M	T	L	A

Unterrichtsthemas versteckt sind. Entweder erstellt die Lehrperson das Labyrinth oder die Schüler und Schülerinnen werden aufgefordert, ein solches selbst zu gestalten. Dazu machen sie sich zunächst Begriffe bewusst, die ihnen im Verlauf des Unterrichts als bedeutend erschienen sind. Mit diesen erstellen sie schließlich ein Labyrinth, das sie ihren Sitznachbarn vorlegen. (Völkel 2008, S. 91) In dem hier als Beispiel dienenden Begriffslabyrinth (Material 13) sind sieben Begriffe versteckt: Absolutismus, Verfassung, Parlament, Präsident, Gesetz, Demokratie und Freiheit. Wichtig ist, dass die Begriffe von den Schülern und Schülerinnen nicht nur entdeckt, sondern auch erklärt werden. Die Lehrperson kann zu diesem Zweck Lose ziehen lassen und jene Schüler und Schülerinnen, die „gewonnen" haben, zur Tafel bitten. Möglich ist es auch, dass die Schüler und Schülerinnen mit den Begriffen einen kurzen zusammenhängenden Text – etwa als Hausübung – verfassen.

2. Geschlechterrollen

Das folgende Unterrichtsbeispiel, das mehrere Unterrichtseinheiten in der Sekundarstufe II umfasst, entspricht dem didaktischen Prinzip des *exemplarischen Lernens* (Kapitel III.1, S. 147f), verknüpft politische Bildung mit Geschichtsunterricht und beschäftigt sich mit der *Dekonstruktion* (Kapitel III.3.7, S. 187–191) von Geschlechterrollen. Dabei sollen sich die Lernenden über die politische Funktion geschlechtlicher Konstruktionen im Zusammenhang mit patriarchalischer Herrschaftssicherung bewusst werden. Zunächst erfolgt ein kurzer Abriss über die Geschlechterforschung, d. h. eine Diskussion über die Frage, ob Geschlecht als biologische oder soziokulturelle, damit im Zusammenhang auch als historische Kategorie zu betrachten ist. In der Folge werden drei Karikaturen von Marie Marcks analysiert. Dazu ist es auch notwendig, den Schülern und Schülerinnen einen Einblick in das kollektive Gedächtnis – im Sinne von (Arbeits-) Wissen (Kapitel II.4, S. 102–106) – zu gewähren.

2.1 Informationen zum Thema

Im Alltag existiert gewöhnlich die Vorstellung geschlechtlicher Charaktereigenschaften, eine „biologistische" Perspektive, die „typisch weibliche“ und „typisch männliche“ Merkmale unterstellt. Diese seien Ergebnis eines gesellschaftlich nicht beeinflussbaren biologischen Bauplanes. Interessanterweise finden sich die Wurzeln dieser Vorstellung in der Aufklärung, die zwar keine prinzipielle Frauenfeindlichkeit aufweist, Familie und Ehe aber als eine in der Natur begründete und organische Einheit betrachtet: „Könnte ich jene teure Hälfte der Republik vergessen, die das Glück der anderen Hälfte ausmacht und deren Sanftheit und Weisheit den Frieden und die guten Sitten in ihr aufrechterhalten?“ (Rousseau 1984, S. 36) Der Mann galt als aktives, die Frau als passives Wesen, womit auch die Rollen in der Gesellschaft definiert waren: Die Öffentlichkeit war dem Mann vorbehalten, die private Sphäre vor allem der Frau. Sie sollten den Haushalt führen und war für die Regeneration des Mannes zuständig. Gemäß der „natürlichen Berufung“ sei zudem die Vernunft ein männliches Privileg, wogegen Frauen eher von Gefühlen geleitet würden. (Crampe-Casnabet 1994, S. 349f) Die Idee eines gesellschaftlichen Organismus, in denen „Mann“ und „Frau“ von Natur aus unterschiedliche Rollen zu erfüllen haben, wandelte sich schließlich zur Grundlage der gesellschaftlichen Benachteiligung und Unterdrückung von Frauen.

Die Gegenposition zur biologistischen Sicht stellt die Annahme dar, dass keine biologischen Dispositionen, sondern gesellschaftliche Bedingungen die unterschiedlichen Frauen- und Männerbilder prägen: „Natürliche Geschlechterdifferenzen werden demnach […] als überwiegend sozial ge- und überformte und interpretierte verstanden, die jeweils in gesellschaftliche Herrschafts- und Machtstrukturen eingebunden, bestimmte gesellschaftliche Funktionen übernehmen.“ (Bublitz 1995, S. 68) Um den gesellschaftlichen Anteil der

Geschlechterdifferenz hervorzuheben und die Annahme biologischer Geschlechterdispositionen zu entmythologisieren, wird daher zwischen „sex“ und „gender“ unterschieden. „Sex“ meint die biologische Kategorie, die sich durch Anatomie, Morphologie, Physiologie und Hormone definiert. „Gender“ umschreibt dagegen die „Geschlechterrollen“, die sich der Einzelne in Sozialisationsprozessen individuell – innerhalb patriarchalischer Strukturen – aneignet („doing gender“) und die Bestandteile der individuellen Identität („Geschlechteridentität“) werden. Gender lässt sich somit auch als historische Kategorie begreifen, zumal die geschlechtlichen Rollen – wie bereits mit dem Hinweis auf die Aufklärung angedeutet – historisch gewachsene Konstrukte sind. (Scott 1986, S. 1053–1075)

Während das Sex-Gender-Modell die Existenz biologischer Faktoren nicht ausschließt, bestreiten andere Ansätze überhaupt die Geschlechterpolarität: Die „Plastizität der Menschheit [sei] groß genug, um eventuell vorhandene hormonelle oder in der Körperbeschaffenheit liegende Gegebenheit zu überspielen.“ (Hagemann-White 1988, S. 230) Das System der Zweigeschlechtlichkeit wird allein als sozial konstruiert und biologische Merkmale als sozial vereinbart angenommen. Menschen würden demnach im Alltag – im Sinne einer „social membership“ – einer sozial konstruierten Geschlechtergruppe zugeordnet. (Tillmann/Lenz 2007, S. 54) Die Unterscheidung in „sex“ und „gender“ verlagere den Biologismus lediglich auf einen Teil des Begriffspaares, nämlich auf „sex“, womit die gesellschaftliche Gesamtstruktur biologisch fundiert werde. (Gildemeister/Wetterer 1992, S. 206–208)

Ob nun eine gemäßigte oder radikale Position vertreten wird, die Annahme eines soziokulturell geformten Geschlechts legt nahe, dass die zugeschriebenen Rollen ständig gespielt und die gesellschaftlichen Regelsysteme befolgt werden müssen. Dazu eignen sich die Akteure und Akteurinnen einerseits ein komplexes geschlechtsspezifisches Verhaltensrepertoire an bzw. halten sich gleichsam an ein „Genderscript", wozu ebenso Körperhaltung und Körperbewegungen wie auch Stimmlagen, Gestik und Mimik gehören. Zum anderen müsse sie aber auch die Fähigkeit entwickeln, die damit verbundenen Codes zu decodieren, sie als „weiblich" oder „männlich" zu entschlüsseln. (Goffman 1994, S. 137) In traditionellen Sozialisationsprozessen werden diese subtilen geschlechtsspezifischen Verhaltensformen gleichsam nebenbei in Form von Interaktion erworben. Transsexuelle müssen sich diese dagegen bewusst aneignen und durch ständiges Training perfektionieren. (Tillmann/Lenz 2007, S. 55)

Heute hat sich sowohl in den Naturwissenschaften als auch in den Sozialwissenschaften eine gemäßigte Position durchgesetzt. Zwar wird von biologischen Rahmenbedingungen ausgegangen, d. h. dass manche Geschlechtsunterschiede in Persönlichkeit und Verhalten auf biologische Voraussetzungen zurückgeführt werden. Gleichzeitig aber, auch wenn über das Ausmaß durchaus unterschiedliche Meinungen bestehen, werden geschlechtsspezifische Sozialisationsprozesse bei der Gestaltung der Geschlechterrollen als besonders bedeutend betrachtet. Für die politische Bildung ist dabei hervorzuheben, dass durch die Konstruktion von „Geschlecht" und den damit erlernten Handlungsweisen soziale Differenzen betont werden. Diese sind nicht nur horizontal, sondern auch vertikal zu verorten: Wenn folglich die Frage nach der Definition von Geschlecht gestellt wird, ist immer auch die Frage nach der Benachteiligung und

Unterdrückung im Geschlechterverhältnis zu beantworten. (Tillmann/Lenz 2007, S. 43, 58f) Damit ist ein zentrales Merkmal des Politischen bzw. – im Sinne des *kategorialen Lernens* (Kapitel III.1, S. 142f) – eine für politische Bildung relevante Kategorie angesprochen: Macht bzw. Herrschaft.

2.2 Unterrichtseinstieg

Zum Einstieg in den Unterricht reflektieren die Schüler und Schülerinnen zunächst – im Sinne des didaktischen Prinzips der *Schüler- und Lebensweltorientierung* (Kapitel III.1, S. 145f) – über die eigenen Erfahrungen mit geschlechtlichen Rollenzuschreibungen. Dazu empfiehlt sich eine Übung, die sich auf im Alltag wahrgenommene geschlechtliche Unterschiede bezieht (Material 14). Zunächst werden typisch männliche und typisch weibliche Merkmale bezüglich der Mimik, Gestik und der Körperhaltung angeführt (Hohenadl 2001, S. 49) und schließlich – gemäß des *systematischen Lehrgangs* (Kapitel III.3.1, S. 168f) – mithilfe eines fragend-entwickelnden Unterrichtsgesprächs genauer thematisiert und hinterfragt. Dabei kommt eine Mischform von divergierendem und konvergierendem Gespräch zur Anwendung, d. h. dass zum Teil eine Vielzahl von Antworten möglich ist, allerdings ein Grobziel vorgegeben wird: das Erkennen oder zumindest eine erste Vermutung, dass Geschlecht – zumindest zu keinem geringen Teil – von soziokulturellen Faktoren abhängig ist.

Material 14: Weibliche und männliche Körpersprache

	Typisch männlich	Typisch weiblich
Mimik		
Gestik		
Körperhaltung beim Stehen		
Körperhaltung beim Gehen		
Körperhaltung beim Sitzen		

Idee nach: Hohenadl, Christa: Arbeitsblätter Kommunikationstraining: richtig hören, verstehen, reden, Stuttgart 2001, S. 49

- Sind bei der Körpersprache männliche und weibliche Stereotypen wirksam? Wenn ja, warum gibt es sie und wie werden sie vermittelt?
- Haben Sie bereits Erfahrungen mit solchen Stereotypen gemacht?
- Was dürfen Frauen, was dürfen Männer?

Einen anderen Einstieg in das Thema bietet ein *offenes Rollenspiel* (Kapitel III.3.2, S. 170f), das jeweils rund fünf Minuten dauern sollte und geschlechterspezifisches Verhalten aufzeigen kann (Hohenadl 2001, S. 49): Zunächst sitzt eine Frau auf einer Parkbank, liest ein Buch oder eine Zeitung und soll sich davon keinesfalls abhalten lassen. Ein Mann verwickelt sie allerdings in ein Gespräch und versucht, sie vom Lesen abzulenken. Anschließend werden die Rollen getauscht und das Spiel beginnt von Neuem. Die restlichen Schüler und Schülerinnen beobachten das Geschehen nach vorgegebenen Richtlinien: 1. Welche spezifischen Formen der Ablenkung benutzt die Frau, welche der Mann? 2. Welche Körpersignale werden eingesetzt? 3. Wie erfolgt die verbale Kommunikation (Sprachduktus, Lautstärke, Wortwahl etc.)? 4. Sind Unterschiede bei der verbalen und nonverbalen Kommunikation zwischen Mann und Frau festzustellen? 5. Woran lag jeweils „Gelingen“ oder „Versagen“? In einer Auswertungsphase werden die Erfahrungen der Akteure und Beobachter diskutiert und dadurch auf eine abstrakte Ebene transferiert, die erst eine Reflexion darüber ermöglicht, dass wir ständig und meist unbewusst gesellschaftlichen Erwartungen zu entsprechen versuchen und zu diesem Zweck bestimmte Rollen übernehmen.

2.3 Das zentrale Thema: Karikaturanalyse

In einem weiteren Schritt werden die ersten Vermutungen der Lernenden über die soziokulturelle Bedingtheit von Geschlecht durch die Analyse von drei Karikaturen von Marie Marcks (Materialien 15) bestätigt. Als Methode bietet sich die in Kapitel III.3.8 (S. 195) bereits erwähnte Unterscheidung von Ikonographie und Ikonologie an, d. h. die Unterscheidung von Bildbeschreibung und Verfahren, die aus Zeichen Sinn entnehmen. Die *Ikonographie* nimmt noch keine Analyse vor, sondern beschreibt lediglich die einzelnen Bildelemente. So versorgt etwa der Mann die Kinder, während die Frau ausgeht (Material 15). Die Stimmung der beiden kann unterschiedlicher kaum sein: Der Mann ist erschöpft und beinahe lethargisch, die Frau wirkt dagegen gut gelaunt und aktiv. Bei den anderen Karikaturen wird der Mann mithilfe eckiger Schriftzüge hart und kantig dargestellt, die Frau erweckt dagegen – durch die Verwendung runder Schriftzüge – einen weichen Eindruck. Neben den Figuren stehen Kinder, neben dem Mann ein Junge und neben der Frau ein

Mädchen, die eine ähnliche Haltung wie die großen Figuren einnehmen. Die *Ikonologie* ermöglicht es schließlich, die Bedeutung der einzelnen Bildelemente offenzulegen, die im Zusammenhang mit dem kollektiven Gedächtnis betrachtet werden müssen.

Dieses kollektive Gedächtnis kann mithilfe der beigelegten Textausschnitte zugänglich gemacht werden: Material 16 zieht die Kontinuitätslinie bis in die Zeit der Aufklärung, die geschlechtliche Unterschiede biologisch begründete und diese als notwendig für das Wohl der als Organismus betrachteten Gesamtgesellschaft betrachtete. Material 17 beschreibt die geschlechtlichen Rollenvorstellungen der 1950er-Jahre sowie deren Beständigkeit bzw. Wandel bis in die jüngste Vergangenheit. Die hier abgedruckten Materialien könnten durch Werbeplakate ergänzt werden, die zum einen die geschlechtliche Rollenteilung verdeutlichen bzw. die Widersprüche vermeintlicher Emanzipation zeigen: Frauen, wie sie ihre Familie „verwöhnen", sowie Frauen, die selbstständig erscheinen, etwa als Karrierefrauen „ihren Mann stehen", zugleich aber auch als Objekte männlicher Begierde fungieren, etwa mit kurzen Röcken, Nylonstrümpfen, engen Hosenanzügen und weit aufgeknöpften Blusen. Als Gegenpol zur biologistischen Argumentation bietet Material 18 schließlich Texte, die Geschlecht als soziokulturelle Kategorie betrachten. Die Fragen zu den einzelnen Materialien werden im Plenum diskutiert, womit *integratives Verstehen* (Kapitel III.3.7, S. 186f) ermöglicht wird. Die Lebenswelt der Schüler und Schülerinnen wird insofern berücksichtigt, als geschlechtliche Rollenbilder in deren sozialem Umfeld thematisiert werden: Gibt es Ähnlichkeiten mit den Rollenbildern der Aufklärung und der 1950er-Jahre bzw. auch Unterschiede?

Erst durch die Kenntnis des gesellschaftlichen Kontextes der Karikaturen kann deren „Bedeutungssinn" (Pandel 2008, S. 122–128) erschlossen werden. Dazu empfiehlt es sich zunächst, auf das Nachrichtenquadrat von Friedemann Schulz von Thun zurückzugreifen (Kapitel III.3.7), um auf diese Weise Hypothesen für die eigentliche Analyse zu bilden: 1. Inhaltsebene: Welcher Inhalt wird vermittelt? 2. Appellebene: Welchem Zweck dient die Karikatur bzw. welches Ziel verfolgt sie? 3. Selbstoffenbarung: Welche Position vertritt die Karikaturistin?[37] 4. Beziehungsebene: Welchen (fiktiven) Empfänger hat die Karikaturistin vor Augen? Welche gemeinsamen kulturellen Bedingungen verbindet die beiden? Die Hypothesenüberprüfung erfolgt durch die Entschlüsselung der einzelnen Bildelemente. Bei der ersten Karikatur werden die Schüler und Schülerinnen vor allem die Rollenumkehr registrieren, wobei hier der Körperhaltung und Mimik der Figuren sowie den in den Sprechblasen vermittelten Aussagen der Figuren zentrale Bedeutung zukommt. Die zweite Karikatur gibt den verkehrten Rollen gleichsam wieder die „richtige" Ordnung, wobei durch die Überzeichnung auf die Problematik der Sozialisation hingewiesen wird. Die beiden Karikaturen bewirken letztlich kognitive Dissonanzen (Festinger 1978; Kapitel III.2, S. 153), die wiederum Bewusstseinsprozesse anregen und Geschlechterrollen als Ergebnis soziokultureller Prozesse erkennen lassen.

---

37 Hier sind eventuell auch biographische Daten von Marie Marcks (geb. 1922) hilfreich: Marcks begann Anfang der 1960er-Jahre, politische Karikaturen zu veröffentlichen, wobei sie sich unter anderem mit feministischen Themen auseinandersetzte. Sie publizierte in den bedeutendsten deutschen Zeitungen und Zeitschriften, etwa dem Spiegel oder auch der Satirezeitschrift Titanic. In politischen Fragen bezog sie häufig eindeutig Stellung. Sie ist Mutter von fünf Kindern.

Material 15

„Kannst du mich nicht mal mitnehmen? (Mann und Frau im Rollentausch)

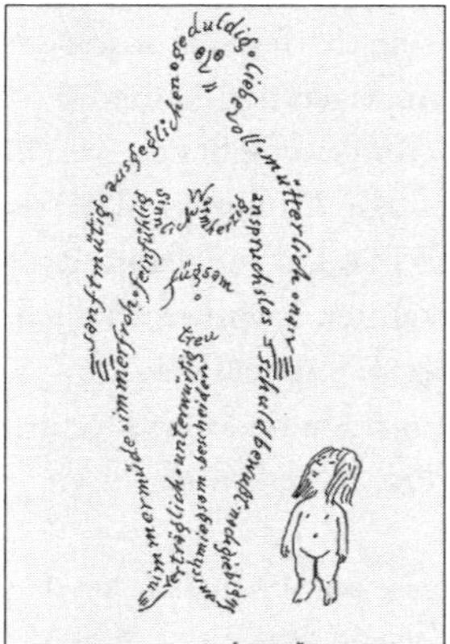

„Frau: Geduldig" (Frau mit gelehriger Tochter)

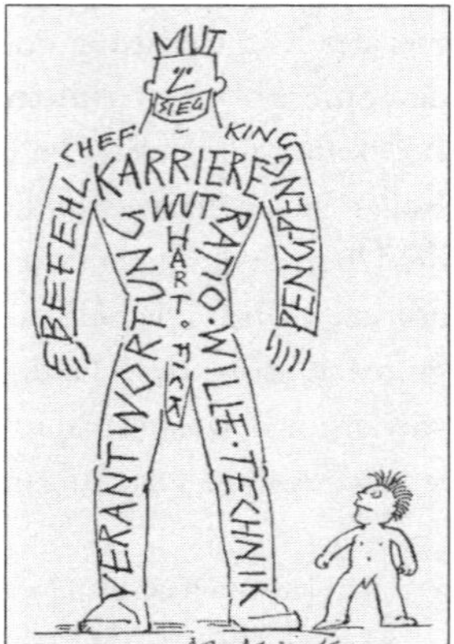

„Mann: mutig" (Mann mit gelehrigem Sohn

Karikaturen von Marie Marcks, aus: Kreisky, Eva/Niederhuber, Margit (Hg.): Johanna Dohnal. Eine andere Festschrift, Wien: Milena-Verlag 1998, S. 23, 80f.

- Welcher Inhalt wird vermittelt?
- Welchem Zweck dienen die Karikaturen bzw. welche Ziele haben sie?
- Welche Position vertritt die Karikaturistin?
- Welche Bildelemente transportieren welche Botschaften?

Material 16: Geschlechtliche Rollenbilder im 18. und 19. Jahrhundert

Joachim Heinrich Campe (1789)

„Jede menschliche Gesellschaft, auch die kleinste, die aus Mann und Weib und Kindern besteht, ist ein Körper, und zu jedem Körper gehören Haupt und Glieder. Gott selbst hat gewollt und die ganze Verfassung der menschlichen Gesellschaft auf Erden, soweit wir sie kennen, ist danach zugeschnitten, dass nicht das Weib, sondern der Mann das Haupt sein sollte. Dazu gab der Schöpfer in der Regel dem Manne die stärkere Muskelkraft, die strafferen Nerven, die unbiegsameren Fasern, das gröbere Knochengebäude; dazu den größeren Mut, den kühneren Unternehmungsgeist, die auszeichnende Festigkeit und Kälte und – in der Regel, meine ich – auch die unverkennbaren Anlagen zu einem größeren, weiter blickenden und mehr umfassenden Verstande."

Campe, Joachim Heinrich: Väterlicher Rat für meine Tochter, in: Lange, Sigrid (Hg.): Ob die Weiber Menschen sind. Geschlechterdebatte um 1800, Leipzig 1992, S. 26f.

Kant, Immanuel (1764)

„Das schöne Geschlecht hat ebenso wohl Verstand als das männliche, nur es ist ein schöner Verstand, der unsrige [jener der Männer, Anm. d. V.] soll ein tiefer Verstand sein, welches ein Ausdruck ist, der einerlei mit dem Erhabenen bedeutet. [...] Tiefes Nachsinnen und eine lange fortgesetzte Betrachtung sind edel aber schwer und schicken sich nicht wohl für eine Person, bei der die ungezwungenen Reize nichts anders als eine schöne Natur zeigen sollen."

Kant, Immanuel: Beobachtungen über das Gefühl des Schönen und Erhabenen, Schutterwald/Baden 2002.

Marie Kittner (1896)

„Die Erziehung durch die Mutter bleibt die beste und kann, besonders bei Mädchen, durch nichts vollständig ersetzt werden. Der Grund hierfür ist einleuchtend. Vernünftige Eltern – und nur solche können in diesem Fall gemeint werden – bemühen sich, die Talente und den Charakter ihrer Kinder genau kennenzulernen, sie erziehen jedes derselben mit Rücksichtnahme auf seine Individualität, ja sie wählen oft für das Kind schon in seiner frühesten Jugend einen ihm angemessenen Beruf, wie er nach der geistigen Anlage und der Constitution des Kindes von der Natur gleichsam vorgezeichnet erscheint."

Kittner, Marie: Grundbedingungen für die gedeihliche Wirksamkeit eines Mädchen-Pensionates, in: Hahn, Georg/Götz, Angelica/Götz, Friedrich/Marcher, Brigitte: Kinder, Küche, Kleider. Historische Texte zur Mädchenerziehung, Wien/München/Zürich 1982, S. 65.

- Beschreibe das Verhältnis zwischen Mann und Frau. Welche Funktionen haben Mann und Frau in der Gesellschaft?
- Wie werden die unterschiedlichen Funktionen begründet?

Material 17: Geschlechtervorstellung seit den 1950er-Jahren – Wandel oder Kontinuität?

Aus der Rubrik „Sie und Er" einer Frauenzeitschrift (1950er-Jahre)

„Als wir noch jung waren […], haben wir oft über die ‚bürgerliche Spießigkeit' gelacht, über die Menschen unter der Lampe am warmen Ofen, wenn draußen der Regen fiel […] Und heute? Heute sitzen wir unter der Lampe, ich stopfe seine Strümpfe, er liest die Zeitung und manchmal liest er mir daraus vor. Ja, ich bitte ihn darum. Er weiß, dass mich nicht gerade verfassungsrechtliche Fragen und polemische Artikel interessieren – und so wählt er aus. Schon in der Auswahl, scheint mir, begegnen sich unsere Gedanken und Gefühle. Oft bilde ich mir sogar ein, daß in einem besonderen Artikel, den er ausgewählt hat, eine kleine Liebeserklärung für mich verborgen liegt […]. Ich stopfe seine Socken, er sagt ein Wort – oder er schweigt, wie es sich ergibt; und manchmal hören wir den den Regen vor dem Fenstern unserer kleinen Wohnung plätschern. Hinter der Tür des Nebenraumes spricht unsere Kleinste ein schlaftrunkenes undeutliches Wort […]. Wenn ich aufschaue, sehe ich: Er ist da. Ich bin nicht allein. Das Leben ist nicht grau."

Siepmann, Eckhard (Red.): Heiß und Kalt. Die Jahre 1945–69, 4. Auflage, Berlin 1993, S. 427.

Eine Wissenschafterin resümiert über die Emanzipation der Frau (1986)

Seit dem frühen 20. Jahrhundert wurden zahlreiche berufliche und politische ‚Männerräume' geöffnet: Frauen durften studieren, akademische Berufe ergreifen, wählen und gewählt werden, sie fanden Beschäftigung in vormaligen ‚Männer'-Industrien und besetzten neue Arbeitsplätze im kommerziellen und Dienstleistungssektor. […] Die Berufsintegration von Frauen schritt weiter voran, und der Staat selber trug zur Lockerung familiarer Bindungen und Orientierungen bei. Zugleich blieb jedoch die grundsätzliche Differenz zwischen männlichen und weiblichen Lebensentwürfen erhalten […]. Nach wie vor fallen Hausarbeit und Kindererziehung so gut wie ausschließlich in den Zuständigkeitsbereich von Frauen, während Männer von Kindheit an auf Bewährung in Beruf und Öffentlichkeit vorbereitet werden."

Frevert, Ute: Frauen-Geschichte. Zwischen Bürgerlicher Verbesserung und Neuer Weiblichkeit, Frankfurt a. M. 1986, S. 312.

Werbung und geschlechtliche Rollenbilder – ein Zeitungsartikel (2006)

„Mittlerweile herrscht ja weit gehend Konsens darüber, dass Weiblein und Männlein sich verschiedener Kommunikationssysteme bedienen. Da war es nicht weit bis zu der Feststellung, dass da draußen Millionen unverstandener Frauen herumlaufen, die ihr Geld rasend gern der Volkswirtschaft zuführen würden, wenn man sie nur ordentlich darum bäte. Was es daher zuerst zu tun galt, war die ‚weiblichen Bedürfnisse' in Bezug auf Werbung herauszufiltern. Eine Mediafachfrau einer großen deutschen Agentur erklärte die Sachlage so: ‚Männer sehen eine Werbung, und wenn sie sich nicht angesprochen fühlen, dann bauen sie keine Emotion zum beworbenen Produkt auf. Entscheidungen werden rational gefällt. Frauen sehen eine Werbung und haben sofort eine Emotion, aus der heraus sie kaufen oder nicht.' Ja, so einfach ist das."

Cherchez la femme! – Ja, die Frauen!, in: Der Standard, 8. März 2006

- Welche Veränderungen in der gesellschaftlichen Position der Frau haben sich seit den 1950er-Jahren ergeben und welche Kontinuitäten sind feststellbar?

- Welche Parallelen weisen die Texte zur Auffassung über die gesellschaftlichen Funktionen von Mann und Frau im 18. und 19. Jahrhundert auf?
- Welche Gemeinsamkeiten mit den geschlechtlichen Rollenbildern der Aufklärung und der 1950er-Jahre kannst du in deinem sozialen Umfeld erkennen, welche Unterschiede gibt es?

Material 18: Geschlecht als Ergebnis soziokultureller Prozesse

Mary Wollstonecraft (1793)

„In der Tat, es bedarf nur eines aufmerksamen Blicks auf das Betragen und die Sitten der Weiber, um sich auf das Vollkommenste zu überzeugen, daß ihre Seelen nicht in einem gesunden Zustande sind. Man kann sie mit Blumen vergleichen, die man in einem zu fetten Boden treibt, weil bei ihnen gerade so wie bei diesen *Kraft* und *Nutzbarkeit* der *Schönheit* aufgeopfert wird: die prangenden Blätter welken, haben sie ein üppiges Auge wenige Stunden ergötzt, verachtet auf dem Stengel dahin, lang vor der Zeit, in der sie zur Reife hätten kommen sollen. – *Eine* Ursache jenes *unfruchtbaren Blühens* der Frauenzimmer schreibe ich auf Rechnung eines falschen Erziehungssystems, das man aus verschiedenen Schriften, die über diesen Gegenstand erschienen sind, zusammengestellt hat. Ihre Verfasser dachten sich in dem Begriffe unseres Geschlechts mehr *weibliche* als *menschliche* Geschöpfe, und daher war es ihnen weit mehr darum zu tun, *reizende Gebieterinnen* als *vernünftige Gattinnen* aus denselben zu machen."

Wollstonecraft, Mary: Rettung der Rechte des Weibes, in: Lange, Sigrid (Hg.): Ob die Weiber Menschen sind. Geschlechterdebatte um 1800, Leipzig 1992, S. 125f, 128f.

Susanne von Bandemer (1802)

„Ach, diese fatale Langweile ist die Pest der Liebe! Die verliebtesten Paare empfinden nur zu oft und leider nur zu bald ihre nahenden Einflüsse. Sobald die Sprache der Galanterie erschöpft, jede Modetändelei abgenutzt ist und die süßesten Küsse den Wert der Neuheit verloren haben, empfindet der Liebhaber die unwiderstehliche Gewalt dieser ewig gähnenden Göttin. [...] Die Wut, Romane zu verschlingen, die die Leidenschaft empören, ohne das Herz zu bessern, die den Geschmack an ernsthafter und nützlicher Lektüre ersticken, ist ein [...] allgemeines Übel [...]. Vielleicht ist bald der Zeitpunkt da, [...] wo unser denkender Geist, der wenigstens durch ebenso feine Organe wirkt, als die gütige Natur der anderen Hälfte des Menschengeschlechts erteilte, eingedenk seiner Würde, sich zu höheren Gegenständen hinaufschwingt [...]. Dann werden uns die Wissenschaften die angenehmsten Gefährten des Lebens sein und auf jede unserer Pflichten einen glücklichen Einfluß haben."

Susanne von Bandemer: Zufällige Gedanken über die Bestimmung des Weibes und einige Vorschläge, dieselbe zu befördern, in: Lange, Sigrid (Hg.): Ob die Weiber Menschen sind. Geschlechterdebatte um 1800, Leipzig 1992, S. 16f, 21.

Eine Wissenschafterin über weibliche Sozialisation (1985)

„Mit dem Begriff der Sozialisation wird die Gesamtheit der Phasen bezeichnet, die der Mensch in seiner Entwicklung durchläuft [...]. Die primäre Sozialisation erfährt das Individuum in der Familie; in der sekundären Sozialisation lernt das Individuum ständig neues Rollenverhalten hinzu. [...] Ich benutzt ihn [den Begriff ‚Sozialisation'], weil er mir für die ‚zweite', die ‚soziokulturelle' Geburt des Menschen aussagekräftig zu sein scheint, also auch für die Art und Weise, in der Frauen in der jeweiligen Gesellschaft zu Frauen gemacht werden. Von der Wertewelt der Gesellschaft sind die geschlechtsspezifische Erziehung wie auch die unbewußte Einstellung der Eltern dem Kind gegenüber weitgehend abhängig."

Mitscherlich, Margarete: Die friedfertige Frau. Eine psychoanalytische Untersuchung zur Aggression der Geschlechter, Frankfurt a. M. 1985, S. 33.

- Erkläre die Begriffe „Sozialisation" und „soziokulturell".
- Vergleiche die Texte mit Material 16: Wie unterscheiden sie sich in der Erklärung von geschlechterspezifischen Verhalten?

2.4 Abschluss: Handlungsorientierte Unterrichtssequenzen

Um die Ergebnisse der traditionellen Textarbeit, die das kollektive Gedächtnis bewusst machen soll, und der Bildanalyse zu festigen, empfiehlt sich schließlich eine handlungsorientierte Unterrichtssequenz. So ist es etwa möglich, im Sinne der „lustbetonten Leseerfahrung" (Kapitel III.3.7, S. 188f) die Texte gleichsam umzuschreiben, d. h. ein fiktives Gespräch zwischen Mädchen „von heute" und Mädchen „von gestern" zu verfassen. (Hammer 1996, S. 27) Ein solches Gespräch kann auch in einem *offenen Rollenspiel* (Kapitel III.3.2, S. 170f) thematisiert werden. Eine andere Variante des Rollenspiels wäre ein Disput zwischen Männern, die sich an traditionellen Ansichten orientieren, und moderner, sich emanzipierender Frauen, die gegen die festgefahrenen Klischeebilder anzukämpfen versuchen. Der Mann-Frau-Unterschied kann zudem aufgehoben werden, indem manche Männer feministische Positionen übernehmen, manche Frauen dagegen – von ihrer Sozialisation geprägt – den traditionellen Rollenbildern das Wort reden. Schließlich ist es auch möglich, mithilfe der Materialien die geschlechtlichen Rollen umzukehren und Texte zu verfassen, in denen dem Mann Aufgaben und Pflichten zugeteilt werden, die dem traditionellen Verständnis der Rollenaufteilung widersprechen.

Als andere Form, die Ergebnisse zu festigen, eignet sich ein Verfahren, das Bilder nicht als Ganzes, sondern nur in Ausschnitten präsentiert, die von den Lernenden zu ergänzen sind. Auf diese Weise wird der Bildausschnitt in den zuvor erarbeiteten und erkannten Kontext eingeordnet. Die Lehrperson stellt Bildausschnitte zur Verfügung, die durch Zeichnen, Malen oder durch Collage zu einem ganzen Bild ergänzt werden sollen: Material 19 ist ein Ausschnitt aus Norman Rockwells Plakat „Freedom from Want" („Freiheit von Not", 1943), das von der US-amerikanischen Regierung im Zweiten Weltkrieg in Auftrag gegeben wurde. Das vollständige Plakat zeigt eine Familie, die zum Thanksgiving-Mahl versammelt ist und die Frau „als Verkörperung jener Werte von Heim und Nation" zeigt, „für die dieser Krieg [angeblich] geschlagen wurde". (Higonnet 1995, S. 395) Der zweite Bildausschnitt (Material 20) stammt aus einer Werbung für Waschmaschinen und Wäschetrockner aus den 1960er-Jahren, welche die vermeintliche Aufgabe von Frauen, die Hausarbeit, deutlich macht. Nachdem die Lernenden ihre Werke vollendet haben, stellen sie diese im Klassenplenum vor, vergleichen sie und reflektieren in einer Diskussion mit Bezugnahme auf das Originalbild über die unterschiedlichen Ergänzungen. (Völkel 2008, S. 133–135) Wie bereits bei der „handlungsorientierten Staatsbürgerkunde" (Kapitel IV.1) ermöglicht ein handlungsorientierter Unterricht der Lehrperson auch hier, von der sachorientierten und kognitiven

Ebene auf die subjektive Ebene zu wechseln und somit Objektbereich und Subjektbereich aufeinander zu beziehen.

Material 19: „Freiheit von Not“ (1943, Plakat von Norman Rockwell)

Material 20: Werbung für Waschmaschinen und Wäschetrockner (1960er-Jahre)

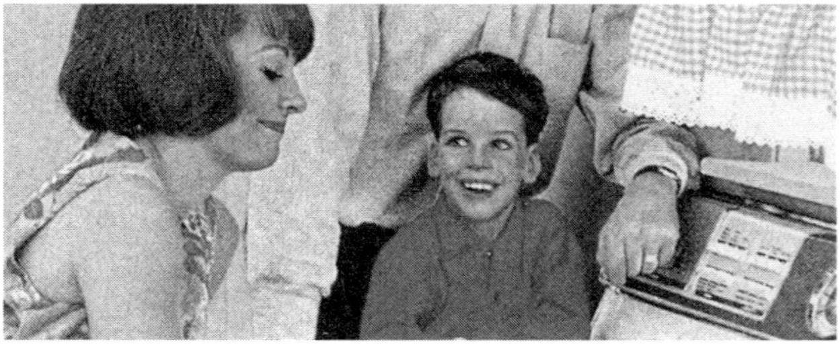

3. Olympische Spiele und Politik

Nicht zuletzt aufgrund der Diskussionen rund um den Austragungsort der Olympischen Sommerspiele 2008 in Peking zeigt sich, dass sich zunehmend auch sportliche Großereignisse als Thema für den Politikunterricht eignen. Allein die Berichterstattung rund um die Vergabe der Olympischen Spiele, den viel umstrittenen Fackellauf und die damit einhergehende Kritik am Umgang mit Menschenrechten in China bzw. an Chinas Position gegenüber Tibet zeigen, wie facettenreich das Thema „Peking 2008" im Unterricht eingebaut werden kann. Im folgenden Themenfeld „Olympische Spiele" soll ein kurzer Überblick zur Geschichte der Olympischen Spiele gegeben werden. Darauf aufbauend werden konkrete Unterrichtsbeispiele bzw. Möglichkeiten, das Thema im Unterricht umzusetzen, vorgestellt. Die Beispiele haben exemplarischen Charakter und befassen sich lediglich mit Aspekten rund um das Thema. Die vorgestellten Methoden verstehen sich als Anregung und können individuell abgeändert und erweitert werden.

3.1 Informationen zum Thema

Bekanntlich haben die Olympischen Spiele ihren Ursprung im antiken Griechenland. Dort fanden sie von 776 vor Christus bis 393 nach Christus in Olympia statt. Im Jahr 1896 wurden die ersten Olympischen Spiele der Neuzeit in Athen durchgeführt. Als Begründer wird Pierre de Coubertin genannt. De Coubertin war selbst aktiver Sportler. Die Ausgrabungen im antiken Olympia beeinflussten ihn stark und er verfolgte zusehends die Idee, die Tradition der Olympischen

Spiele wieder aufleben zu lassen. Seine Idee war es, durch die Olympischen Spiele einen Beitrag zu Frieden und Stabilität innerhalb der Staaten zu schaffen. Er war darüber hinaus der Gründer des Internationalen Olympischen Komitees und auch dessen Generalsekretär. Ebenfalls gilt de Coubertin als Gestalter der Olympischen Flagge.[38]

Die Jubiläumsspiele genau hundert Jahre nach den ersten Olympischen Spielen der Neuzeit fanden nicht wiederum in Athen, sondern in US-amerikanischen Atlanta statt. Ganz Griechenland reagierte damals auf die Entscheidung gegen Athen mit großer Entrüstung und unterstellte dem Internationalen Olympischen Komitee (IOC), dass es sich die Spiele von Coca-Cola – das seinen Konzernsitz in Atlanta hat – abkaufen hat lassen. (Güldenpfennig, 2008, S. 7)

Dies zeigt, dass die vermeintliche These vom unpolitischen Sport im Allgemeinen und von den unpolitischen Olympischen Spielen im Speziellen nicht haltbar ist. Allein schon die Entscheidung darüber, wo die nächsten Spiele abgehalten werden, ist hochpolitisch und komplex. Sven Guldenpfennig (2008, S. 9) beschreibt fünf unterschiedliche Ebenen, auf denen Olympische Spiele politisch werden können (Material 21). Diese können auch zum Abschluss des Unterrichts als Material dienen, um die Olympischen Spiele und ihr Verhältnis zur Politik zusammenfassend noch einmal kritisch zu beleuchten.

38 Details zur Geschichte der Olympischen Spiele der Neuzeit bzw. zur Person Pierre de Coubertin finden sich auf: www.olympic.org (28. Juli 2009)

Material 21: Fünf politische Ebenen der Olympischen Spiele

„Erste Ebene:
Olympische Spiele sind im Kern ein Sportereignis. Sportliches Handeln ist im Kern kulturelles und nicht direkt politisches Handeln. Es kann durch politische Interventionen in seinen kulturellen Zielen gefördert oder beeinträchtigt werden.

Zweite Ebene:
Das IOC trägt gemeinsam mit den Weltfachverbänden und den verschiedenen NOKs [Nationale Olympische Komitees] sowie dem Organisationskomitee der jeweiligen Ausrichterstadt insoweit politische Verantwortung für das sinngerechte Gelingen der Olympischen Spiele, als es über das dort geltende Regelwerk entscheidet und mit diplomatischen Mitteln unter Einsatz seiner symbolischen Macht die ökonomischen und politischen Rahmenbedingungen zu gewährleisten versucht.

Dritte Ebene:
Maßgeblicher Mitakteur der jeweiligen Ausrichterstadt von Olympischen Spielen ist der Staat, dem sie zugehört. Diese Staaten verbinden mit dem Ausrichtungsrecht eigene, ihrer Staatsräson folgende politische Ziele, die mehr oder weniger verträglich sein können mit den Zielen der ersten beiden Ebenen.

Vierte Ebene:
Die Olympischen Spiele als eines der größten globalen Kulturereignisse haben von Beginn an die Aufmerksamkeit unterschiedlichster politischer Akteure auf sich gezogen und deren Interessen geweckt, die Spiele in den Dienst eigener außerolympischer politischer Ziele zu stellen. Diese waren selten problemlos mit den olympiaeigenen Zielen vereinbar: Sie haben oft durch den rücksichtslosen Einsatz ihrer Machtmittel die olympische Bewegung in existentielle Krisen gestürzt.

> Fünfte Ebene:
> Sportliches Handeln als kultureller Kern des olympischen Geschehens wird in der Wissenschaft bisweilen als Modell politisch-strategischen Handelns interpretiert. Beispiel dafür eine beliebte, aber abwegige Methode: Man nimmt einzelne Strukturelemente, die den olympischen Sport mit anderen Sinnfeldern verbinden, und erklärt ihn damit zum idealtypischen Modell für wirtschaftlichen Wettbewerb, moralpädagogische Persönlichkeitsbildung, politische und militärische Strategien, in letzter Abstraktion zur ‚Mimesis der Gesellschaft'. Dabei wird übersehen, dass das Unterscheidende wichtiger ist als die Gemeinsamkeiten. Diese Analogisierungsmethode führt zu dem beliebten Muster „Alles hängt mit allem zusammen", mit dem aber keine gehaltvollen Sinnunterscheidungen zu treffen sind."
>
> *Güldenpfenning, Sven: Olympische Spiele und Politik, in: Aus Politik und Zeitgeschichte 29–30 (2008), S. 9.*

Guldenpfenning zeigt, dass Sport und Politik bzw. in diesem Fall Olympische Spiele und Politik zusammengehören und ihnen immer schon auch eine große politische Bedeutung zugekommen ist. Allein, wenn man sich ausgewählte Olympische Spiele der Neuzeit etwas genauer ansieht, kann dies ganz klar belegt werden. Tabelle 6 soll einen ersten Eindruck darüber vermitteln.[39]

---

39 Für die vertiefende Recherche zum Thema „Olympische Spiele" empfiehlt sich der Besuch der Homepage des IOC (http://www.olympic.org) bzw. der jeweiligen Seiten der Nationalen Olympischen Komitees. Darüber hinaus findet sich zu den einzelnen zitierten Spielen eine Vielzahl an Materialien im Internet bzw. in den Archiven von diversen Tages- und Wochenzeitschriften. Auch die Bundeszentrale Politische Bildung hat zum Thema „Peking 2008" zahlreiche Materialien bereitgestellt. Diese finden sich unter: http://www.bpb.de

Tab. 6: Ausgewählte Olympische Spiele der Neuzeit und ihre politische Dimension

1936 Berlin	Das nationalsozialistische Deutschland richtete die Olympischen Sommerspiele 1936 in Berlin aus. Die Nürnberger Rassengesetze von 1935 wurden für die Dauer der Spiele gelockert, daher erfolgte keine Blockade durch das IOC. Deutschen Olympiateilnehmer/innen mit jüdischen Wurzeln wurde die Teilnahme nicht verwehrt. In Summe fanden sich aber nur wenige innerhalb der Olympiamannschaft. Auf Initiative von Carl Diem wurde erstmals der Olympische Fackellauf mit Start in Athen durchgeführt. Diem war auch maßgeblich mit der Planung und Durchführung der Spiele betraut. Seine Rolle während der NS-Zeit ist bis heute unklar. Die junge Regisseurin und Schauspielerin Leni Riefenstahl wurde mit der Erstellung eines offiziellen Olympiafilms beauftragt. Teil 1 („Fest der Völker") und Teil 2 („Fest der Schönheit") zeigen perfekt in Szene gesetzte Körper, Athlet/innen während des Wettkampfs, entfesselte Menschenmassen und die Spitzen des NS-Regimes. Kameraführung und Schnitttechniken gelten als revolutionär. Die Filme wurden bei diversen Filmfestivals prämiert, Leni Riefenstahls Verhältnis zu Adolf Hitler und ihre Rolle während der NS-Zeit konnte aber nie ganz geklärt werden. Die Olympiafilme und andere Ton- und Filmdokumente geben einen Eindruck über die perfekte politische Instrumentalisierung der Som-

	merspiele 1936 durch die Propagandamaschinerie der Nationalsozialisten. Mit insgesamt vier Goldmedaillen war der afroamerikanische Leichtathlet Jesse Owens der erfolgreichste Athlet der Olympischen Spiele 1936.
1952 Helsinki	Bei den Sommerspielen 1952 in Helsinki nahm erstmals seit Ende des Zweiten Weltkrieges eine deutsche Mannschaft an Olympischen Spielen teil. Auf Grundlage eines Beschlusses des IOC sollten BRD und DDR eine gesamtdeutsche Mannschaft entsenden. Das Nationale Olympische Komitee der DDR wurde vom IOC nicht anerkannt. (Erst 1965 erfolgte die Anerkennung durch das IOC; in den Jahren 1956, 1960 und 1964 wurden sowohl bei den Sommer- wie auch den Winterspielen eine gesamtdeutsche Mannschaft ins Rennen um den Kampf um Medaillen geschickt.) 1952 sandte die DDR keine Sportler/innen, daher setzte sich die deutsche Olympiamannschaft nur aus Teilnehmer/innen aus Westdeutschland zusammen. Ebenfalls erstmals seit 1945 nahm Japan an den Spielen teil. Die UdSSR war überhaupt erstmals an Olympischen Spielen beteiligt. Sie errang auf Anhieb den zweiten Platz im Medaillenspiegel. Der erste Platz ging an die USA, das sportliche Wettrüsten zwischen den Großmächten begann. Für die Sportler/innen der UdSSR war ein eigenes olympisches Dorf eingerichtet worden.
1968 Mexiko City	1968 fanden erstmals Olympische Spiele (Sommerspiele) in einem lateinamerikanischen Land

	statt. Bei diesen Spielen gingen zwei deutsche Mannschaften an den Start. Das IOC hatte 1965 das Nationale Olympische Komitee der DDR anerkannt und somit den Weg für eine eigene Olympiamannschaft geebnet. Südafrika wurde wegen seiner Apartheidpolitik von der Teilnahme ausgeschlossen (40 afrikanischen Länder hatten davor mit einem Boykott der Spiele gedroht, falls das IOC die Teilnahme Südafrikas zulassen würde). Bei diesen Spielen wurden auch Dopingtests für die Erstplatzierten eingeführt, außerdem Sextests für Frauen, um das Geschlecht eindeutig feststellen zu können.
1972 München	Erstmals seit den Spielen 1936 in Berlin fanden 1972 wieder Olympische Sommerspiele in Deutschland statt. Die Spiele sollten der Welt eine moderne und offene Bundesrepublik Deutschland zeigen und so das Image des Landes aufpolieren. Bis zum elften Tag lief alles nach Plan. Am 5. September 1972 schlich sich aber ein palästinensisches Terrorkommando – die Gruppe nannte sich „Schwarzer September" – in das Appartement der israelischen Olympiamannschaft ein und nahm elf Betreuer und Sportler als Geiseln. Zwei davon starben gleich am Beginn der Geiselnahme. Die Terroristen verlangten die Freilassung von palästinensischen Geiseln, die ihre Haftstrafen in israelischen Gefängnissen absaßen. Außerdem forderten sie die Freilassung der deutschen RAF-Terroristen Andreas Baader und Ulrike Meinhof und des japanischen Terroristen Kozo Okamoto.

	Die israelische Regierung lehnte Verhandlungen mit der Begründung ab, sich nicht erpressen zu lassen. Die Olympischen Spiele gingen ungeachtet dessen weiter. Deutsche Politiker versuchten die Verhandlungen aufzunehmen. Ein Befreiungsversuch – an einem nahegelegenen Flughafen – schlug fehl; alle Geiseln, fünf Attentäter und ein Polizist wurden getötet. Nach der Geiselnahme wurden die Spiele auf Druck der Athlet/innen für einen Tag unterbrochen, danach aber fortgesetzt. Ab den Spielen 1972 erfolgte eine drastische Verschärfung der Sicherheitsvorkehrungen bei Großereignissen.
1980 Moskau	Die Sommerspiele 1980 in Moskau gingen als jene Spiele in die Geschichte ein, bei denen es die geringste Zahl an teilnehmenden Ländern seit 1956 gab. Nur 80 Staaten nahmen an den Olympischen Spielen teil. Im Medaillenspiegel zeigte sich eine Überlegenheit von Sportler/innen aus der UdSSR und aus der DDR. Die Spiele 1980 waren bereits die zweite Bewerbung Moskaus um die Austragung von Sommerspielen gewesen. Gegenkandidat war Los Angeles. Da aber für die Winterspiele 1980 sich nur Lake Placid als Austragungsort beworben hatte, ging Moskau als klarer Favorit in die Abstimmung. Die Entscheidung wurde in Wien getroffen und fiel für Moskau aus. Von Beginn an war klar gewesen, dass das IOC nicht im selben Jahr Winter- und Sommerspiele im selben Land stattfinden lassen würde. Im Jahr 1979 waren allerdings Truppen der UdSSR in Afghanistan einmarschiert. Dieser

	Einmarsch führte zu einem Boykottaufruf betreffend die Teilnahme an den Spielen 1980 in Moskau durch den damaligen US-amerikanischen Präsidenten Jimmy Carter, dem insgesamt 64 Staaten folgten.
1984 Los Angeles	Die Sommerspiele 1984 in Los Angeles können wohl unter dem Begriff „Gegenboykott“ zusammengefasst werden. Nahezu alle Staaten des „Ostblocks“ (einzige Ausnahme war Rumänien) und Länder wie Afghanistan, Angola, Kuba, Laos, Nordkorea und Vietnam nahmen an den Spielen nicht teil. Als offizieller Grund wurde die Angst um die Sicherheit der Athlet/innen genannt. Einige Staaten initiierten darauf hin eine Ersatzveranstaltung unter dem Motto: „Wettkämpfe der Freundschaft“.
2004 Athen	Die Entscheidung des IOC, die Olympischen Sommerspiele 2004 in Athen durchzuführen, wurde mehrheitlich als Akt der Versöhnung gedeutet. Die Spiele 2004 waren die ersten Sommerspiele nach den Terroranschlägen des 11. September 2001 und den Anschlägen in Madrid im Jahr 2004. Dementsprechend waren sie von strengen Sicherheitsvorkehrungen geprägt. Traurige Berühmtheit erlangten die Spiele aufgrund der vielen überführten Dopingsünder/innen. Bereits im Vorfeld wurden zahlreiche Athlet/innen positiv auf illegale Substanzen getestet; vielen wurden im Nachhinein Siege und Medaillen aberkannt.

	Der damalige IOC-Präsident hatte 2000 mit dem Entzug der Spiele gedroht, da bis dahin erst wenige Vorarbeiten geleistet worden war. Einige Sportstätten wurden 2004 erst knapp vor Beginn der Eröffnungsfeier fertiggestellt.
2008 Peking	Im Jahr 2008 fanden erstmals Olympische Sommerspiele in China statt. Von Beginn an wurde die Entscheidung des IOC für Peking von den Medien stark kritisiert. Einerseits wurden der Umgang Chinas mit den Menschenrechten thematisiert – etwa die Umsiedelung von Tausenden von Menschen, der Umgang in der Tibetfrage oder auch die Position Chinas zum Thema Todesstrafe –, andererseits auch die Luft- und Umweltverschmutzung in den geplanten Austragungsorten. Medial besonders stark diskutiert wurde der Fackellauf, der weltweit stürmische Proteste hervorrief. Teile des Laufes mussten verlegt bzw. abgesagt werden. Die „Reise der Harmonie“ fand unter größten Sicherheitsvorkehrungen statt, sogar eine Etappe des Fackellaufs auf dem Mount Everest fand statt. Während der Veranstaltung selbst machten vor allem Vorwürfe betreffend der Verletzung der Presse- und Meinungsfreiheit medial die Runde. So war es ausländischen Journalist/innen nicht gestattet, in China bestimmte Internetseiten mit chinakritischen Inhalten zu lesen bzw. zu öffnen. Die Olympischen Spiele in Peking haben aber auch Eindruck hinterlassen: eine perfekt

	inszenierte Eröffnungsfeier mit Tausenden von Statist/innen, außergewöhnliche und moderne Architektur wie etwa der Wasserwürfel (nationales Schwimmzentrum) oder das viel gerühmte Vogelnest (Pekinger Nationalstadion).

3.2 Brainstorming als Einstieg

Als Einstieg in das Thema „Olympische Spiele" bietet sich ein Brainstorming an. Schüler und Schülerinnen sollen intuitiv ihre Assoziationen zum Begriff „Olympische Spiele" herausrufen. Die Lehrperson sammelt die einzelnen Wortmeldungen und versucht, diese im Anschluss an das Brainstorming gemeinsam mit den Lernenden zu ordnen bzw. thematisch zu clustern und ein Mindmap zu erstellen. Die Ergebnisse können Ausgangspunkt für die Entwicklung weiterer Unterrichtsthemen sein.

Nach Mattes (2002, S. 18) sind die Ziele des Brainstorming „das freie Äußern von Gedanken und die Ermunterung zu kreativen, auch ungewöhnlichen Beiträgen. […] Die Methode aktiviert und fördert die Lernmotivation ohne Druck oder Stress. Sie verbindet die neuen Lerngegenstände mit bereits Bekanntem. […] Sie lässt sich vom Lehrer gut planen und kann zeitlich begrenzt werden. […] Sie eröffnet Mitwirkungsmöglichkeiten im Prozess der Planung einer Unterrichtsreihe. Schülerinnen und Schüler können ihre eigenen Ideen und Fragen formulieren, denen sie im weiteren Unterrichtsverlauf forschend nachgehen." Darüber hinaus wird die Kreativität geschult, alle Schüler- und Schülerinnen können eingebunden werden und es gibt keine falschen bzw. richtigen Antworten. Voraussetzung ist allerdings, dass die

Ergebnisse des Brainstorming nicht isoliert von der weiteren Unterrichtsphase bleiben. Vielmehr ist ihre Einbindung in den weiteren Lernprozess notwendig, etwa am Schluss der Unterrichtssequenz durch einen Vergleich mit dem Gelernten und durch ihre Problematisierung.

3.3 Kärtchen: Recherchearbeit zu Olympischen Spielen

Ausgehend von einer gelenkten, ergebnisorientierten Recherchearbeit im Internet, die sich auf ausgewählte Olympiastädte bezieht, werden der Zusammenhang zwischen politischen bzw. zeitgeschichtlichen Ereignissen und Olympischen Spielen veranschaulicht. Die Schüler und Schülerinnen sollen sich im Rahmen der Recherche an folgende Fragen orientieren: 1) Welche historisch/politisch relevanten Ereignisse haben in diesem Jahr bzw. zu dieser Zeit stattgefunden? 2) Welchen Einfluss hatten diese auf die jeweiligen Olympischen Spiele? 3) Was war das Besondere an diesen Spielen? Warum sind diese Spiele hervorzuheben? 4) Welche Rolle hat die Politik gespielt? 5) Was ist passiert? Folgende Spiele bieten sich für die Recherche an: Berlin 1936, Helsinki 1952, Mexiko City 1968, München 1972, Moskau 1980, Los Angeles 1984, Athen 2004 sowie Peking 2008. In Kapitel IV.3.1 (S. 247–253) findet sich eine kurze Übersicht zu den genannten Olympischen Spielen.

Die Lehrperson bereitet Kärtchen mit Austragungsort oder dem Jahr der Austragung vor und lässt die Schüler und Schülerinnen verdeckt je ein Kärtchen ziehen. Je nach Größe der Klasse können pro Kärtchen zwei oder mehr Schüler und Schülerinnen gemeinsam die Recherche übernehmen. Es bietet sich eine kombinierte Form der Recherche an. Einerseits ist diese in der Schulbibliothek möglich (sofern diese für diesen Zweck ausgestattet ist), andererseits kann auch im Internet unter Anleitung recherchiert werden.[40] Bei der Internetrecherche ist im Wesentlichen darauf zu achten, dass die Schüler und Schülerinnen die zitierten Quellen auf ihre Glaubwürdigkeit prüfen und sie auch entsprechend angeben. Die Überprüfung der Glaubwürdigkeit ist etwa durch einen Vergleich mehrerer Quellen, insbesondere auch durch das Nachschlagen in relevanter Literatur, möglich.

Die Rechercheergebnisse sollten zusätzlich entweder als Power-Point-Präsentation oder als Flip-Chart visualisiert werden. So können die Ergebnisse auch dokumentiert bzw. aneinandergereiht werden, wodurch das Verhältnis zwischen Politik und Olympischen Spielen vielschichtig betrachtet werden kann. Wichtig ist zudem die Diskussion im Klassenplenum, die im Sinne des systematischen Lehrgangs (Kapitel III.3.1) erfolgen und ein allgemeines Resümee über das Verhältnis ermöglicht. Es empfiehlt sich hier – als eine Form des fragend-entwickelnden Gesprächs – das divergierende Gespräch, das nur geringfügig gelenkt wird und eine breite Palette möglicher Antworten zulässt.

3.4 Karikaturen: Die andere Seite des Sports

Beim Thema Olympische Spiele bietet sich im Unterricht auch der Einsatz von Karikaturen an. Zum einen können dies Karikaturen mit direktem Bezug zum jeweiligen Ausrichterland sein (Klepp 2010) oder solche, die einen be-

40 Für die Recherche eignet sich die Homepage des IOC (http://www.olympic.org), aber auch die Seiten der Nationalen Olympischen Komitees.

stimmten Aspekt der Olympischen Spiele ansprechen. Mit sportlichen Großereignissen wird etwa auch das Thema „Doping“ in Verbindung gebracht. Diesem Aspekt soll im folgenden Methodenvorschlag Raum geboten werden.

Dazu eignet sich etwa eine Karikatur von Paul Pribbernow (Material 22), die auch in Klassen verwendet werden kann, die noch ungeübt in der Bildanalyse sind. Die Karikatur könnte als stummer Impuls am Beginn einer Unterrichtseinheit dienen bzw. Grundlage für einen Schreibauftrag sein. Spritze und Olympische Medaille spielen eindeutig auf das Thema „Doping im Spitzensport“ an und werden von Schülern und Schülerinnen auch richtig zugeordnet werden können. Mithilfe der Lasswell-Formel (Kapitel III.3.8, S. 193) lassen sich mehrere Fragen formulieren, die eine Analyse der Karikatur ermöglichen. Das dazu notwendige (Arbeits-)Wissen (Kapitel II.4, S. 103), insbesondere die Kenntnis von Doping-Fällen bei Olympischen Spielen, sind den Schülern und Schülerinnen wohl zum Teil bekannt. Es scheint aber dennoch vor der Analyse ratsam, zusätzliche Materialien zur Verfügung zu stellen oder mithilfe einer Recherche im Internet Kontextwissen zu erwerben.

Die Karikatur kann auch zur Sensibilisierung für die weiter unten angeführte Talkshow zum Thema „Fairplay statt Foulplay“ verwendet werden. (Kapitel IV.3.5) Ausgehend von der Karikatur ist es zudem möglich, vertiefendes Wissen über das Thema Doping und Politik zu erwerben. Dazu bietet sich eine Recherche zu den jeweiligen nationalen Regelungen an. Unter anderem könnten folgende Fragen gestellt werden: Wie wird das Thema „Doping“ im jeweiligen Land geregelt? Welche gesetzlichen Grundlagen gibt es? Wer ist dafür zuständig? Wird das Thema „Doping“ als politisches oder als sportliches Thema diskutiert? Gibt es aktuell Anlassfälle für eine verstärkte Diskussion? Wie wurde in der Vergangenheit mit Dopingfällen umgegangen? Gibt es prominente Dopingsünder und -sünderinnen?

Material 22: Olympische Spiele und Doping

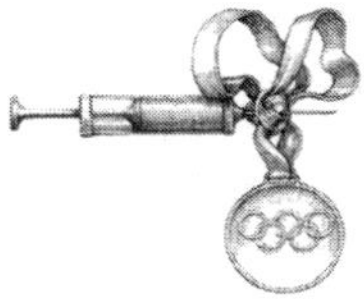

- Welchen Inhalt vermittelt die Karikatur? Wann und zu welchem Anlass ist sie vermutlich entstanden?
- Was beabsichtigt die Karikatur? Wie wirkt sie auf den Betrachter bzw. die Betrachterin?
- Welche Position vertritt der Karikaturist?
- Welche Symbole und Bildelemente belegen deine Antworten?

Im Vorfeld der Olympischen Spiele in Peking gab es auch zahlreiche Karikaturen mit direktem Bezug zum Veranstalterland. (Klepp 2010) So bietet Material 23 eine Karikatur, die beispielsweise eine Vielzahl an Aspekten anspricht, die entweder gesamt im Unterricht besprochen und diskutiert werden können oder auch exemplarisch nur an einem Thema im Unterricht Anwendung finden. Die Karikatur erschien am Tag nach der offiziellen Eröffnung der Spiele in der österreichischen Tageszeitung „Kurier". Sie spricht in vielschichtiger Weise die bereits im Vorfeld der Spiele medial geäußerte Kritik an. Damit Schüler und Schülerinnen diese Karikatur richtig entschlüsseln können, ist zuvor eine gründliche Recherche notwendig. Die Verwendung von Artikeln aus den Archiven ausgewählter Zeitungen (wie etwa www.diezeit.de, www.nzz.ch oder www.diepresse.at), aber auch die Recherche von Themendossiers (wie etwa auf www.bpb.de – Aus Politik und Zeitgeschichte, 29–30/2008, 14. Juli 2008 zum Thema „Sportpolitik und Olympia“) bieten sich an. Das notwendige Arbeitswissen kann aber auch durch einen klassischen Lehrervortrag vermittelt werden.

Material 23: Olympische Sommerspiele in Peking – „Jetzt geht's um den Sport“

Karikatur von Michael Pammesberger mit dem Titel „Jetzt geht's um den Sport“, aus: Kurier, 9. August 2009.

- Wann ist diese Karikatur entstanden? Wie ist der Titel der Karikatur zu verstehen?
- Welche Probleme werden in den einzelnen Bildern dargestellt?

- Welchen Bezug haben diese zu den Olympischen Sommerspielen 2008 in China?
- Was beabsichtigt die Karikatur? Wie wirkt sie auf den Betrachter bzw. die Betrachterin?
- Welche Position vertritt der Karikaturist?
- Welche Symbole und Bildelemente belegen deine Antworten?

3.5 Talkshow: Doping und Sport

In weiterer Folge wird wiederum der Aspekt Doping und Sport aufgegriffen und ein Talkshowformat zu diesem Thema vorgestellt. Sensibilisiert durch die oben gezeigte Karikatur (Kapitel IV.3.4, S. 257) kann dieses Thema gut weiterentwickelt werden. Die Talkshow lässt sich aber auch losgelöst davon im Unterricht zu diesem Thema durchführen.

Folgendes Szenario dient als Ausgangssituation für die geplante Talkshow: Olympische Spiele im eigenen Land stehen bevor. Im Vorfeld der Veranstaltung hat es gegenüber aktiven Sportlern und Sportlerinnen und Medaillenhoffnungen Vorwürfe betreffend Doping gegeben. Im Zuge einer Fernsehdiskussion soll mit Betroffenen und Experten bzw. Expertinnen über das Thema „Fairplay statt Foulplay – Ist Spitzensport ohne Doping möglich?“ diskutiert werden. Zur Diskussion sind Vertreter und Vertreterinnen aus Politik und Medien, den nationalen Olympischen Komitees und Sportler und Sportlerinnen eingeladen. Zur Erleichterung der Vorbereitung können folgende Rollenkarten verwendet werden:

Material 24: Rollenkarten

Sportminister/in

- bezeichnet sich selbst als Gelegenheits- und Genusssportler/in
- politische/r Hardliner/in
- Spitzensportler/innen müssen stärker kontrolliert werden
- gesetzliche Grundlage muss geändert werden; die aktuelle Gesetzeslage ist zu wenig streng
- überführte Dopingsünder/innen sollen lebenslang gesperrt werden und auch im Nachwuchsbereich nicht mehr arbeiten dürfen
- Regierung muss aktiv (und geschlossen) gegen Doping vorgehen
- ...

Präsident/in des Nationalen Olympisches Komitee

- Regelungen und Strafen sind streng genug
- Sportler/innen der Olympiamannschaft sind sauber (würde seine Hand dafür ins Feuer legen)
- Nationales Olympisches Komitee hat im Vorfeld viel Aufklärungsarbeit geleistet
- eigene Kampagne zu „Fairplay"
- sieht den Olympischen Spielen gelassen entgegen
- ist euphorisch und positiv
- ...

Dopingsünder/in

- positiv auf ein Dopingmittel getestet
- zeigt Reue und entschuldigt sich
- gibt die Schuld aber auch den Trainer/innen, den Medien und auch der Politik
- Leistungsdruck im Vorfeld von Großereignissen ist sehr groß (vor allem, wenn diese im Heimatland stattfinden)
- medialer Druck immens
- Finanzielle Förderungen von Seiten der Politik werden immer geringer, Athlet/innen können vom Sport nur leben, wenn sie zur Weltklasse gehören.

- solange man erfolgreich ist, ist alles in Ordnung; wenn der Erfolg ausbleibt, dann steigt die Anfälligkeit für nicht legale Substanzen
- …

Trainer/in und Sportmediziner/in

- Vertrieb von Dopingmitteln ist ein enormer Wirtschaftszweig (ein Milliardengeschäft)
- gesundheitliche Folgen sind nicht abschätzbar
- strengere Regelungen sind kontraproduktiv
- appelliert an die Selbstverantwortlichkeit der Athlet/innen und auch der Trainer/innen
- fordert mehr öffentliche Mittel für die Aufklärung
- …

Enthüllungsjournalist/in

- präsentiert Statistiken und Grafiken
- schreibt an einem Buch über die dunkle Seite des Sports
- ist entschieden gegen Doping
- fordert von Sportler/innen mehr Ehrlichkeit
- appelliert an den Vorbildcharakter
- fordert Ehrenkodex für Sportler/innen
- …

Hobbysportler/in

- läuft Marathon oder trainiert für Triathlon
- Doping spielt auch im Breitensport eine große Rolle
- es gibt keinen sauberen Spitzensport, daher sind auch keine sauberen Spiele möglich
- die Forderung danach ist Heuchelei, da auch im Breitensport immer mehr gedopt wird
- ist im Bekanntenkreis schon auf leistungssteigernde Substanzen angesprochen worden
- …

Die Schüler und Schülerinnen sollen sich auf Basis der Rollenkarten weitere Argumente für die Diskussion überlegen. Am besten geschieht dies in Kleingruppenarbeit zu zwei bis vier Personen. Für diese Aufgabe muss ein entsprechender Zeitrahmen zur Verfügung gestellt werden. Parallel dazu ist auch für den Moderator bzw. die Moderatorin Zeit für die Vorbereitung der Moderation einzuplanen. Zur besseren Orientierung sollen der Moderation auch die einzelnen Rollenkarten vorab gezeigt werden. Dies erleichtert die Suche nach passenden Fragen. Dem Moderator bzw. der Moderatorin kommt innerhalb der Talkshow eine zentrale Rolle zu. Er bzw. sie muss einerseits mit klugen Fragen die Diskussion am Laufen halten und andererseits auch konträre Positionen zulassen bzw. die aufkommende Emotionalität der Diskussion wieder in geregelte Bahnen lenken. Hans-Werner Kuhn (2000, S. 186) beschreibt die Ziele der Talkshow im Unterricht wie folgt: „Die Talkshow im Politikunterricht ist der medialen *Inszenierung* nachempfunden. Sie dient der Unterhaltung der Zuschauer und verspricht dabei nicht trockene politische Information, sondern den Schlagabtausch der Akteure, rhetorische Schaukämpfe in der (simulierten) TV-Arena, deren Ausgang oft mehr interessiert als der Inhalt.“ Genau darin kann auch die Gefahr bei der Durchführung einer Talkshow im Unterricht liegen, da die Grundintention auf der Strecke bleibt. Aus diesem Grund ist im Anschluss an eine Talkshow ein „präzises Herausschälen der Konfliktpunkte“ (Kuhn 2000, S. 187) unumgänglich, d.h. in der Auswertung muss darauf geachtet werden, dass der Inszenierungscharakter nicht das politische Lernen überlagert und somit den Schülern und Schülerinnen nur die Methode in Erinnerung bleibt.

Ein Teil der Klasse kann als Redaktionsteam fungieren, das einen Ablaufplan für die Talkshow schreibt, das Klassenzimmer entsprechend vorbereitet (Podium für Moderation und Diskutierende), eventuell eine Videokamera justiert bzw. weitere Requisiten (z. B. Wasser für die Teilnehmer und Teilnehmerinnen oder ein bestimmtes Hintergrundbild) bereitstellt. Der Ablaufplan wird vor Beginn der Talkshow noch mit der Moderation bzw. den Gästen besprochen. Auch die Diskussionsregeln sollen kurz erwähnt werden.

Jede Kleingruppe muss nach Ablauf der Vorbereitungszeit eine Person nominieren, die in der jeweiligen Rolle an der Talkshow teilnehmen wird. Die restlichen Schüler und Schülerinnen bilden das Publikum und bekommen Beobachtungsaufträge. Sie sollen sich unter anderem Notizen zu Verlauf und Themen der Diskussion machen und beobachten, wer sich mit Argumenten besonders hervorhebt bzw. Schwierigkeiten bei der Argumentation hat.

Im Anschluss an die Talkshow soll die beobachtende Gruppe ein Feedback an die Diskussionsteilnehmer und -teilnehmerinnen geben und ihre Eindrücke schildern. Als weitere Adaption könnte der Beobachtungsauftrag auch geteilt werden. Eine Gruppe beobachtet die Diskussion und gibt den Diskutanten und Diskutantinnen im Anschluss ein Feedback. Eine weitere Gruppe schlüpft in die Rolle eines Reporters bzw. einer Reporterin und formuliert im Anschluss eine Schlagzeile oder einen kurzen journalistischen Artikel zum Ergebnis der Talkshow. Die einzelnen Schlagzeilen oder Artikel können dann im Plenum besprochen und mit den eigenen Empfindungen (vor allem jenen der Diskussionsteilnehmer und -teilnehmerinnen) verglichen werden. Dies kann interessante Ergebnisse bringen, wenn einerseits eher politische, andererseits „rein“ sportliche Perspektiven eingenommen werden.

3.6 Leni Riefenstahl: „Olympia“

Zum Thema Olympische Spiele gibt es zahlreiche Spielfilme und Dokumentationen, die im Unterricht Verwendung finden können. An dieser Stelle soll zunächst *Olympia* (1938) von Leni Riefenstahl vorgestellt werden. Einerseits zeichnet sich der Film, der sich in zwei Teile – „Fest der Völker“ und „Fest der Schönheit“ – untergliedert, als technische Meisterleistung und durch seinen hohen künstlerischen Anspruch aus. Andererseits wirft der nationalsozialistische Entstehungskontext dunkle Schatten über das filmische Meisterwerk. Um Ausschnitte aus den Olympiafilmen im Unterricht verwenden zu können, empfiehlt sich eine nähere Auseinandersetzung mit dem Leben von Leni Riefenstahl. Die Dokumentation „Die Macht der Bilder“ (1993) von Ray Müller gibt in eindrucksvoller Weise Einblicke in das widersprüchliche Leben von Leni Riefenstahl. Müller begleitete die damals fast 90-jährige Regisseurin mehrere Monate und besuchte mit ihr verschiedene Stätten ihres Schaffens. Er schafft es auf der einen Seite, Riefenstahls Leben kritisch nachzuzeichnen und dennoch ihr künstlerisches Werk zu würdigen. Auf der anderen Seite zeigt die Dokumentation aber auch Szenen, in denen sich Riefenstahl selbst entlarvt und mehr Fragen rund um ihre Rolle während der NS-Zeit aufwirft, als dass sie Antworten darauf gibt. In der Dokumentation findet sich auch historisches Filmmaterial, in dem die Vorarbeiten zu den Olympiafilmen dokumentiert sind. Fast alle Szenen wurden vorab schon geprobt bzw. viele

Szenen später im Studio oder an den Originalschauplätzen nachgedreht. Schnitttechnik, Überblendungen, Musik und immer wieder der Blick auf die Politik bzw. Vertreter des politischen Regimes machen die Filme zu einem historisch brisanten Dokument.

Teil 1 („Fest der Völker") dauert insgesamt 115 Minuten, Teil 2 („Fest der Schönheit") immerhin noch 95 Minuten. Es empfiehlt sich, mit Ausschnitten aus der Dokumentation von Ray Müller in den Unterricht einzusteigen. In Teil 2 des Films beschreiben die Kapitel eins bis drei sowohl die Entstehungsgeschichte der Olympiafilme und geben Einblick in den Alltag der Filmcrew. Sie zeigen aber auch die Widersprüchlichkeit der damaligen Zeit: Das NS-Regime wollte perfekte Spiele, diese für Propagandazwecke nutzen und sich selbst im Soge des sportlichen Wettbewerbs der Weltöffentlichkeit präsentieren. Beides gelang mit den Bildern, die Leni Riefenstahl in ihren Olympiafilmen lieferte.

Werden im Unterricht Sequenzen aus den Originalfilmen verwendet, ist eine Sensibilisierung der Schüler und Schülerinnen eine notwendige Voraussetzung. Es muss ihnen klar werden, dass es sich hierbei um handwerklich hervorragende, aber auch politisch brisante Zeitdokumente handelt. Gleichsam als (Arbeits-)Wissen (Kapitel II. 4, S. 103) können den Schülern und Schülerinnen – im Sinne des systematischen Lehrgangs – durch einen Lehrervortrag bzw. ein divergierendes Unterrichtsgespräch (Kapitel III.3.1, S. 169) die Merkmale des Faschismus vermittelt werden, wozu Material 25 als Unterstützung dient. Die Definition von Faschismus erweist sich als schwierig, weshalb es empfehlenswert ist, von einer Kombination verschiedener Elemente auszugehen. (Ecker/Hellmuth 2002, S. 66f):

Zunächst ist hier der Antiliberalismus, Antisozialismus und Antimarxismus zu nennen. In diesem Zusammenhang verneint Faschismus die Existenz von Klassen und Klassengegensätzen. Vielmehr wird eine „Volksgemeinschaft" propagiert, in der jeder eine klar definierte Aufgabe zu erfüllen hat. Gegensätzliche Interessen sind unerwünscht, weshalb es nur eine Partei gibt, die zugleich als „Bewegung" verstanden wird. Diese „Bewegung" ist durch Gewaltbereitschaft geprägt, d. h. Faschismus bedient sich nicht nur der traditionellen Repressionsinstrumentarien wie der Polizei und des Militärs, sondern übt auch Gewalt „von unten" aus. Faschistische Systeme versuchen im Sinne einer Bewegung, die Massen zu mobilisieren und jeden gesellschaftlichen Bereich, von der Arbeit bis zur Freizeit, zu kontrollieren und politisch zu missbrauchen. Der Einzelne soll sich auf diesem Weg mit der „Bewegung" identifizieren. Die Ästhetisierung der Politik, insbesondere die Inszenierung von Massenveranstaltungen, steht in engem Zusammenhang mit dieser Manipulation.

Nicht jeder gehört zudem der Volksgemeinschaft an; die Ausgrenzung des „anderen" erfolgt mithilfe des Rassismus und – als spezifische Spielart des Rassismus – mithilfe des Antisemitismus. Zudem beansprucht die „Volksgemeinschaft" zusätzlichen Lebensraum „minderwertiger Rassen", weshalb Faschismus imperialistisch ausgerichtet ist. Ein weiteres Merkmal ist die zur Schau gestellte Modernität, die aber mit der Bewahrung reaktionärer Werte kombiniert wird. Allerdings hat die Modernität im Faschismus einen rein quantitativen Stellenwert und wird etwa in gebauten Straßenkilometern, in der Anzahl der errichteten Bauwerke oder in der gesteigerten industriellen Produktion, unter anderem der Waffenproduktion, gemessen. So forderte der Nationalsozialismus die Modernisierung der Landwirtschaft, pflegte aber zugleich einen Bauernmythos. Wichtiger Bestandteil des Faschismus ist schließlich noch der Kult um den Führer, der zugleich das Volk und das Reich verkörpert: „Ein Reich, ein Volk, ein Führer".

Material 25: Hauptmerkmale des Faschismus

- Antiliberalismus, Antisozialismus und Antimarxismus
- Antikatholische und „heidnische" Ausrichtung
- Versuch, anstelle der „Klassengesellschaft" eine sogenannte „Volksgemeinschaft" zu errichten
- gegen das Parteiensystem gerichtet
- Massenmobilisierung; die Partei wird in diesem Zusammenhang als Bewegung verstanden
- politische Gewaltbereitschaft der „Bewegung"
- Ästhetisierung der Politik (u. a. Inszenierung von Massenveranstaltungen)
- Verklärung der Vergangenheit, gleichzeitig technischer Modernisierungsglaube
- imperialistische Ausrichtung
- Nationalismus
- Rassismus
- Führerprinzip

Im Anschluss an die Vermittlung des „(Arbeits-)Wissens" lassen sich Sequenzen aus Riefenstahls „Olympia"-Filmen mithilfe folgender Fragen dekonstruieren: Sind faschistische Merkmale im Film zu finden? Wird mit filmtechnischen Mitteln, etwa durch Montage, Kamerawinkel und Kamerabewegung, Bildkomposition, Licht oder den Einsatz von Musik,[41]

41 Für die Filmanalyse empfehlenswert ist das Buch von Munaretto 2007.

manipulative Wirkung erzielt? Ein Vergleich mit Material 26, das nationalsozialistische Plastik und Malerei behandelt, wird die Ästhetisierung des Körpers in den Mittelpunkt der Diskussion rücken. Dennoch lässt sich der Film nicht eindeutig als faschistisch definieren, zumal nicht alle Elemente des Faschismus zu entdecken sind. Thomas Koebner meint etwa, dass sich Riefenstahl von nationalsozialistischen Körperinszenierungen durch ihren Verzicht auf starre Posen und das In-Szene-Setzen von fließenden Bewegungen unterscheide. (Koebner 2002, S. 385f) Ein Blick etwa auf die Plastik „Die Bereitschaft" von Arno Breker oder das Gemälde „Bauerngrazie" von Oskar Maria Amorbach (Material 26) scheint aber Koebners These zumindest partiell zu widerlegen. Ob die Einschätzung von Gottlieb Florschütz (Florschütz 2005, S. 256), der „Olympia" als filmästhetisch revolutionär bezeichnet, vom ethischen Standpunkt jedoch als agitatorischen Propagandafilm einstuft, eher zutrifft, bleibt aber ebenso fraglich. Es scheint nicht möglich, die Filmkunst von Riefenstahl in „Olympia" mit den Konzepten des Nationalsozialismus auf simple Weise gleichzusetzen. Widersprüche bleiben bestehen. Genau das sollte auch das Ziel eines Unterrichts sein, der sich mit dem zugegebenermaßen schwierigen Film auseinandersetzt: das Erkennen der Unklarheiten, die Entdeckung des „flimmernden Ganzen" im Sinne von Jacques Derrida (Kapitel III.3.7, S. 185, und Kapitel II.6, S. 119).

Material 26: Olympische Spiele, Plastik und Malerei im Dritten Reich

„Die Bereitschaft" (Plastik von Arno Breker, 1939)
„Bauerngrazie" (Gemälde von Oskar Maria Amorbach, 1940)

„Für die Entwicklung der Plastik im „Dritten Reich" bedeute das Jahr 1936 einen wichtigen Einschnitt und damit einen Wendepunkt (Olympia-Wettbewerb 1935/36). Der Erneuerungsanspruch der Kunst (Verkörperung des rassischen Körperideals) mit dem Ziel, einen allgemein-verbindlichen Stil zu schaffen, verstärkte die Antikenrezeption und führte zu ‚zeitenthobenen' muskulösen männlichen Aktfiguren: die rasanten Karrieren von Arno Breker und Josef Thorak setzten mit ihren Skulpturen für Olympia ein. [...]

Der Sportler, gleich: Zehnkämpfer repräsentiert den Allround-Athleten, der jede Einseitigkeit vermeidet und dessen Körper somit keine professionelle Deformation aufweist. Die Skulpturen waren als Frontalansicht konzipiert, präsentieren sich meist in absolut symmetrischer Körperhaltung und waren mit prallen stählernen Muskeln aufgerüstet (‚Körperpanzer'), [...] der Blick gerade nach vorn gerichtet. Die Köpfe zeichneten sich durch wuchtige Augenbrauen und hervorgehobene Backenknochen aus, die einen energischen Gesichtsausdruck hervorriefen und damit dem Rassenideal entsprachen. [...]

Die Inszenierung der männlichen Schönheit folgte [...] einer ästhetischen Strategie: der Abwehr des Häßlichen. Der schöne Körper war immer der gesunde, ‚arische' Körper. Der schöne athletische, gleich: kriegerische Körper stand für die Überlegenheit der ‚Rasse'. [...]

Stilistische Mittel und die Körpersprache der weiblichen Aktplastik unterschieden sich wesentlich von der der männlichen. Bei der weiblichen Aktplastik dominierten weiche Formen, geschlossene Linien und Umrisse sowie statuarisches Stehen [...]. Geschlechtsspezifische Rollen wurden [...] auf diese Weise als naturgegeben bezeichnet. Die ‚natürliche Ungleichheit' der Geschlechter beruhte auf körperlicher Stärke des Mannes, dessen Charakter „herrisch" und „aggressiv", der der Frau dagegen von Natur aus hingebungsvoll und anpassungsbereit sei."

Petsch, Joachim: „Unersetzliche Künstler". Malerei und Plastik im „Dritten Reich", in: Sarkowicz, Hans (Hg.): Hitlers Künstler. Die Kultur im Dienst des Nationalsozialismus, Frankfurt a. M./Leipzig 2004, S. 265f.

„Riefenstahls Freude am nackten menschlichen, zumal männlichen Körper kommt in den Eingangssequenzen beider Teile [„Fest der Völker" und „Fest der Schönheit] zur Geltung. Besonders in der Antiken-Reminiszenz verfärbt sich die Haut, dank der verwendeten Filter vor dem Objektiv, in ein eigenartiges, schimmerndes Grau, als hätte man belebte marmorne Statuen vor sich. Der Körper in fließender Bewegung ist ihr wichtig, das unterscheidet sie übrigens von der Körperstilisierung, die sonst im Dritten Reich üblich gewesen ist und vor allem starre Posen bevorzugte, dem Betrachter zugewandt, die Männer in übertriebener Muskulatur, die Frauen bar jeder Grazie. Körper als steifes

Dekor findet sich bei Riefenstahl nicht. […] Wenn man schließlich die reigenhaften, halb gymnastischen, halb tänzerischen Bewegungen der nackten Mädchen in der Eingangssequenz genauer anschaut, ist zu erkennen, woher Riefenstahl ihre Inspiration zu dieser Körperinszenierung bezieht: aus der Erfahrung mit dem freien Tanz*, den sie einst selbst zu Beginn ihrer Künstlerlaufbahn ausgeübt hatte, und der Körperkulturbewegung der zwanziger Jahre. Anklänge an die Ästhetik des Nationalsozialismus sind hier kaum zu entdecken, es sei denn für den oberflächlichen Blick."

Koebner, Thomas: Olympia, in: Ders. (Hg.): Filmklassiker, Bd. 1. 1913–1946, 4., durchgesehene und erweiterte Auflage, Stuttgart 2002, S. 385.

* In den 1920er-Jahren lag der moderne bzw. der Ausdruckstanz im Trend, der sich von überlieferten Regeln distanzierte und mit freien Bewegungen versuchte, Gefühle, Sehnsüchte und Leidenschaften auszudrücken.

„Isoliert betrachtet ließe sich die Anfangssequenz [von Riefenstahls „Olympia", die Belebung von Statuen und die Inszenierung von Körpern] noch als ästhetisierende Theatralisierung der Olympischen Spiele in Berlin 1936 interpretieren, wenn man jedoch die suggestive Musik im Hintergrund, die packende Begleitkommentare und die pathetischen Siegerehrungen insbesondere deutscher Sportler hinzunimmt, entsteht der Gesamteindruck eines ‚Kinos der Überwältigung', das dazu geeignet ist, die Zuschauer in patriotisch-nationalistische Stimmung einzulullen."

Florschütz, Gottfried: Sport in Film und Fernsehen. Zwischen Infotainment und Spektakel, Wiesbaden 2005, S. 252.

- Wie unterscheiden sich die Texte bezüglich der Einschätzung der Körperdarstellung voneinander? Welche Gemeinsamkeit gibt es?
- Vergleichen Sie die Texte mit den Abbildungen und dem Film „Olympia" von Leni Riefenstahl: Inwieweit entsprechen bzw. widersprechen sie Ihren Eindrücken?

- Sind im Film „Olympia" Merkmale zu finden, die den Verdacht faschistischer Propaganda erwecken können? Begründen Sie Ihre Antwort.

In Kapitel 3 des zweiten Teils von Müllers Dokumentation („Hitler und die Olympiade“) kommt Leni Riefenstahl zu Wort und schildert ihren Eindruck von Hitlers Einstellung zu den Olympischen Spielen. Ihr Verhältnis zu Adolf Hitler und anderen führenden Persönlichkeiten des NS-Regimes ist bis heute ungeklärt. Riefenstahl selbst hat nie eindeutig dazu Stellung genommen. In der Dokumentation von Ray Müller finden sich einige Sequenzen, in denen sie sich beim Versuch, sich vom Nationalsozialismus zu distanzieren, in Widersprüche verwickelt. Zum Teil scheint sie – durchaus starrsinnig – die Problematik, die mit ihrer Arbeit für das nationalsozialistische Regime verbunden war, zu verdrängen bzw. gleichsam Lebenslügen zu verinnerlichen. (Moeller 2004, S. 165) Leni Riefenstahl hatte bereits vor den zwei Olympiafilmen Filme für die Nationalsozialisten gedreht. Der Film „Triumph des Willens“ über den Nürnberger Parteitag der NSDAP von 1934 zählt zu den eindrucksvollsten und gleichzeitig auch umstrittensten Filmen ihres Schaffens. Einerseits weist er – wie Riefenstahl immer betonte – alle Elemente eines Dokumentarfilms auf,[42] andererseits erzielt er durch den Einsatz

42 Streng genommen wird zwischen Kompilationsfilmen und Dokumentarfilmen unterschieden: Der Kompilationsfilm weist zum Beispiel – wie Ray Müllers Film – Hintergrundmusik, Interviews und Kommentare auf, während der Dokumentarfilm nur Originalaufnahmen zeigt und somit „objektiv“ wirkt. Durch filmtechnische Mittel kann aber auch bei Dokumentarfilmen durchaus manipulative Wirkung erzielt werden.

von damals modernsten filmtechnischen Mitteln manipulative Wirkung im Sinne des Nationalsozialismus.

3.7 Kevin Macdonald: „Ein Tag im September"

Ein weiterer Film, der sich für den Einsatz zum Thema „Olympische Spiele und Politik" im Unterricht eignet, ist *Ein Tag im September* (1999) von Kevin Macdonald. Der Film beschreibt minutiös die 21 Stunden des Geiseldramas in München am 5. September 1972 und verzichtet gänzlich auf Spielfilmelemente. Es werden nur Originaldokumente aus dem Jahr 1972 verwendet, um die Geiselnahme zu dokumentieren. Darüber hinaus kommen rund 30 Jahre später Zeitzeugen und Zeitzeuginnen zu Wort und geben Einblick in ihre Sicht der Geschehnisse. Unter anderem werden die Witwe einer Geisel und auch ihre Tochter, die ihren Vater nie richtig kennenlernen konnte, interviewt. Auch Politiker wie der damalige Innenminister Hans-Dietrich Genscher, der ehemalige Münchner Bürgermeister und Bundestagsabgeordnete Hans-Jochen Vogel und auch der einzige noch lebende Attentäter Jamal al Gashey wurden befragt. Die Szenenwechsel zwischen Opfern und Tätern steigern die Dramaturgie des Filmes. Auf bewegte Bilder wird oftmals verzichtet, Fotos werden gezeigt, Details mit Zoom herausgearbeitet. Ankie Spitzer, die Witwe des Fechttrainers Andre Spitzer, zeigt Amateuraufnahme ihrer Hochzeit und andere private Fotos. Der Film lässt kein Detail der Geiselnahme aus. Es beginnt alles sehr friedlich: Der offizielle Olympiawerbespot wird gezeigt, dann folgen in schneller Abfolge die wichtigsten Entscheidungen der ersten zehn Wettkampftage. Immer wieder werden die Szenen unterbrochen und Ankie

Spitzer und der Attentäter Jamal al Gashey werden mit Kommentaren eingeblendet.

Die Spiele von 1972 hatten für Israel eine besondere Bedeutung. Erstmals seit dem Zweiten Weltkrieg fanden Olympische Spiele auf deutschem Boden statt. Schmerzliche Erinnerungen, Verlust und Trauer, aber auch die Freude über die Teilnahme an den Spielen wechselten sich ab. Ein olympischer Gedenkgottesdienst fand im Konzentrationslager Dachau als Zeichen des Respekts statt. Deutschland war sichtlich bemüht, Offenheit zu zeigen. Die Sicherheitsvorkehrungen wurden bewusst vernachlässigt. Es gab keine bewaffneten Sicherheitsmannschaft, sondern nur 2000 Sicherheitsbeamte, die ohne Waffe ihren Dienst versahen. Im Film wird dies zusätzlich durch Bilder von über einen Zaun kletternden jungen Menschen dokumentiert. Auch al Gashey geht darauf ein und erzählt, dass die Attentäter – das Kommando nannte sich „Schwarzer September" – ebenfalls einfach über einen Zaun in das olympische Dorf kletterten. Sie trafen dabei Athleten und Athletinnen der US-amerikanischen Mannschaft und halfen sich gegenseitig beim Darüberklettern. Später meinte al Gashey, vor allem die weitgehend fehlenden Sicherheitsvorkehrungen hätten dazu geführt, dass diese Geiselnahme stattfinden konnte. Die Attentätern seien einerseits aufgrund der fehlenden Sicherheitsmaßnahmen geradezu eingeladen worden, andererseits boten die Spiele auch eine geeignete mediale Bühne für ihr Anliegen.

Nachdem die Geiselnahme erfolgt war, liefen die Olympischen Spiele weiter. Das IOC entschied sich gegen eine Unterbrechung. Weltweit fanden spontane Protestkundgebungen statt. Der Unmut gegen die Entscheidung des IOC wuchs. Die Attentäter stellten ein Ultimatum und forderten die Freilassung von mehr als 200 Geiseln, darunter auch die RAF-Mitglieder Ulrike Meinhof und Andreas Baader. Die israelische Ministerpräsidentin Golda Meir zeigte sich unbeeindruckt und schloss Verhandlungen mit den Geiselnehmern aus. Die Verantwortlichen in Deutschland glaubten, die Situation selbst lösen zu können – eine fatale Fehleinschätzung, wie sich später noch zeigen sollte. Der Versuch, die Geiseln zu befreien, scheitert. Alle Geiseln starben, drei Attentäter überlebten. Die israelische Olympiamannschaft flog gemeinsam mit den Leichen ihrer toten Kollegen heim nach Israel. Den toten Attentätern wurde in Libyen ein Heldenbegräbnis bereitet. Die Spiele in München gingen weiter.

Die überlebenden Attentäter standen in Deutschland nie vor Gericht. Knapp sieben Wochen nach der Geiselnahme wurden sie nach Lybien gebracht. Vorher war ein Flugzeug der Lufthansa auf der Strecke von Beirut nach Frankfurt entführt worden, um die Freilassung der drei Attentäter zu erreichen. Ohne Rücksprache mit Israel entschied Deutschland für die Freigabe der Terroristen. In den darauffolgenden Jahren wurden vom israelischen Geheimdienst (Mossad) zwei der drei noch lebenden Attentäter und 12 weitere Personen, die mit der Geiselnahme in München in Verbindung gebracht wurden, exekutiert. Einzig al Gashey überlebte und nimmt erstmals seit vielen Jahren im Film „Ein Tag im September" zu den Geschehnissen Stellung.

Der Film ist ab 12 Jahren freigegeben. Dennoch empfiehlt sich der Einsatz des Filmes erst in der Oberstufe. Um den Film bzw. die Hintergründe der Geiselnahme wirklich verstehen zu können, muss relativ viel Verständnis um die damalige politische Lage bei den Schülern und Schülerinnen vorhanden sein. Unter anderem sollten sie mit der Zeit um 1968 vertraut sein, die Geschichte der RAF kennen und auch die Grundzüge des Konflikts Israel und Palästina kennen. Wenn der Film aus Zeitgründen nicht vollständig gezeigt werden kann, bieten sich vor allem die Kapitel 12 und 13[43] für den Unterricht an. In diesen Kapiteln wird kritisch mit der Rolle der Medien ins Gericht gegangen und auch die Rolle des IOC – die Spiele müssen weitergehen – wird dargestellt. Außerdem werden auch die Gründe für das Misslingen der Befreiungsaktion genannt und prominente Vertreter von Polizei und Militär kommen zu Wort. Der Film wurde im Jahr 2002 mit dem Oscar für den besten Dokumentarfilm ausgezeichnet.

4. Politische Inszenierung: Politik und Medien

Politik und Medien stehen in einem permanenten Spannungsfeld. Die Politik und ihre Akteure bzw. Akteurinnen beeinflussen die Medien und umgekehrt. Informationen und Botschaften werden von der Politik bewusst in den Medien lanciert und diese somit zum Spielball der Politik. Aber auch die Medien können bewusst politische Botschaften veröffentlichen und damit die öffentliche Meinung zu bestimmten Themen beeinflussen bzw. dies zumindest versuchen. Genau dieses Spannungsverhältnis zwischen Politik und Medien soll anhand einiger methodischer Beispiele im nachfolgenden Kapitel aufbereitet werden.

---

43 Die Kapitelangaben beziehen sich auf die DVD-Ausgabe des Films.

Das Wissen um den kritischen Umgang mit Medien befähigt junge Menschen zu einer reflektierten politischen Urteilsbildung und schult die Methodenkompetenz. Allein schon die Auseinandersetzung mit der Frage, wie unterschiedlich ein politisches Thema in verschiedenen Tageszeitungen dargestellt werden kann, trägt zur Sensibilisierung im Umgang mit Medien bei und lässt junge Menschen die Bandbreite zwischen „öffentlicher" und „veröffentlichter" Meinung erahnen. Auch eine genauere Analyse der politischen Fernsehberichterstattung lässt den Verdacht zu, dass sich Politik und ihre Inhalte nur dann gut „verkaufen" lassen, wenn sie in kurze und prägnante Sätze gegossen werden können. Der politische Erfolg hängt demnach immer öfter von der Darstellung der Inhalte und weniger von der politischen Botschaft selbst ab. Immer öfter werden Politik bzw. Politiker und Politikerinnen auch in TV-Serien dargestellt. Serien wie „Commander in Chief", in der eine Frau das mächtigste Amt der Welt, die US-Präsidentschaft, innehat, oder die ZDF-Serie „Kanzleramt" wären an dieser Stelle zu nennen. (Dörner 2006)

4.1 Informationen zum Thema

Unter dem Begriff *Mediokratie* (Meyer 2001) wird die Medialisierung von Politikvermittlung verstanden. Demnach ordnet sich die Politik zusehends der Logik der Medien und der Quoten (im TV der Einschaltquoten, im Printbereich der Anzahl der Leser und Leserinnen bzw. der Reichweiten) unter. Ein anderer Begriff, jener des *Politainment* (Dörner 2001), beschreibt die zunehmend symbiotische Verschränkung von Politik und Unterhaltung. Vom Politainment profitieren beide Seiten: sowohl die Politik als auch die Medien. Einerseits kann die Politik durch die Nutzung unterschiedlicher Massenmedien (von Radio und TV über Printmedien bis hin zum Internet) leichter und zielgruppengerechter ihre Wähler und Wählerinnen ansprechen. Andererseits profitieren die Medien umgekehrt durch höhere Einschaltquoten oder Auflagenzahlen. (Plasser 2004)

In Anlehnung daran beschreibt Wolf (2006, S. 52) die Begriffe *E-Politik* (Ernste Politik) und *U-Politik* (Unterhaltungs-Politik). Ernste Politik bezeichnet beispielsweise ein Interview mit einem Politiker oder einer Politikerin zu einem sachpolitischen Thema. Hingegen wird bei Unterhaltungs-Politik die Persönlichkeit des Politikers bzw. der Politikerin stärker in den Vordergrund gerückt, das Politische wird zur Nebensache und ist dennoch nicht von der Hand zu weisen: „Es sieht ein bisschen wie Politik aus, lässt aber anschließend keineN ZuseherIn qualifizierter am demokratischen Diskurs teilnehmen." (Wolf 2006, S. 53) U-Politik wäre es beispielsweise, wenn sich ein Politiker oder eine Politikerin in einer Unterhaltungssendung zu relativ personenbezogenen Themen interviewen lässt. Er/sie tritt zwar als Privatperson auf, bleibt aber dennoch Politiker bzw. Politikerin.

Zweifelsohne spielt die Persönlichkeit des Politikers bzw. der Politikerin in diesem Zusammenhang eine wichtige Rolle. Karin Liebhart (2008) hat die mediale Imagekonstruktion von ausgewählten Spitzenpolitikern und -politikerinnen aus Deutschland und Österreich genauer analysiert und zudem festgestellt, dass politische „Inszenierungen [...] durch geschlechtsspezifische Imagekonstruktionen und Repräsentationsformen geprägt [sind]. Die Orientierung an traditionellen Bildern von Männlichkeit und Weiblichkeit

1.
Autonomie
←→

2a.
Instrumentalisierung der Massenmedien durch die Politik
←

Subsystem Medien **Subsystem Politik**

→
2b.
Instrumentalisierung der Politik durch Massenmedien

→←
3.
Symbiose

Grafik 13: Beziehungszusammenhang von medialen und politischen Akteuren (Filzmaier 2006, S. 47)

eröffnet aber auch die Möglichkeit zum Spiel mit diesen Klischees […].“ (Liebhart 2008, S 105) Unter anderem hat sie den Personenkult bzw. das von der Politik und den Medien konstruierte Image von Angela Merkel genauer untersucht und ihren Werdegang von „Kohls Mädchen“ zur „Mutter der Nation“ beschrieben. Außerdem beschreibt sie, wie unterschiedlich Männer und Frauen im bewussten Spiel mit traditionellen Rollenbildern agieren und wie diese „Koketterie“ von den Medien dargestellt wird. Peter Filzmaier (2006, S. 46f) beschreibt drei Modelle, die das Verhältnis von Politik und Medien darstellen können: erstens das Modell der Autonomie, zweitens das Modell der Instrumentalisierung der Massenmedien durch die Politik sowie der Instrumentalisierung der Politik durch die Massenmedien und drittens das Modell der Symbiose (Grafik 13). Die Logik des Zusammenspiels von Politik und Medien kann aber innerhalb eines Landes kaum auf eines der genannten Modelle beschränkt werden, d. h. es können durchaus mehrere Modelle innerhalb eines Mediensystems auftreten.

Dem *Modell der Autonomie* liegt der Gedanke zugrunde, dass Medien als kritische Instanz und als Kontrollorgan, im Sinne der vierten Macht im Staat (Fabris/Hausjell 1991), auftreten. Die Kontrollfunktion der Medien bzw. ihrer Akteure und Akteurinnen ist gesellschaftlich und öffentlich anerkannt. Im *Modell der Instrumentalisierung* wird die Beeinflussung der Medien durch die Politik bzw. jene der Politik durch die Medien beschrieben. Zwar regeln im Allgemeinen eigene Gesetze die Aufgaben und Funktionen des öffentlich-rechtlichen Rundfunks. Dennoch versuchen Politiker und Politikerinnen, aber auch die Parteien selbst direkt Einfluss auf die politische Berichterstattung in diesen Medien auszuüben, indem sie intervenieren und somit Themen und Botschaften vorgeben. Zudem kann durch gesetzlich verbriefte Mitsprache der politischen Parteien die Unabhängigkeit – trotz des gesetzlichen Auftrages einer ausgewogenen Berichterstattung – eingeschränkt werden. In privaten Medienunternehmen, auch wenn Redakteursstatuten einen unabhängigen Journalismus ermöglichen sollen, gefährden ohnedies Eigentümerinteressen sowie ökonomische und politische Interessen die Unabhängigkeit. Umgekehrt können aber auch die Medien von sich aus Themen formulieren, auf welche die Politik reagieren muss. Während allerdings Politiker und Politikerinnen ausschließlich mediengerecht handeln müssen, kann das Mediensystem selbst auch ohne politische Inhalte existieren. (Filzmaier 2006, S. 47) Im *Modell der Symbiose* kommt es schließlich zu einem Beinahe-Verschmelzen zwischen Medien und Politik. Politiker und Politikerinnen stellen sicher immer stärker in den Medien dar, und die Medien selbst agieren immer öfter auf politischer Ebene, geben beispielsweise Themen vor und greifen somit gestaltend ein.

Wolfgang Donsbach (2006, S. 195f) erweitert das Zusammenspiel aus Politik und Medien noch um einen nicht unwesentlichen Personenkreis, an der sich politische Berichterstattung orientiert: das Publikum. Grafik 14 veranschaulicht den Teufelskreis zwischen Handlungen und Motiven der Akteure bzw. Akteurinnen innerhalb eines politischen Systems.

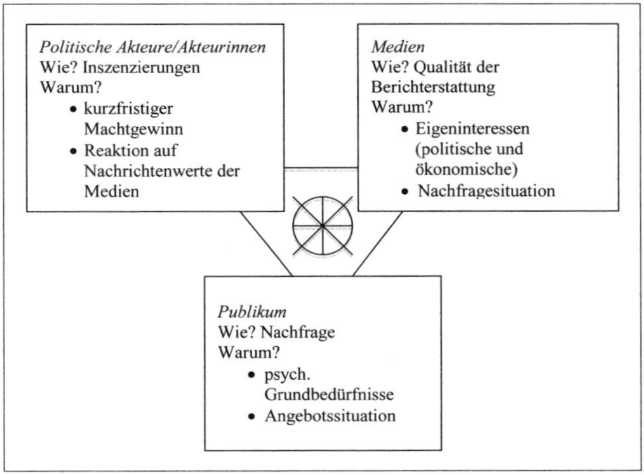

Grafik 14: Teufelskreis von Handlungen und Motiven der Akteure/Akteurinnen im politischen System (Donsbach 2006, S. 196)

Die Qualität der Berichterstattung durch die Medien hängt demnach von zwei Faktoren ab: zum einen von den Eigeninteressen der Medien (diese hängen wiederum von politischen oder ökonomischen Faktoren ab) und zum anderen von der Nachfragesituation. Das Handeln auf Seiten der Politik wird meist in der Hoffnung auf einen kurzfristigen Machtgewinn inszeniert bzw. als Reaktion auf eine bestimmte Berichterstattung. Das Publikum selbst fragt auch Inhalte nach – die mehr oder weniger politisch wie medial inszeniert sein können. Einerseits reagieren sie demnach auf Grundlage ihrer psychisch-kognitiven Grundbedürfnisse und wollen sich über politische Inhalte informieren. Andererseits reagieren sie auch auf die Angebote der Medien im Bereich der politischen Berichterstattung. Die Akteure „Politik“, „Medien“ und „Publikum“ können in diesem Kontext durchaus auch als Spirale verstanden werden. Wird von Seiten der Politik etwa professionelle Medienarbeit geleistet, d. h. werden wichtige Themen bewusst in die politische Berichterstattung eingeschleust, erhöht sich die Dynamik.

4.2 Denkhüte von de Bono: E-Politik oder U-Politik?

Die bereits in Kapitel III.3.6 (S. 178–180) vorgestellte Kreativitätstechnik der sechs Denkhüte von Edward de Bono wird im folgenden Kapitel an einem konkreten Beispiel illustriert. Am Beginn muss den Schülern und Schülerinnen die Methode im Detail vorgestellt werden. Als zusätzliche visuelle Hilfestellung empfiehlt sich die Bereitstellung von unterschiedlich färbigen Papierhüten. Fünf Hüte (schwarz, blau, rot, weiß und gelb) werden auf Tischen verteilt und sollen einzelne Denkstationen darstellen. Der blaue Hut (dieser entspricht der Rolle des Moderators bzw. der Moderatorin) kann bei der Lehrperson bleiben und diese sollte die Moderation im Anschluss an den kollektiven Nachdenkprozess übernehmen.

Die Schüler und Schülerinnen teilen sich in fünf Gruppen auf. Dies kann entweder spontan oder durch verdecktes Ziehen von farbigen Kärtchen erfolgen. Vor Beginn der Nachdenkphase sollen nochmals kurz die Spielregeln erklärt werden. Jede Gruppe hat fünf bis zehn Minuten für jeden Hut Zeit. Die gefundenen Argumente werden von einem Schriftführer bzw. einer Schriftführerin notiert. Nach einem Signal wechseln die Gruppen (am besten im Uhrzeigersinn) die Stationen. Somit muss sich jede Gruppe dem Problem unter unterschiedlicher Betrachtungsweise nähern.

Wie bereits in Kapitel IV.4.1 kurz ausgeführt, verschwimmen im Bereich der politischen Berichterstattung sehr oft die Grenzen zwischen seriöser und weniger seriöser Berichterstattung. Für den Einsatz der Denkhüte von de Bono wird von folgender fiktiver Ausgangslage ausgegangen: Die Politikberichterstattung einer regionalen Tageszeitung soll stärker ausgebaut werden. Es stellt sich die Frage, ob die Zeitung ihren Politikteil mehr in Richtung seriöser Politikberichterstattung (E-Politik) ausbauen oder mehr Elemente der sogenannten Seitenblickegesellschaft einbringen soll, um damit auch eine persönliche Seite von Politikern und Politikerinnen zu zeigen (U-Politik). Von Lesern und Leserinnen über 30 Jahren wird der Politikteil gut angenommen. Jüngere Leser und Leserinnen ziehen der Tageszeitung ein Konkurrenzblatt vor, das zusehends E- und U-Politik vermischt. Umfragen belegen, dass einzig der Politikteil von den Lesenden zunehmend als Schwachstelle wahrgenommen wird. Außerdem sind in der Politikredaktion nur zwei Redakteure bzw. Redakteurinnen angestellt. In einer Redaktionssitzung sollen nun mithilfe der Denkhüte die unterschiedlichen Möglichkeiten der Problemlösung herausgefunden bzw. konkrete Umsetzungsmöglichkeiten diskutiert werden.

Zur Erleichterung kann den Schülern und Schülerinnen eine Auflistung von Argumentationsgrundlagen (Tabelle 7) als Orientierung bereitgestellt werden. Nach einer Nachdenkphase werden die Ergebnisse im Plenum gesammelt und anschließend mit den Schülern und Schülerinnen besprochen. Die Lehrperson schlüpft nun in die Rolle des Moderators bzw. der Moderatorin. Darüber hinaus muss der blaue Hut auch den weiteren Problemlösungsprozess einleiten und auch überwachen. Er verteilt Arbeitsaufgaben, fasst Ergebnisse zusammen und bringt Ordnung in die gesammelten Ideen. Darüber hinaus sollte er einen Plan für die weitere Vorgehensweise formulieren.

Tab. 7: Die „Sechs Hüte von Bono" – Argumentationsgrundlagen[44]

Hüte	Argumentationsgrundlagen
weißer Hut[45] (objektive Fakten)	Welche Daten gibt es? Wie können wir herausfinden, welche Gefühle bzw. Einstellungen unsere Leser und Leserinnen gegenüber unserer Zeitung haben? Welche Zielgruppen wollen wir mit unserer Berichterstattung ansprechen?

44 http://www.greens-web.learnline.de, 9. Juli 2009, erweitert und überarbeitet durch Cornelia Klepp.

45 Um ein produktives Nachdenken mit dem weißen Hut ermöglichen zu können, muss der Lehrende vorab Daten zur Verfügung stellen. Es werden beispielsweise in regelmäßigen Abständen die Reichweiten von unterschiedlichen Tageszeitungen erhoben. Möglich ist auch, eine Auflistung fiktiver Daten vorzubereiten.

Hüte	Argumentationsgrundlagen
	Welche spezifischen Informationen brauchen wir darüber hinaus?
roter Hut (Emotionen, die mit dem Prolem zusammenhängen)	Wie fühlen wir uns in dieser Situation? Welche Ängste/welche Hoffnungen haben wir? Wie reagieren wir auf sie? Was sagt das „Bauchgefühl"?
schwarzer Hut (negativ konstruktive Kritik)	Was wird passieren, wenn wir nicht reagieren? Wie sieht ein mögliches Worst-Case-Szenario aus? Welche Risiken gibt es? Kritik? Skepsis?
grüner Hut (Kreativität)	Was können wir tun, um die Situation zu verbessern? Welche Ideen haben wir? Was kann jede/r Einzelne dazu beitragen? Welche visionären Lösungen bzw. Szenarien gibt es? (Motto: Nichts ist unmöglich)
gelber Hut (positiv konstruktive Kritik)	Welche Maßnahmen erscheinen am erfolgreichsten? Wie schaut ein mögliches Best-Case-Szenario aus? Welche Maßnahmen sind am leichtesten innerhalb kurzer Zeit umsetzbar? Was muss mittel- und langfristig passieren? Welche Vorteile erwarten wir uns von den Maßnahmen?
blauer Hut (Moderation und Prozesskontrolle)	Wie gehen wir vor? Was ist realistisch? Wie werden die Aufgaben verteilt? Wer ist wofür verantwortlich?

Hüte	Argumentationsgrundlagen
	Wie erzielen wir den gewünschten Effekt? Wie kann dieser festgestellt werden? Wie können wir den Erfolg der Maßnahmen messen?

Die Vielfalt an Argumenten, aber auch an konkreten Lösungsvorschlägen soll nochmals die Multiperspektivität der Methode hervorstreichen und zeigen, dass sich die Übernahme unterschiedlicher Sichtweisen zur Lösung eines konkreten Problems lohnt. Anhand des beschriebenen Beispiels kann mit den Lernenden anschaulich diskutiert werden, in welchem Gewissenskonflikt sich Zeitungen immer wieder befinden. Unter anderem könnten folgende Fragen Grundlage für eine weiterführende Diskussion sein: Inwieweit darf sich seriöse Politikberichterstattung (im Beispiel als E-Politikberichterstattung bezeichnet) von Unterhaltungselementen beeinflussen lassen? Wo ist die Grenze zwischen E- und U-Politik? Welche Beispiele für U-Politikberichterstattung finden sich? Vor allem die Beantwortung dieser Frage kann von den Schülern und Schülerinnen im Zuge einer Internetrecherche durchgeführt werden. Darüber hinaus kann die Lehrperson Beispiele aus der Vergangenhei als Input vorbereiten. Ebenfalls wäre es möglich, ein aktuelles Beispiel gesondert hervorzuheben und die mediale Berichterstattung darüber in unterschiedlichen Printmedien zu analysieren.

4.3 Barry Lewinson: „Wag the Dog – Wenn der Schwanz mit dem Hund wedelt"

Was macht man, wenn der amerikanische Präsident mitten im Wahlkampf mit einem Sexskandal konfrontiert wird? Ganz einfach, man inszeniert ein Ablenkungsmanöver. Zuerst setzt man Gerüchte über Einsätze von B3-Bombern in die Welt und dann erklärt man einem entfernten Land den Krieg, um von den Vorwürfen geschickt abzulenken – so geschehen bzw. verfilmt im Spielfilm „Wag the Dog – Wenn der Schwanz mit dem Hund wedelt" (USA 1997, Regie: Barry Lewinson).[46]

Der prominent besetzte Film – unter anderem mit Robert de Niro, Dustin Hoffman und Anne Heche in den Hauptrollen – beschreibt das Spannungsfeld zwischen Politik und Medien mit beißendem Humor und regt die Zuseher und Zuseherinnen zum Nachdenken an. Inwieweit ist Politik wirklich real? Kann man der politischen Berichterstattung tatsächlich glauben? Wo beginnt die Fiktion, was ist Wirklichkeit? Geben die Medien oder gibt die Politik die Botschaften vor? Und vor allem: Wer manipuliert wen? Im Film werden nur auf den ersten Blick Antworten auf diese Fragen gegeben. Auf den zweiten Blick lässt der Film relativ ratlose Zuseher und Zuseherinnen zurück, die sich selbst folgende Frage stellen müssen: „Lassen wir uns wirklich so einfach täuschen?" Im Prolog des Films wird folgende Frage gestellt: „Warum wedelt der Hund mit dem Schwanz?" Die Antwort scheint einfach: „Weil der Hund schlauer ist als der

46 Kleine Randbemerkung: Der Film wurde knapp vor Bekanntwerden der Lewinsky-Affaire gedreht.

Schwanz. Wäre der Schwanz schlauer, würde der Schwanz mit dem Hund wedeln." Der Film dreht aber gleichsam den Spieß um und lässt den Schwanz mit dem Hund wedeln. Demnach berichten Medien nicht einfach über Politik, sondern die Politik gibt die Nachrichten bzw. Informationen vor. (Filzmaier 2006, S. 29–31)

Um eine Basis für die Filmanalyse zu schaffen, muss den Schülern und Schülerinnen zunächst das Verhältnis zwischen Politik und Medien (Kapitel IV.4.1) als „(Arbeits-)Wissen" zur Verfügung gestellt werden: die Autonomie der Medien, die Instrumentalisierung der Medien durch die Politik sowie die Instrumentalisierung der Politik durch die Medien. Material 27 thematisiert diese Formen der Beziehung mit der Methode des systematischen Lehrgangs (Kapitel III.3.1), d. h. zielorientiert und von der Lehrperson gesteuert: Die Lernenden versuchen mit Hilfe von Leitfragen die unterschiedlichen Beziehungen herauszuarbeiten. Dabei steht zunächst die Annahme im Vordergrund, dass Medien politisches Handeln lenken. Mithilfe einer Karikatur von Burkhard Mohr sollen aber auch die anderen Formen des Verhältnisses zwischen Politik und Medien herausgearbeitet werden. Zudem werden die Aufgaben der Politik thematisiert und danach gefragt, ob die Politik in der Mediendemokratie diesen entspricht. Die Lebenswelt der Schüler und Schülerinnen wird zudem berücksichtigt, indem nach den letzten Wahlen und nach den persönlichen Eindrücken und Erfahrungen im Umgang mit Medien gefragt wird. Mit dem erarbeiteten Wissen gleichsam im Hinterkopf erfolgt anschließend die Analyse des Films.

Material 27: Beziehungen zwischen Politik und Medien

Politiker als „Avatare"*

„Seit einigen Jahrzehnten sieht es so aus, als sei die Politik in ein neues Zeitalter eingetreten: Zunehmend folgt sie [...] den Gesetzen der werbe- und medientechnischen Erzeugung von Prominenz, den Methoden des Marketing oder des Starkults. Politische Entscheidungen und Strategien werden inzwischen häufiger aus Umfragen abgeleitet als aus Leitbildern und Programmen [...]. Zwar lässt sich argumentieren, diese Entwicklung habe bereits am Tag der pompösen Selbstkrönung Napoleons zum Kaiser am 2. Dezember 1804 oder mit den propagandistischen Inszenierungen des NS-Führerkults begonnen; auch Winston Churchill oder Charles de Gaulle waren in gewissem Sinne „prominente" Politiker. Im Zuge der medientechnischen Revolutionen nach 1945 hat sich allerdings der Trend verstärkt und beschleunigt: Spätestens seit der Vereidigung des B-Movie-Schauspielers Ronald Reagan zum 40. Präsidenten der USA (im Jahr 1981) ist es möglich geworden, dass Prominenz allein eine politische Karriere eröffnet – gleichgültig, ob der Status in Hollywood, auf der Börse oder in einer Sportarena erworben wurde. 1998 gewann etwa der ehemalige Profi-Wrestler James George Janos – bezeichnenderweise unter seinem Künstlernamen Jesse Ventura – die Wahl zum Gouverneur von Minnesota [...]."

Macho, Thomas: Politische Avatare. Jörg Haider und die Mediendemokratie, in: Hauch, Gabriella/Hellmuth, Thomas/Pasteur, Paul (Hg.): Populismus. Ideologie und Praxis in Frankreich und Österreich, Innsbruck/Wien/München/Bozen 2002, S. 165.

* Als „Avatar" wird die digitale Konstruktion einer artifiziellen Persönlichkeit, etwa Lara Croft, bezeichnet. Auch im Internet gibt es inzwischen virtuelle Welten wie zum Beispiel Second Life, in denen die Benutzer eigene Avatare basteln können.

Die Massenmedien unserer Tage beeinflussen das politische Geschehen erheblich. […] Sie prägen maßgeblich die politisch wirksame, öffentliche Meinung. Wer in der öffentlichen Diskussion Gehör finden, Resonanz erfahren will, muss Publizität erlangen. Und das gelingt nur dadurch, daß man „in die Medien kommt". Nur Themen, die in den Medien abgehandelt werden, sind in der Mediendemokratie Themen von allgemeinem Interesse, und auch Informationen zu diesen Themen entnimmt der Bürger fast ausschließlich den Medien. Medien beschaffen Informationen, nehmen selbst dazu Stellung und wirken damit als orientierende Kraft. […] Aus der Rolle des politikvermittelnden Beobachters und Kontrolleurs […] sind die Medien zunehmend in die eines Politikgestalters geschlüpft.

Hillgruber, Christian: Scheinbares Wohlbefinden – Medien in der Demokratie, in: Frankfurter Allgemeine Zeitung, 12. Februar 2003.

Mitbestimmung?

Karikatur von Burkhard Mohr

Aufgaben der Politik

„Politik ist menschliches Handeln, das zum Ziel hat, verbindliche Regeln in und zwischen Gruppen von Menschen herzustellen. Jede Gesellschaft braucht Spielregeln (Gesetze). Eine wichtige Aufgabe von Politik ist es, diese Gesetze zu beschließen und dafür zu sorgen, dass sie eingehalten werden. In jeder Gesellschaft gibt es unterschiedliche Interessen. Was die einen möchten, gefällt anderen nicht und umgekehrt. Deshalb ist eine weitere Aufgabe der (demokratischen) Politik, einen Ausgleich dieser Interessen herzustellen. Das bedeutet sehr oft, Kompromisse zu finden. In demokratischen Systemen hat Politik weiters die Aufgabe, eine gerechte Verteilung von Gütern zu sichern. Politik heißt hier auch, sich um die Schwächeren in der Gesellschaft zu kümmern."

Gärtner, Reinhold: Politiklexikon für junge Leute, Wien 2008, S. 191f.

- Definieren Sie den Begriff „Mediendemokratie".
- Welche Beziehung zwischen Politik und Medien beschreiben die Texte? Welche Funktion haben die Medien dabei? Gibt es auch andere Formen der Beziehung?
- Welches Verhältnis zwischen Politik und Medien wird in der Karikatur thematisiert?
- Rufen Sie sich die letzten Wahlen in Erinnerung: Wie präsentierten sich die wahlwerbenden Politiker/innen? Welche Rolle spielten die Medien?
- Werden Sie von den Medien beeinflusst? Wenn ja, auf welche Weise?
- Welche Aufgaben hat Politik? Wieweit entspricht das Verhältnis zwischen Politik und Medien diesen Aufgaben?

Falls für den gesamten Film keine Zeit zur Verfügung steht, sollte der Inhalt des Films zunächst vorgestellt (Material 28) und schließlich die ersten fünf Kapitel des Films, die 20 Minuten der Unterrichtszeit in Anspruch nehmen, gezeigt werden. In diesen Kapiteln des Films wird die Grundlage für ein spektakuläres Ablenkungsmanöver gelegt. Es wird gezeigt, wie eine politische Botschaft geschickt in den Medien lanciert werden kann, um von einer anderen Botschaft abzulenken. Die Schüler und Schülerinnen erhalten folgende Beobachtungsaufgaben, wobei hier auf das „(Arbeits-)Wissen" zurückgegriffen werden soll: 1) Welche Form der Beziehung zwischen Politik und Medien wird dargestellt? 2) Mit welchen Mitteln wird diese Beziehung hergestellt? 3) Warum wird eine solche Beziehung lanciert? Schließlich soll eine Antwort auf die Frage gegeben werden, ob Medien tatsächlich eine derart manipulative Wirkung besitzen, wie sie im Film dargestellt wird. Hier lässt sich eine Brücke zur Lebenswelt der Schüler und Schülerinnen schlagen, indem deren eigenen Erfahrungen angesprochen und Fälle diskutiert werden, in denen sie sich als Zielperson von Manipulationsversuchen empfunden haben. Insbesondere Wahlwerbungen, etwa an Haushalten versandte Broschüren, sowie Werbungen für Konsumgüter, die oft schlecht gemacht und daher offensichtlich manipulierend wirken, werden zur Sprache kommen. Aber auch auf erfolgreiche Spins[47], die nicht so einfach als Manipulation entschlüsselt werden können und auch im Spielfilm „Wag the Dog" thematisiert sind, sollte hingewiesen werden.

47 „Spin" (engl.) bedeutet Drehung oder Drall. Bezogen auf die Politik und die Medien meint „Spin", dass einem Thema in den Medien gleichsam der richtige „Dreh" gegeben und dadurch zu einem Art Selbstläufer wird. Das Ziel von Spins kann die Manipulation der Medienkonsumenten sein. Der Begriff des „Spin-Doctor", der für die Öffentlichkeitsarbeit von politischen Parteien zuständig ist, wird daher oft auch negativ konnotiert.

Material 28: „Wag the Dog" – Inhaltsangabe

Die Präsidentschaftswahl in den USA steht bevor. Der amtierende Präsident liegt in den Umfragen voran und die Wiederwahl sollte kein Problem sein. Und dennoch, knapp vor der Wahl drohen die Anschuldigen eines jungen Mädchens, dass sie der Präsident sexuell belästigt hat, die vermeintlich sichere Wiederwahl platzen zu lassen. Der strategische Berater des Präsidenten lässt darauf hin das Gerücht über Einsätze von B-3 Bombern in die Welt setzen und gewinnt damit wertvolle Zeit, um die Wiederwahl des Präsidenten doch noch zu schaffen. Eine wirklich große Krise wird konstruiert, um von den Verfehlungen des Präsidenten abzulenken.

In weiterer Folge wird die Öffentlichkeit mit weiteren Informationen zum Einsatz der B-3 Bomber versorgt. Unter anderem wird das Gerücht verbreitet, dass sich die USA im Krieg mit Albanien befinden. Um diesen Gerüchten auch ein medial wirksames Gesicht zu geben, wird ein angesehener Hollywood-Produzent engagiert. Seine Aufgabe ist es, Bilder von einem typischen Krieg zu liefern, d. h. Bilder eines fiktiven Krieges zu inszenieren. All dies geschieht natürlich unter dem Mantel der Verschwiegenheit. Der Produzent darf seinen Namen nicht nennen, die Darstellerin weiß nicht, wofür sie engagiert worden ist. Eine Szene – sie spielt in einem albanischen Dorf – wird direkt im Studio gedreht. Ein kleines Mädchen hält eine Packung Chips in einer Hand und läuft schreiend auf die Kamera zu. Erst im Nachhinein wird die Chips-Packung zu einem Kätzchen, auch die Kulisse im Hintergrund des flüchtenden Mädchens entsteht erst durch Computeranimation. Nichts wird dem Zufall überlassen. In weiterer Folge schreibt ein bekannter Country-Sänger noch ein Lied und ein Soldatenschicksal wird in Szene gesetzt, wobei diese Inszenierung schiefgeht. Der Soldat entpuppt sich als Psychopath, er provoziert zuerst einen Flugzeugabsturz, bedrängt dann die Tochter eines Tankstellenpächters und wird schließlich erschossen. Auch dieser vermeintliche Inszenierungsfehler wird ausgeschlachtet und der Tod des Soldaten mit einem Heldenbegräbnis in Szene gesetzt.

Die Inszenierung war erfolgreich, alle sind zufrieden. Nur der Hollywood-Produzent kann es nicht verkraften, dass er über sein Werk mit niemandem in der Öffentlichkeit sprechen darf. Kurze Zeit später stirbt er an den vermeintlichen Folgen eines Herzinfarktes.

4.4 Matt Groening: „The Simpsons"

Trickfilme wie „Futurama", „South Park" und „The Simpsons" greifen immer wieder politische Themen auf. Ihr Einsatz im Unterricht ermöglicht es daher, die Objektebene mit der Subjektebene zu verbinden, d. h. dem didaktischen Prinzip der Schüler- und Lebensweltorientierung (Kapitel III.1) zu entsprechen. Im Folgenden soll am Beispiel von „The Simpsons" eine Möglichkeit vorgestellt werden, wie Trickfilme für politische Bildung verwendet werden können.

Die Serie „The Simpsons", die 1985 von Matt Groening als Kurzfilm konzipiert wurde, zählt zu den erfolgreichsten Trickfilmserien der Gegenwart.[48] Ab 1989 startete sie als Fernsehserie im Hauptabendprogramm des TV-Senders FOX Network und hat bereits einige Rekorde gebrochen: Zum einen ist sie die Zeichentrickserie mit der längsten Laufzeit zur Prime Time, zum anderen wurde sie bereits mehrfach ausgezeichnet. Der große Erfolg liegt wohl hauptsächlich in der symbolischen Bedeutung der Serie: Die Familie lebt in einer typischen amerikanischen Kleinstadt, in Springfield. Der Name dieser Stadt wurde nicht zufällig gewählt, zumal er einer der häufigsten Ortsnamen in den USA ist. Bislang

48 Details zur Serie unter: http://www.thesimpsons.com, 29. Juli 2009, und https://de.wikipedia.org/wiki/simpsons, 29. Juli 2009.

wurde daher in der Serie auch kein Bundesstaat verraten, in dem sich die Heimat der Simpsons befinden könnte. „The Simpsons" ist gleichsam eine Karikatur des amerikanischen Alltagslebens schlechthin.

Alle Episoden sind innerhalb von 20 Minuten abgeschlossen, werden durch Karikaturen bekannter Persönlichkeiten aufgepeppt und weisen vielfältigen Anspielungen auf Politik, Religion und Gesellschaft sowie beißende Kritik am US-amerikanischen Establishment auf. Die Episoden sind dabei aber nie moralisierend, sondern überzeichnend und subversiv. Für den Unterricht eignet sich eine Episode aus dem Jahr 1990[49], die im Original den Titel „Two Cars in Every Garage and Three Eyes on Every Fish" trägt. Im deutschen Sprachraum wurde sie mit „Frische Fische mit drei Augen" ausgestrahlt.

Lisa und Bart Simpson angeln in einem See, der nahe des Kernkraftwerks von Springfield liegt. Gerade als ein Journalist vorbeikommt, der wegen radioaktiver Strahlungen in der Umgebung recherchiert, ziehen die beiden einen dreiäugigen Fisch aus dem Wasser. Mister Burns, der Besitzer des Kernkraftwerkes, versucht nun alles, um die radioaktive Verseuchung geheim zu halten. Unter anderem strebt er das Amt eines Gouverneurs an und beginnt einen Wahlkampf, der zur Thematisierung politischer Inszenierungen im Politikunterricht herangezogen werden kann. So tritt beispiels-

49 Die erwähnte Episode wurde in der Season 2 (Folge 17) am 1. November 1990 erstmals in den USA ausgestrahlt. Eine umfangreiche Beschreibung der erwähnten Episode findet sich unter „The Simpsons Archive" (www.snpp.com, 18. August 2009) und auf „The Internet Movie Data Base" (www.imbd.com, 18. August 2009).

weise ein als Charles Darwin verkleideter Schauspieler auf, der den mutierten Fisch als Superfisch mit drei Augen lobt und als höchstes Maß auf der Stufe der Evolution darstellt. Zudem sind wie üblich Anspielungen auf Politiker und bekannte Filme zu finden: So posiert etwa Burns wie der Demokrat Michael Dukakis beim Präsidentschaftswahlkampf im Jahr 1998 am Steuer eines Panzers. Wie Citizen Kane im gleichnamigen Spielfilm von Orson Wells (USA 1941), unter anderem eine Parabel über die Macht der Medien, hält Burns zudem eine Rede vor einem Porträt, das ihn in übermenschlicher Größe zeigt. Auch andere Parallelen zwischen Burns und Citizen Kane sind zu finden: der unermessliche Reichtum, das große und abgeschottete Anwesen, die Entfremdung von anderen Menschen, Einsamkeit und innere Verhärtung sowie der erfolglose Versuch, Gouverneur zu werden.

Solche Anspielungen werden von den Kindern und Jugendlichen, aber auch von vielen Erwachsenen nicht immer verstanden. Wie bereits beim Unterrichtsvorschlag zum Spielfilm „Wag the Dog“ angesprochen, muss daher notwendiges „(Arbeits-)Wissen“ zur Verfügung gestellt werden. Dazu eignet sich, neben vielen anderen Möglichkeiten, ein Experiment: Es werden mehrere Gruppen gebildet, wobei ein Teil davon eine Episode zwar mit Leitfragen, aber ohne Vorwissen analysiert. Ein anderer Teil beginnt dagegen erst mit der Analyse, nachdem mit Hilfe von Materialien (Materialien 29), welche die Lehrperson zur Verfügung stellt, mehrere Hintergrundinformationen beschafft wurden. Das Material zum Wahlkampf zwischen George Bush sen. und Michael Dukakis ermöglicht es zudem, den Schülern und Schülerinnen unterschiedliche Erklärungen zu einem politischen Problem zu präsentieren. Leitfragen für die Analyse könnten sein: 1. Welche Szenen beinhalten möglicherweise politische Anspielungen? Wie wird das politische System in den USA dargestellt? 2. In welchen Szenen werden politische Inszenierungen, etwa Wahlreden oder Medienauftritte, karikiert? Auf welche Weise werden sie überzeichnet? 3. Welche gesellschaftskritischen Elemente sind enthalten? Alle Gruppen haben die gleiche Zeit für die Analyse zur Verfügung. Die Ergebnisse der Gruppen werden anschließend vortragsgerecht, etwa in Form von Plakaten oder als Tafelbilder, aufbereitet und präsentiert. Im Anschluss vergleichen und diskutieren die Schüler und Schülerinnen die mit großer Wahrscheinlichkeit unterschiedlichen Ergebnisse. Dabei werden – im Sinne der *reflektierenden Interpretation* (Kapitel III.3.7, S. 185f) – durch den Austausch verschiedener Informationen und Interpretationen unterschiedliche Ebenen der Erkenntnis erreicht, die letztlich auch in einem „Versuch der Verallgemeinerung" münden kann, „der über die Besonderheit des Textes hinausgeht und nach Typischen sucht". (Weißeno 2000, S. 191)

Material 29: Panzer als Medienstrategie – Der Präsidentschaftswahlkampf zwischen George Bush sen. und Michael Dukakis im Jahr 1988.

> „Michael Dukakis' Medienberater hatten mit ihrem ‚Tank Ad', in dem der Kandidat bei einer Fahrt in einem M1-Panzer gezeigt wurde […], beabsichtigt, eine Diskussion um die Verteidigungspolitik der beiden Präsidentschaftskandidaten auszulösen, wobei Dukakis' Beharren auf einer konventionellen Nachrüstung amerikanischer Waffensysteme* in den Vordergrund gestellt werden

sollte. Die Panzerfahrt Dukakis' sollte diese programmatische Position symbolisieren und Medienaufmerksamkeit erzeugen. Die Adressaten des Spots – vor allem die Medien selbst und nicht die Wähler – sahen darin jedoch nicht die politische Botschaft, sondern lediglich den Versuch des in den Meinungsumfragen zurückliegenden Kandidaten, durch militärisches Gehabe sein schwaches Image aufbessern."

(Müller, Marion G.: Politische Bildstrategien im amerikanischen Präsidentschaftswahlkampf 1828–1996, Berlin 1997, S. 255)

* Dukakis wandte sich dabei gegen die „Strategic Defense Initiative" (SDI), in der Öffentlichkeit auch als „Star Wars"-Programm bezeichnet, das unter Präsident Ronald Reagan in den 1980er-Jahren ins Leben gerufen worden war und einen Abwehrschirm im Weltraum gegen (sowjetische) Interkontinentalraketen vorsah. Mit dem Zusammenbruch der staatssozialistischen Systeme seit 1989 wurde das Programm auf Eis gelegt, unter Bill Clinton, infolge einer republikanischen Mehrheit im Kongress, und vor allem George W. Bush jedoch fortgeführt.

Bush versuchte, einen patriotisch konservativen Wahlkampf zu führen. [...] Sein Instrument war die Attacke auf Dukakis als „soft on crime", als zu lasch im Kampf gegen die Kriminalität. Die alltägliche Gewalt war in den Großstädten der 80er-Jahre eines der vordringlichsten Themen. [...] Bushs Leute fanden schnell, wonach sie suchten. In einem Gefängnis in Groß-Boston war ein schwarzer Schwerverbrecher namens Willy Horton als Freigänger entlassen worden. Das so genannte „Prison Furlough"-Programm war von Dukakis unterzeichnet worden. Horton hatte seinen Freigang zum Mord missbraucht. Landesweit erzählten die Republikaner in ihrem Wahlwerbespot von Dukakis' angeblichen Versagen. Das Gesicht Hortons wurde in einer Schlusseinstellung des Spots mit jenem von Dukakis überblendet. Dukakis musste reagieren. Er ließ einen eigenen Fernsehspot drehen, der ihn in einem Panzer sitzend zeigte. Dazu trug er eine Lederkappe, wie sie die ersten Flugzeugpiloten knapp 100 Jahre zuvor zu tragen pflegten. Der Spot lief – und war ein Schuss, der nach hinten losging. Ganz Amerika empfand den friedlichen Dukakis in der ausgesetzten Siegerpose als lächerlich."

Rimschka, Roberta von: Die Bushs. Weltmacht als Familienerbe, Frankfurt a. M. 2004, S. 89.

Dukakis im Panzer

- Warum ließ sich der demokratische Präsidentschaftskandidat Michael Dukakis in einem Panzer abbilden?
- Wie unterscheiden sich die Erklärungen in den beiden Texten? Welche Erklärung erscheint dir plausibler?
- Welche Rollen spielten die Medien im Wahlkampf zwischen George Bush sen. und Michael Dukakis?

Material 30: Citizen Kane (USA 1941, Regie: Orson Wells)

Das Debütwerk von Orson Wells, das Filmgeschichte geschrieben hat, handelt vom Aufstieg und Fall des Zeitungszaren Kane, der reich, aber einsam in seinem Prunkschloss „Xanadu" stirbt. Für die Figur des Citizen Kane war offenkundig der Pressemogul Randolph Hearst reales Vorbild.

Gezeigt wird die frühe Trennung von der Mutter, als er durch den Anwalt zum Erben eines großen Vermögens, das aus einer unerschöpflichen Goldmine stammt, erzogen werden soll. Erwachsen geworden, übernimmt er eine Zeitung und baut sich rasch ein Presseimperium auf. Er gewinnt Macht und Einfluss, zettelt Kriege an und vernichtet Gegner. Ein Rivale um den Gouverneursposten wird von ihm bloßgestellt, doch darüber kommt er selber zum Fall. Sein Weg zum ersten Mann im Staat wird gebremst durch eine Affäre mit einer Sängerin, darüber geht auch seine Ehe zu Bruch. Machtanmaßung, Selbstherrlichkeit und Hybris Kanes sind gepaart mit wachsender Entfremdung von anderen Menschen, Einsamkeit und innerer Verhärtung.

Hickethier, Knut: Citizen Kane, in: Koebner, Thomas: Reclam Filmklassiker, Bd. 1 (1913–1946), 4., durchgesehene und erweiterte Auflage, Stuttgart 2002, S. 440.

Citizen Kane versucht vergeblich, Gouverneur zu werden.

Literatur

Arbeitsgemeinschaft (1955): Unser Österreich 1945–1955. Zum 10. Jahrestag der Wiederherstellung der Unabhängigkeit der Republik Österreich. Der Schuljugend gewidmet von der österreichischen Bundesregierung, Wien.

Archinard, Charles (1870): Histoire de l'Instruction Publique dans le Canton des Vaud, Lausanne.

Assmann, Jan (1988): Kollektives Gedächtnis und kulturelle Identität, in: Ders./Hölscher, Tonio (1988) (Hg.): Kultur und Gedächtnis, Frankfurt a. M., S. 9–19.

Barricelli, Michele (2006): Narrativität, in: Mayer/Pandel/Schönemann (Hg.), Wörterbuch Geschichtsdidaktik, S. 135f.

Baske, Siegfried (1998): Pädagogische Wissenschaft, in: Führ/Furck (Hg.), Handbuch der deutschen Bildungsgeschichte, S. 137–158.

Bauman, Zygmunt (1992a): Moderne und Ambivalenz. Das Ende der Eindeutigkeit, Hamburg.

Bauman, Zygmunt (1992b): Dialektik der Ordnung. Die Moderne und der Holocaust, Hamburg.

Bergmann, Klaus/Fröhlich, Klaus/Kuhn, Anette/Rüsen, Jörn/Schneider, Gerhard (1997) (Hg.): Handbuch der Geschichtsdidaktik, 5., überarbeitete Auflage, Seelze-Velber.

Bergmann, Klaus: Der Gegenwartsbezug im Geschichtsunterricht, Schwalbach/Ts. 2002.

Besand, Anja (2006): Bilder interpretieren, in: Lange, Dirk/Reinhardt, Volker (Hg.): Basiswissen Politische Bildung. Handbuch für den sozialwissenschaftlichen Unterricht, Bd. 6, Hohengehren, S. 26–34.

Bette, Karl-Heinrich/Schimank, Uwe (2008): Doping: der entfesselte Leistungsport, in: Aus Politik und Zeitgeschichte 29–30, S. 24–31.

Beutler, Kurt/Horster, Detlef (1996) (Hg.): Pädagogik und Ethik, Stuttgart.

Bibliographisches Institut (1939) (Hg.): Schlag nach! Wissenswerte Tatsachen aus allen Gebieten. Ein umfassendes Nachschlagewerk, 2., erweiterte und verbesserte Auflage, Leipzig.

Biskupek, Sigrid (2002): Transformationsprozesse in der politischen Bildung. Von der Staatsbürgerkunde in der DDR zum Politikunterricht in den neuen Ländern, Schwalbach/Ts.

Bundesministerium für Unterricht und kulturelle Angelegenheiten/BMUKK (2008): LehrerInnen und Politische Bildung – Einstellungen zum Unterrichtsprinzip, Wien, unveröffentlichter Forschungsbericht.

Bundeszentrale für politische Bildung (1994) (Hg.): Politikdidaktik kurzgefaßt. Planungsfragen für den Unterricht, Bonn.

Bönsch, Manfred (1995): Variable Lernwege. Ein Lernbuch der Unterrichtsmethoden, 2., durchgesehene Auflage, Paderborn/München/Wien/Zürich.

Boos, Evelyn (2007): Das große Buch der Kreativitätstechniken. München.

Borcherding, Karl-Ernst (1965): Wege und Ziele politischer Bildung in Deutschland. Eine Materialsammlung zur Entwicklung der politischen Bildung in den Schulen 1871–1965, München.

Borel, Antoine (1940): L'éducation nationale, in: L'instruction publique en Suisse, 31 (1940), S. 5–54.

Borries, Bodo von/Pflüger, Christine/Hessenauer, Heike (2007): Verfügung über fachliche Kategorien als Teil der „Historischen Sachkompetenz". Das Beispiel „Herrschaft", in: Körber/Schreiber/Schöner (Hg.), Kompetenzen historischen Denkens, S. 622–639.

Bourdieu, Pierre (1997): Der Habitus als Vermittlung zwischen Struktur und Praxis, in: Ders.: Zur Soziologie der symbolischen Formen, 6. Auflage, Frankfurt a. M., S. 125–158.

Brecht, Bertolt (1985): Vergnügungstheater oder Lehrtheater?, in: Staehle, Ulrich (Hg.): Theorie des Dramas, Stuttgart 1985, S. 68–80.

Breit, Gotthard: Gruppenarbeit, in: Ders. u.a., Methodentraining II, S. 181–187.

Breit, Gotthard/Eichner, Detlef/Frech, Siegfried/Lach, Kurt/Massing, Peter (2007) (Hg.): Methodentraining für den Politikunterricht II, Schwalbach/Ts.

Briod, Ernest (1932): La société et l'enfant, in: Annuaire de l'instruction publique en Suisse (Lausanne), XXIII (1932), S. 13–35.

Bublitz, Hannelore (1995): Geschlecht, in: Korte, Hermann/Schäfers, Bernhard (Hg.): Einführung in die Hauptbegriffe der Soziologie, 3., verbesserte Auflage, Opladen, S. 59–78.

Bungenstab, Karl-Ernst (1970): Umerziehung zur Demokratie? Re-education-Politik im Bildungswesen der US-Zone 1945–49, Düsseldorf.

Caldéron-Grossenbacher, Ruth (1998): Politische Bildung in der Schweiz. Analyse des Lehrplans auf Sekundarstufe I im Kanton Bern, Freiburg.

Crampe-Casnabet, Michèle (1994): Aus der Philosophie des 18. Jahrhunderts, in: Farge, Arlette/Zemon Davis, Natalie (Hg.): Geschichte der Frauen, Bd. 3. Frühe Neuzeit, Frankfurt a. M./ New York, S. 333–366

Cremer, Will: Sokratisches Gespräch, in: Kuhn/Massing (Hg.), Lexikon der politischen Bildung 3, S. 166–169.

Dachs, Herbert (1982): Schule und Politik. Die politische Erziehung an den österreichischen Schulen 1918 bis 1938, Wien.

Dachs, Herbert (1996): Der sieche Prometheus. Österreichs Politische Bildung in den Mühen der Ebene, in: Österreichische Zeitschrift für Politikwissenschaften, 25/1, S. 5–18.

Dachs, Herbert (2000): Schule in der Ostmark, in: Tálos/Hanisch/ Neugebauer, NS-Herrschaft in Österreich. Ein Handbuch, Wien, S. 446–466.

Dachs, Herbert (2008): Politische Bildung in Österreich – ein historischer Rückblick, in: Klepp, Cornelia/Rippitsch, Daniela (Hg.): 25 Jahre Universitätslehrgang Politische Bildung in Österreich, Wien, S. 9–26.

Dachs, Herbert/Gehrlich, Peter/Gottweis, Herbert/Horner, Franz/Kramer, Helmut/Lauber Volkmar/Müller, Wolfgang C./Tálos, Emmerich (1997) (Hg.): Handbuch des politischen Systems Österreichs. Die Zweite Republik, 3., erweiterte und völlig neu bearbeitete Auflage, Wien.

Dahrendorf, Ralf (1961): Gesellschaft und Freiheit. Zur soziologischen Analyse der Gegenwart, München.

De Bono, Edward (1999): Six Thinking Hats, London.

Deichmann, Carl (2004): Lehrbuch Politikdidaktik, München/Wien.

Demandt, Alexander (1986): Ungeschriebene Geschichte. Ein Traktat über die Frage: Was wäre geschehen, wenn …?, 2., verbesserte Auflage, Göttingen.

Dengel, Sabine (2005): Untertan, Volksgenosse, Sozialistische Persönlichkeit. Politische Erziehung im Deutschen Kaiserreich, dem NS-Staat und der DDR, Frankfurt a. M./New York.

Derrida, Jacques (1976): Die Schrift und die Differenz, Frankfurt a. M.

Detjen, Joachim (2000): Erfahrungsorientierung, in: Kuhn, Hans-Werner/Massing, Peter (Hg.): Lexikon der politischen Bildung, Bd. 3. Methoden und Arbeitstechniken, Schwalbach/Ts., S. 32–34.

Detjen, Joachim (2007): Politische Bildung. Geschichte und Gegenwart in Deutschland, München.

Detjen, Joachim/Kuhn, Hans-Werner/Massing, Peter/Richter, Dagmar/Sander, Wolfgang/Weißeno, Georg (2004): Anforderungen an Nationale Bildungsstandards für den Fachunterricht in der Politischen Bildung an Schulen. Ein Entwurf, 2. Auflage, Schwalbach/Ts.

Dettmar-Sander, Christiane/Sander, Wolfgang (2007): Krieg und Frieden, Terror und Gewalt, in: Richter (Hg.), Politische Bildung von Anfang an, S. 185–198.

Diem-Wille, Gertraud: Ein Praktisch-Werden der Politischen Bildung: Aufbau des Hochschullehrgangs Politische Bildung für

LehrerInnen – eine Intervention im Schulsystem, in: Klepp/Rippitsch (Hg.), 25 Jahre Universitätslehrgang Politische Bildung, S. 52–82.

Dithmar, Reinhard (1981): Der Deutschunterricht in der Weimarer Republik als Wegbereiter des Faschismus, in: Ders./Willer, Jörg (Hg.): Schule zwischen Kaiserreich und Faschismus. Zur Entwicklung des Schulwesens in der Weimarer Republik, Darmstadt.

Diderot, Denis (1989): Droit naturel – Naturrecht, in: Berger, Günther (Hg.): Jean Le Rond d'Alembert, Denis Diderot u.a.: Enzyklopädie. Eine Auswahl, Frankfurt a. M., S. 95–99.

Donsbach, Wolfgang (2006): Anforderungen an die Profession „Politische Kommunikationsberatung" aus demokratietheoretischer und kommunikationswissenschaftlicher Sicht, in: Filzmaier u.a. (Hg.), Politik und Medien, S. 188–200.

Dörner, Andreas (2001): Politainment. Politik in der medialen Erlebnisgesellschaft, Frankfurt am Main.

Dörner, Andreas (2006): Politik als Fiktion, in: Aus Politik und Zeitgeschichte, 7, S. 3–11.

Ecker, Maria/Hellmuth, Thomas (2002): Faschistische und autoritäre Systeme, in: Hellmuth, Thomas (Hg.): Politik verstehen, Bd. 1. Informationen und Unterrichtsvorschläge zu Geschichte und Politische Bildung, Linz, S. 66–81.

Eco, Umberto: Nachschrift zum „Namen der Rose", 7. Auflage, München 1986.

Eichner, Detlef (2007): Lesen, Markieren, Exzerpieren, in: Breit, Gotthard/Eichner, Detlef/Frech, Siegfried/Lach, Kurt/Massing, Peter: Methodentraining für den Politikunterricht, Bd. 2, Schwalbach/Ts., S. 13–19.

Elias, Norbert (1997): Über den Prozeß der Zivilisation. Soziogenetische und psychogenetische Untersuchung, Bd. 1, Frankfurt a. M

Fabris, Hans-Heinz/Hausjell, Fritz (Hg.) (1991): Die vierte Macht. Zu Geschichte und Kultur des Journalismus in Österreich seit 1945, Wien.

Faßmann, Heinz/Münz, Rainer (1991): Politische Bildung im Schulunterricht. Behandelte Themen, verwendete Unterlagen, Wünsche der Lehrer. Bericht über eine empirische Erhebung im Auftrag des BMUK, Wien.

Ferriere, Adolphe (1921): L'autonomie des écoliers. L'art de former des citoyens pour la nation et pour l'humanité. Neuchâtel/Delachaux/Niestlé 1921.

Festinger, Leon (1978): Theorie der kognitiven Dissonanz, Bern/Stuttgart/Wien.

Filzmaier, Peter (2006): Wag the Dog? Amerikanisierung der Fernsehlogik und mediale Inszenierungen in Österreich, in: Filzmaier u.a. (Hg.): Politik und Medien, S. 9–50.

Filzmaier, Peter (2007): Wie wir politisch ticken. Öffentliche und veröffentlichte Meinung in Österreich, Wien.

Filzmaier, Peter/Karmasin, Matthias/Klepp, Cornelia (2006) (Hg.): Politik und Medien – Medien und Politik, Wien.

Filzmaier, Peter/Klepp, Cornelia (2009): Mehr als Wählen mit 16: Empirische Befunde zum Thema Jugend und Politik, in: Österreichische Zeitschrift für Politikwissenschaft, 3, S. 341–356.

Fischer, Doris (2006): Politische Bildung: „Vieles ist im Tun, noch fehlt die Koordination", in: Bildung Schweiz, 3, S. 18f.

Fischer, Kurt Gerhard (1973): Einführung in die Politische Bildung. Ein Studienbuch über den Diskussions- und Problemstand der Politischen Bildung in der Gegenwart, 3., durchgesehene Auflage, Stuttgart.

Flitner, Andreas (1957): Die politische Erziehung in Deutschland. Geschichte und Probleme 1750–1880, Tübingen.

Florschütz, Gottlieb (2005): Sport in Film und Fernsehen. Zwischen Infotainment und Spektakel, Wiesbaden.

Foucault, Michel (1999): Die Ordnung des Diskurses, in: Engelmann, Jan (Hg.): Michel Foucault. Botschaften der Macht. Reader Diskurs und Medien, Stuttgart, S. 54–73.

Frech, Siegfried (2007): Das Arbeitsblatt, in: Breit, Gotthard/Eichner, Detlef/Frech, Siegfried/Lach, Kurt/Massing, Peter: Metho-

dentraining für den Politikunterricht, Bd. 2, Schwalbach/Ts., S. 69–81.
Frech, Siegfried/Kuhn, Wans-Werner/Massing, Peter (2004) (Hg.): Methodentraining für den Politikunterricht, Schwalbach/Ts., S. 37–48.
Frischknecht, Jürg/Haffner, Peter/Haldimann, Ueli/Niggli, Peter (1984): Die unheimlichen Patrioten. Politische Reaktion in der Schweiz. Ein aktuelles Handbuch mit Nachtrag 1979–84, 5., erweiterte Auflage, Zürich.
Führ, Christoph/Furck, Carl-Ludwig (Hg.) (1998): Handbuch der deutschen Bildungsgeschichte, Bd. IV/2. 1945 bis zur Gegenwart. Deutsche Demokratische Republik und neue Bundesländer, München.
Gadamer, Hans-Georg: Vom Zirkel des Verstehens, in: Ders.: Kleine Schriften, Bd. IV. Variationen, Tübingen 1977, S. 54–61.
Gagel, Walter (1998a): Geschichte der politischen Bildung in der Bundesrepublik Deutschland bis 1989, in: Wolf (Hg.), Der lange Anfang, S. 105–136.
Gagel, Walter (1998b): Denken und Handeln. Der Pragmatismus als Diagnosehilfe für Konzepte der Handlungsorientierung im Politikunterricht, in: Breit, Gotthard/Schiele, Siegfried (Hg.): Handlungsorientierung im Politikunterricht, Bonn, S. 128–143.
Gagel, Walter (2000): Einführung in die Didaktik des politischen Unterrichts, 2. Auflage, Opladen.
Gärtner, Reinhold (2008): Politiklexikon für junge Leute, Wien.
George, Siegfried (2000): Karikatur, in: Kuhn, Hans-Werner/Massing, Peter (Hg.): Lexikon der politischen Bildung, Bd. 3. Methoden und Arbeitstechniken, Schwalbach/Ts., S. 85f.
Geulen, Dieter/Hurrelmann, Klaus (1980): Zur Problematik einer umfassenden Sozialisationstheorie, in: Hurrelmann, Klaus/Ulich, Dieter (Hg.): Handbuch der Sozialisationsforschung, Weinheim, S. 51–67.
Giesecke, Hermann (1973): Methodik des politischen Unterrichts, Weinheim.

Giesecke, Hermann (1982): Didaktik der politischen Bildung, 12. Auflage, München.

Giesecke, Hermann (1997): Kleine Didaktik des politischen Unterrichts, Schwalbach/Ts.

Gildemeister, Regine/Wetterer, Angelika (1992): Wie Geschlechter gemacht werden. Die soziale Konstruktion der Zweigeschlechtlichkeit und ihre Reifizierung in der Frauenforschung, in: Knapp, Gudrun-Axeli/Wetterer, Angelika (Hg.): Traditionen – Brüche. Entwicklung feministischer Theorie, Freiburg i. Br., S. 201–254.

Goffman, Erving (1994): Interaktion und Geschlecht, Frankfurt a. M./New York.

Goffman, Erving (1997): Wir alle spielen Theater. Die Selbstdarstellung im Alltag, 6. Auflage, München/Zürich.

Gottschlich, Maximilian/Panagl, Oswald/Welan, Manfred (1989): Was die Kanzler sagten. Regierungserklärungen der Zweiten Republik 1945–1987, Wien.

Gollob, Rolf (2007) (Hg.): Politik und Demokratie leben und lernen. Politische Bildung in der Schule – Grundlagen für die Aus- und Weiterbildung, Bern.

Grammes, Tilman (1998): Kommunikative Fachdidaktik. Politik – Geschichte – Recht – Wirtschaft, Opladen.

Grammes, Tilmann (1999): Didaktische Reduktion, in: Richter, Dagmar/Weißeno, Georg (Hg.): Lexikon der politischen Bildung, Bd. 1. Didaktik und Schule, Schwalbach/Ts. 1999, S. 52f.

Grammes, Tilmann (2000): Mäeutik, in: Kuhn, Hans-Werner/Massing, Peter (Hg.): Lexikon der politischen Bildung, Bd. 3. Methoden und Arbeitstechniken, Schwalbach/Ts., S. 103f.

Grammes, Tilmann/Schluß, Henning/Vogler, Hans-Joachim (2006) (Hg.): Staatsbürgerkunde in der DDR. Ein Dokumentenband, Wiesbaden.

Grammes, Tilmann/Welniak, Christian (2008): Diagnostische Kompetenz. Der Beitrag der kognitiven Entwicklungspsychologie – ein Überblick, in: Weißeno (Hg.), Politikkompetenz, S. 331–346.

Grathoff, Richard (1987): Milieu und Lebenswelt. Einführung in die phänomenologische Soziologie und die sozialphänomenologische Forschung. Frankfurt a. M.

Greiffenhagen, Sylvia: Bildung, in: Greiffenhagen, Martin/Dies. (Hg.): Handwörterbuch zur politischen Kultur der Bundesrepublik Deutschland, München 1993, S. 52–57.

Griesebner, Andrea: Feministische Geschichtswissenschaft. Eine Einführung, Wien 2005.

Gudjons, Herbert (1986): Handlungsorientiertes Lehren und Lernen. Projektunterricht und Schüleraktivität, Bad Heilbrunn/Obb.

Gudjonus, Herbert (2003): Didaktik zum Anfassen. Lehrer/in-Persönlichkeit und lebendiger Unterricht, 3., durchgesehene Auflage, Bad Heilbrunn/OBB.

Gugel, Günther (2003): Methoden-Manual II: „Neues Lernen". Praxisvorschläge für Schule und Lehrerbildung, 2. Auflage, Weinheim/Basel/Berlin 2003.

Guyer, Walter (1934): Unsere Schweizerische Schule. Ihr Geist, ihr Standort, ihre nationale Aufgabe, Frauenfeld.

Güldenpfennig, Sven (2008): Olympische Spiele und Politik, in: Aus Politik und Zeitgeschichte 29–30, S. 6–12.

Habermas, Jürgen (1995): Theorie des kommunikativen Handelns, Bd. 1. Handlungsrationalität und gesellschaftliche Rationalisierung, Frankfurt a. M.

Hagemann-White, Carol (1988): Wir werden nicht zweigeschlechtlich geboren ..., in: Dies./Rerich, Maria S. (Hg.): FrauenMännerBilder: Männer und Männlichkeit in der feministischen Diskussion, Bielefeld, S. 224–235.

Hall, Stuart (1994): Die Frage der kulturellen Identität, in: Ders. (Hg.): Rassismus und kulturelle Identität, Hamburg 1994, S. 180–222.

Hammer, Wolfgang (1986): Wirtschaftswunderland. Aspekte einer Kulturgeschichte der Bundesrepublik, in: Praxis Geschichte 6, S. 24–29.

Hanisch, Ernst (1994): Der lange Schatten des Staates. Österreichische Gesellschaftsgeschichte im 20. Jahrhundert, Wien 1994.

Hättich, Manfred (1977): Rationalität als Ziel politischer Bildung. Eine Einführung, München.

Haubenwallner, Heinz (1989): Der Grundsatzerlass zur Politische Bildung in den Schulen und seine Auswirkungen in der schulischen Realität, Wien.

Hausmann, Thomas (1991): Erklären und Verstehen. Zur Theorie und Prgamatik der Geschichtswissenschaft. Mit einer Fallstudie über die Geschichtsschreibung zum deutschen Kaiserreich 1871–1918, Frankfurt a. M.

Hedtke, Reinhold: Historisch-politische Bildung – ein Exempel für das überholte Selbstverständnis der Fachdidaktiken, in: Politisches Lernen, 21/1–3 (2003), S. 112–122.

Heimberg, Charles (2005): Der Beitrag der Geschichte zur politischen Bildung, in: Staatssekretariat für Bildung und Forschung SBF (Hg.): Demokratie leben – Demokratie lernen. Textsammlung im Rahmen des europäischen Jahres der politischen Bildung, S. 49–53.

Heinrich, Martin (2004): Zwischen Befähigung zur Kritik und falscher Werteerziehung, Zwei Studien am Beispiel einer Unterrichtssequenz zur Kulturindustrietheorie und einem Lehrstück zur politischen Erwachsenenbildung, Münster.

Hellmuth, Thomas (2002) (Hg.): Politik verstehen, 2 Bände (Bd. 1: Informationen und Unterrichtsvorschläge zu Geschichte und Politische Bildung; Bd. 2: Kopiervorlagen zu Geschichte und Politische Bildung), Linz.

Hellmuth, Thomas (2009) (Hg.), Das „selbstreflexive Ich". Beiträge zur Theorie und Praxis politischer Bildung, Innsbruck/Wien/Bozen.

Hellmuth, Thomas (2008): Zeitgeschichte und politische Bildung, in: Klepp/Rippitsch (Hg.), 25 Jahre Universitätslehrgang Politische Bildung, S. 322–332.

Hellmuth, Thomas (2009a): Das „selbstreflexive Ich“. Politische Bildung und kognitive Struktur, in: Ders. (Hg.), Das „selbstreflexive Ich“, S. 11–20.

Hellmuth, Thomas (2009b): Entscheidende Sozialisation. Politische Bildung in der Unterstufe, in: Hellmuth (Hg), Das „selbstreflexive Ich“, S. 81–96.

Hellmuth, Thomas (2009c): Politische Bildung als historisch-politische Sinnstiftung: Überlegungen zu einem historisch-politischen Kompetenzmodell, in: Österreichische Zeitschrift für Politikwissenschaften 4, S. 483–496.

Hellmuth, Thomas/Hiebl, Ewald (2002): Bürgerlich-demokratische Systeme, in: Hellmuth (Hg.), Politik verstehen I, S. 17–30.

Henkenborg, Peter (2008): Kategoriale Bildung und kompetenzorientierte politische Bildung, in: Weißeno, Georg (Hg.): Politikkompetenz. Was Unterricht zu leisten hat, Bonn, S. 213–230.

Herbart, Johann Friedrich (1996): Über die ästhetische Darstellung der Welt als das Hauptgeschäft der Erziehung, in: Beutler, Kurt/Horster, Detlef (Hg.): Pädagogik und Ethik, Stuttgart, S. 45–60.

Herbart, Johann Friedrich (2006): Genauere Entwicklung der Hauptbegriffe, welche in die Bestimmung des pädagogischen Zwecks eingehen, hg. von Totraud Coriand (Reprint der Ausgabe von 1913), Jena.

Herdegen, Peter: Politikunterricht in der Sekundarstufe I allgemeinbildender Schulen, in: Sander (Hg.): Handbuch Politische Bildung, S. 196–210.

Hickethier, Knut: Citizen Kane, in: Koebner, Thomas: Reclam Filmklassiker, Bd. 1 (1913–1946), 4., durchgesehene und erweiterte Auflage, Stuttgart 2002, S. 440. S. 439–445.

Hickethier, Knut (2001): Film- und Fernsehanalyse, 3. Auflage, Stuttgart/Weimar.

Higonnet, Anne (1995): Frauen, Bilder, Darstellungen, in: Thébaud, Françoise (Hg.): Geschichte der Frauen, Bd. 5. 20. Jahrhundert, Frankfurt a. M./New York/Paris, S. 375–419.
Hilligen, Wolfgang (1991): Didaktische Zugänge in der politischen Bildung, Schwalbach/Ts.
Hilty, Carl: Vorlesung über die Politik der Eidgenossenschaft, Bern 1875.
Hinner, Alois/Kende, Oskar/Montzka, Heinrich/Uhlirz, Mathilde: Vaterlandskunde. Geschichte, Geographie und Bürgerkunde Österreichs für die achte Klasse der Mittelschule, Wien 1938.
Hitler, Adolf (1940): Mein Kampf, München.
Hohenadl, Christa (2001): Arbeitsblätter Kommunikationstraining: richtig hören, verstehen, reden, Stuttgart.
Hoppe, Heidrun (1996): Subjektorientierte politische Bildung. Begründung einer biographiezentrierten Didaktik der Gesellschaftswissenschaften, Opladen.
Holdener, Walter (1978): Politische Bildung (der Schweiz) nach 1918, in: Moser u.a., Zur Geschichte der politischen Bildung in der Schweiz, S. 91–150.
Hördt, Philipp (1939): Theorie der Schule, 4. Auflage, Frankfurt a. M.
Jäger, Siegfried (1999): Kritische Diskursanalyse. Eine Einführung, 2., überarbeitete und erweiterte Auflage, Duisburg 1999.
Jannsen, Bernd (2005): Kreative Unterrichtsmethoden. Bausteine zur Methodenvielfalt, 2. erw. und überarb. Auflage, Braunschweig.
Jannsen, Bernd (2007): Kreativer Politikunterricht. Wider die Langeweile im schulischen Alltag, 3. überarb. Auflage, Schwalbach/Ts.
Jeismann, Karl-Ernst (1978): Historischer und politischer Unterricht. Bedingungen und Möglichkeiten curricularer und praktischer Koordination, in: Schörken (Hg.), Zur Zusammenarbeit von Geschichts- und Politikunterricht, S. 14–71.

Jeismann, Karl-Ernst (1985): Geschichte als Horizont der Gegenwart. Über den Zusammenhang von Vergangenheitsdeutung, Gegenwartsverständnis und Zukunftsperspektive, Paderborn.

Jeismann, Karl-Ernst (1988): Geschichtsbewußtsein als zentrale Kategorie der Geschichtsdidaktik, in: Schneider (Hg.), Geschichtsbewußtsein und historisch-politisches Lernen, S. 1–24.

Jeismann, Karl-Ernst (1990): „Geschichtsbewußtsein" als zentrale Kategorie der Didaktik des Geschichtsunterrichts, in: Niemetz, Gerold (Hg.): Aktuelle Probleme der Geschichtsdidaktik, Stuttgart, S. 44–75.

Julia, Dominique (1989): L'institution du citoyen. Die Erziehung des Staatsbürgers, in: Zeitschrift für Pädagogik, 24. Beiheft, S. 63–103.

Jung, Michael/Reinhardt, Volker/Ziegler, Béatrice (2007): Politische Bildung in der Schweiz, in: Lange, Dirk/Reinhardt, Volker (Hg.): Handbuch für den sozialwissenschaftlichen Unterricht. Strategien der Politischen Bildung, Bd. 2, Hohengehren, S. 252–263.

Kant, Immanuel (1976): Beantwortung der Frage: Was ist Aufklärung?, in: Best, Otto F. (Hg.): Die deutsche Literatur. Ein Abriß in Text und Darstellung, Bd. 5. Aufklärung und Rokoko, Stuttgart.

Kant, Immanuel (1996): Über Pädagogik, in: Beutler, Kurt/Horster, Detlef (Hg.): Pädagogik und Ethik, Stuttgart, S. 36–44.

Kayser, Jörg/Hagemann, Ulrich (2005): Teil A: Theoretische Grundlegung, in: Dies. (Hg.): Urteilsbildung im Geschichts- und Politikunterricht, Bonn/Berlin, S. 6–24.

Keupp, Heiner/Ahbe, Thomas/Gmür, Wolfgang/Höfer, Renate/Mitzscherlich, Beate/Kraus, Wolfgang/Straus, Florian (1999): Identitätskonstruktionen. Das Patchwork der Identitäten in der Spätmoderne. Reinbek b. Hamburg.

Kisser, Christine (1990): Lehrer und Propaganda von rechts. Ein Beitrag zur politischen Lehrerfortbildung, Dissertation, Wien 1990.

Klafki, Wolfgang (1959): Das pädagogische Problem des Elementaren und die Theorie der kategorialen Bildung, Weinheim.

Klafki, Wolfgang: Neue Studien zur Bildungstheorie und Didaktik. Zeitgemäße Allgemeinbildung und kritisch-konstruktive Didaktik, 2. Auflage, Weinheim/Basel 1991.

Klepp, Cornelia (2010): Bilder, Bilder, Bilder – Der Einsatz von Karikaturen im Politikunterricht, in: Besand, Anja/Sander, Wolfgang (Hg.): Handbuch Medien im Politikunterricht (erscheint voraussichtlich im Frühling 2010).

Klepp, Cornelia/Rippitsch, Daniela (2008) (Hg.): 25 Jahre Universitätslehrgang Politische Bildung in Österreich, Wien.

Klepp, Cornelia: Politische Bildung in der Schule – aktuelle Trends und Herausforderungen, in: Klepp/Rippitsch (Hg.), 25 Jahre Universitätslehrgang Politische Bildung, S. 233–237.

Koch, Michael (2006): Der Wehrunterricht in den Ländern des Warschauer Paktes. Eine Untersuchung im historischen und schulpolitischen Kontext unter besonderer Berücksichtigung der UdSSR und der DDR, Jena.

Kocka, Jürgen (Hg.): Bürger und Bürgerlichkeit im 19. Jahrhundert, Göttingen.

Kocka, Jürgen (1987): Bürgertum und Bürgerlichkeit als Probleme der deutschen Geschichte vom späten 18. bis zum frühen 20. Jahrhundert, in: Ders. (Hg.), Bürger und Bürgerlichkeit im 19. Jahrhundert, S. 21–63.

Koebner, Thomas: Olympia, in: Ders. (Hg.): Filmklassiker, Bd. 1. 1913–1946, 4., durchgesehene und erweiterte Auflage, Stuttgart 2002, S. 382–386.

Kohlberg, Lawrence (1974): Zur kognitiven Entwicklung des Kindes. Drei Aufsätze, Frankfurt a. M.

Körber, Andreas (2007a): Grundbegriffe und Konzepte: Bildungsstandards, Kompetenzen und Kompetenzmodelle, in: Ders./Schreiber/Schöner (Hg.), Kompetenzen historischen Denkens, S. 54–85.

Körber, Andreas (2007b): Die Dimensionen des Kompetenzmodells „Historisches Denken“, in: Körber/Schreiber/Schöner (Hg.), Kompetenzen historischen Denkens, S. 89–154.

Körber, Andreas/Schreiber, Waltraud/Schöner, Alexander (2007)

(Hg.): Kompetenzen historischen Denkens. Ein Strukturmodell als Beitrag zur Kompetenzorientierung in der Geschichtsdidaktik, Neuried.

Kost, Franz (1978): Politische Bildung (der Schweiz) zwischen 1848 und 1918, in: Moser u.a., Zur Geschichte der politischen Bildung in der Schweiz, S. 31–90.

Krammer, Reinhard (2008): Kompetenzen durch Politische Bildung. Ein Kompetenz-Strukturmodell, in: Informationen zur Politischen Bildung, 29 (2008), S. 5–14.

Krammer, Reinhard (2009): Weder politisch noch gebildet? „Geschichte und Politische Bildung" in der Oberstufe der AHS, in: Hellmuth (Hg.), Das „selbstreflexive Ich", S. 97–113.

Kraul, Margret (1988): Bildung und Bürgerlichkeit, in: Kocka, Jürgen (Hg.): Bürgertum im 19. Jahrhundert. Deutschland im europäischen Vergleich, Bd. 3, München, S. 45–73.

Kroll, Karin (2000): Rollenspiel, in: Kuhn/Massing (Hg.), Lexikon der politischen Bildung 3, S. 155–158.

Krüger, Arnd (1981): Gesinnungsbildung durch Turnunterricht oder: „Pro patria est dum ludere videmur", in: Dithmar, Reinhard/Willer, Jörg (Hg.): Schule zwischen Kaiserreich und Faschismus. Zur Entwicklung des Schulwesens in der Weimarer Republik, Darmstadt, S. 102–122.

Kühberger, Christoph (2007): „Gender – a useful category". Zur Graduierung einer historischen Kategorie vor dem Hintergrund eines reflektierten und (selbst-)reflexiven Geschichtsbewusstseins, in: Körber/Schreiber/Schöner (Hg.), Kompetenzen historischen Denkens, S. 640–649.

Kühberger, Christoph (2008): Basiskonzepte der Politischen Bildung positionieren, in: Informationen zur Politischen Bildung, 29 (2008), S. 69–73.

Kühberger, Christoph (2009): Kompetenzorientiertes historisches und politisches Lernen. Methodische und didaktische Annäherung für Geschichte, Sozialkunde und Politische Bildung, Innsbruck/Wien/München.

Kuhn, Hans-Werner (1999): Dimensionen des Politischen, in: Richter, Dagmar/Weißeno, Georg (Hg.): Lexikon der politischen Bildung, Bd. 1. Didaktik und Schule, Schwalbach/Ts., S. 53–54.

Kuhn, Hans-Werner (2000): Talkshow, in: Kuhn, Hans-Werner/ Massing, Peter (Hrsg.): Lexikon der politischen Bildung, Bd. 3. Methoden und Arbeitstechniken, Schwalbach, S. 186–188.

Kuhn, Hans-Werner (2004): Karikaturen, in: Frech, Siegfried/ Kuhn, Hans-Werner/Massing, Peter (Hrsg.): Methodentraining für den Politikunterricht. Schwalbach, S. 23–36.

Kuhn, Hans-Werner (2005): Mit Texten lernen: Textquellen und Textanalyse, in: Sander, Wolfgang (Hg.): Handbuch politische Bildung, 3., völlig überarbeitete Auflage, Schwalbach/Ts., S. 509–522.

Kuhn, Hans-Werner/Massing, Peter (1990) (Hg.): Politische Bildung in Deutschland. Entwicklung – Stand – Perspektiven, Opladen 1990.

Kuhn, Hans-Werner/Massing, Peter (Hg.) (2000): Lexikon der politischen Bildung, Bd. 3. Methoden und Arbeitstechniken, Schwalbach/Ts.

Kuhn, Hans-Werner/Massing, Peter (2007): Einleitung, in: Frech/ Kuhn/Massing (Hg.), Methodentraining, S. 7–12.

Künzli, Sibylle/Da Rin, Sandra (2006): Forschungsbericht zur explorativen Studie „Umsetzung von politischer Bildung in der Volksschule“, Zürich.

Lach, Kurt/Massing, Peter (2007): Unterrichtsgespräch, Fragen und Impulse, in: Breit u.a., Methodentraining II, S. 123–132.)

Lange, Dirk (2004): Historisch-politische Didaktik. Zur Begründung historisch-politischen Lernens, Schwalbach/Ts.

Leggewie, Claus (1995): Herrschaft, in: Nohlen, Dieter (Hg.): Wörterbuch Staat und Politik, Bonn, S. 251–260.

Lenk, Hans (2004): Bewusstsein als Schemainterpretation. Ein methodologischer Interpretationsansatz, Paderborn.

Liebhart, Karin (2008): Das Private ist politisch werbewirksam.

Zur Imagekonstruktion österreichischer und deutscher Spitzenpolitiker/innen, in: Pollak u.a. (Hg.), Politik und Persönlichkeit, S. 101–120.

Litt, Theodor (1961): Die politische Selbsterziehung des deutschen Volkes, 6. Auflage, Frankfurt a. M.

Locke, John (1999): Two treatises of government [1690], London.

Lyon, Dirk/Marko, Joseph/Staudinger, Eduard/Weber, Franz Christian (1985) (Hg.): Österreich"bewußt"sein – bewußt Österreicher sein? Materialien zur Entwicklung des Österreichbewußtseins seit 1945, Wien 1985.

Maaz, Hans-Jürgen (1990): Der Gefühlsstau. Ein Psychogramm der DDR, Berlin.

Macho, Thomas (2002): Politische Avatare. Jörg Haider und die Mediendemokratie, in: Hauch, Gabriella/Hellmuth, Thomas/Pasteur, Paul (Hg.): Populismus. Ideologie und Praxis in Frankreich und Österreich, Innsbruck/Wien/München/Bozen 2002, S. 165–170.

Marchal, Guy P. (2007): Schweizer Gebrauchsgeschichte. Geschichtsbilder, Mythenbildung und nationale Identität, 2., unveränderte Auflage, Basel.

Massing, Peter (1996). Das Verhältnis von Politikwissenschaft/Politikdidaktik und die Konsequenzen für die Sozialkunde, in: Geschichte – Erziehung – Politik, 9, S. 449–456.

Massing, Peter (1999a): Pro-Contra-Debatte, in: Mickel, Wolfgang W. (Hg.): Handbuch zur politischen Bildung. Grundlagen, Methoden, Aktionsformen, Schwalbach/Ts., S. 403–407.

Massing, Peter (1999b): Politische Urteilsbildung, in: Richter, Dagmar/Weißeno, Georg (Hg.): Lexikon der politischen Bildung, Bd. 1. Didaktik und Schule, Schwalbach/Ts. 1999, S. 199–201.

Massing, Peter (2000): Planspiel, in: Kuhn/Massing (Hg.), Lexikon der politischen Bildung 3, S. 127–130.

Massing, Peter (2004a): Die Textanalyse, in: Frech, Siegfried/Kuhn, Wans-Werner/Ders. (Hg.): Methodentraining für den Politikunterricht, Schwalbach/Ts., S. 37–48.

Massing, Peter (2004b): Der Lehrervortrag, in: Frech u.a. (Hg.), Methodentraining, S. 13- 22.

Massing, Peter (2005): Institutionenkundliches Lernen, in: Sander (Hg.), Handbuch der politischen Bildung, S. 315–323.

Massing, Peter (2007): Einführung [zu Teil I: Arbeitstechniken], in: Breit u.a. (Hg.), Methodentraining für den Politikunterricht II, S. 11.

Massing, Peter (2007): Einführung [zu Teil III: Unterrichtsphasen], in: Breit u.a. (Hg.), Methodentraining für den Politikunterricht II, S. 205–208.

Massing, Peter (2008a): Politische Bildung in der Grundschule – Überblick, Kritik, Perspektiven, in: Richter (Hg.): Politische Bildung von Anfang an, S. 18–35.

Massing, Peter (2008b): Zeitgeschichte als Rückgrat der Politischen Bildung?, in: Barricelli, Michele/Hornig, Julia (Hg.): Aufklärung, Bildung, „Histotainment"? Zeitgeschichte im Unterricht und Gesellschaft heute, Frankfurt a. M., 67–81.

Mattes, Wolfgang (2002): Methoden für den Unterricht. 75 kompakte Übersichten für Lehrende und Lernende, Paderborn.

Mayer, Ulrich/Pandel, Hans-Jürgen/Schneider, Gerhard/Schönemann, Bernd (2006) (Hg.): Wörterbuch Geschichtsdidaktik, Schwalbach/Ts.

Meyer, Hilbert: Unterrichtsmethoden, Bd. II: Praxisband, Berlin 1987.

Meyer, Thomas: Mediokratie. Die Kolonisierung der Politik durch die Medien, Frankfurt am Main 2001.

Mead, George Herbert: Geist, Identität und Gesellschaft aus der Sicht des Sozialbehaviorismus, 10. Auflage, Frankfurt a. M. 1995.

Mélonio, Françoise (1997): Vers une culture démocratique, in: Baecque, Antoine de/Dies.: Histoire culturelle de la France, Bd. 3. Lumières et liberté. Les dix-huitième et dix-neuvième siècles, Paris, S. 291–347.

Mickel, Wolfgang W. (Hg.): Handbuch zur politischen Bildung.

Grundlagen, Methoden, Aktionsformen, Schwalbach/Ts., S. 403–407.
Moeckli, Silvano: Das politische System der Schweiz verstehen. Wie es funktioniert – Wer partizipiert – Was resultiert, 2. Auflage, Altstätten 2008.
Moeller, Felix (2004): „Ich bin Künstler und sonst nichts". Filmstars im Propagandaeinsatz, in: Sarkowicz, Hans (Hg.): Hitlers Künstler. Die Kultur im Dienst des Nationalsozialismus, Frankfurt a. M./Leipzig, S. 135–175.
Moegling, Klaus (2008): Definitorische und konzeptionelle Grundlagen der Kompetenzorientierung im Politikunterricht, in: Backhaus, Kerstin/Ders./Rosenkranz, Susanne: Kompetenzorientierung im Politikunterricht. Kompetenzen, Standards, Indikatoren in der politischen Bildung der Schulen. Sekundarstufe I und II, Hohengehren, S. 10–41.
Moser, Heinz/Kost, Franz/Holdener, Walter (1978): Zur Geschichte der politischen Bildung in der Schweiz, Stuttgart.
Moser-Léchot, Daniel V. (1998): Überlegungen zur Verbindung von Fachinhalten mit der Politischen Bildung auf der Sekundarstufe I, in: Reichenbach, Roland/Oser, Fritz (Hg.): Politische Bildung und staatsbürgerliche Erziehung in der Schweiz, Freiburg i. Ü., S. 115–128.
Müller, Marion G. (1997): Politische Bildstrategien im amerikanischen Präsidentschaftswahlkampf 1828–1996, Berlin.
Munaretto, Stefan (2007): Wie analysiere ich einen Film?, Hollfeld.
Neugebauer-Wölk, Monika (1980): Die preußischen Volksschulabsolventen als Reichtagswähler 1871–1912. Ein Beitrag zur historischen Wahlforschung in Deutschland, Berlin.
Nyssen, Elke (1979): Schule im Nationalsozialismus, Heidelberg.
Oetinger, Friedrich (1956): Partnerschaft. Die Aufgabe der politischen Erziehung. 3., erweiterte Auflage, Stuttgart.
Ong, Walter (1999): Oralität und Literalität, in: Pias, Claus/Vogl, Joseph/Engell, Lorenz/Fahle, Oliver/Neitzel, Britta (Hg.): Kurs-

buch Medienkultur. Die maßgeblichen Theorien von Brecht bis Baudrillard, Stuttgart 1999.

Oser, Fritz (2005): Jugend ohne Politik: Muster des Zusammenhangs einzelner Ausprägungen, in: Staatssekretariat für Bildung und Forschung (Hg.), Demokratie leben, S. 13–24.

Oser, Fritz/Biedermann, Horst (2003) (Hg.): Jugend ohne Politik. Ergebnisse der IEA Studie zu politischem Wissen, Demokratieverständnis und gesellschaftlichem Engagement von Jugendlichen in der Schweiz im Vergleich mit 27 anderen Ländern, Zürich/Chur.

Oser, Fritz/Reichenbach, Roland (1999). Schlussbericht zum Mandat „Politische Bildung in der Schweiz“ zuhanden der Schweizerischen Konferenz der kantonalen Erziehungsdirektoren EDK, unveröffentlichtes Manuskript.

Pandel, Hans-Jürgen (1991). Dimensionen und Struktur des Geschichtsbewusstseins, in: Süssmuth, Hans (Hg.): Geschichtsunterricht im vereinten Deutschland. Auf der Suche nach Neuorientierung, Bd. 1, Baden-Baden, S. 55–73.

Pandel, Hans-Jürgen (2006a): Geschichtsdidaktische Begriffe: Lieber borgen als bilden?, in: Mayer, Ulrich/Ders./Schneider, Gerhard/Schönemann, Bernd (Hg.): Wörterbuch Geschichtsdidaktik, Schwalbach/Ts, S.

Pandel, Hans-Jürgen (2006b): Interpretation, in: Mayer/Ders./Schneider/Schönemann (Hg.), Wörterbuch Geschichtsdidaktik, S. 96f.

Pandel, Hans-Jürgen (2006c): Kompetenz, in: Mayer/Ders./Schneider/Schönemann (Hg.), Wörterbuch Geschichtsdidaktik, S. 105f.

Pandel, Hans-Jürgen (2008): Bildinterpretation. Die Bildquelle im Geschichtsunterricht, Bildinterpretation I, Schwalbach/Ts.

Panofsky, Erwin (1984): Ikonographie und Ikonologie, in: Kaemmerling, Ekkehart (Hg.): Bildende Kunst als Zeichensystem, Bd. 1. Ikonographie und Ikonologie, 3., überarbeitete Auflage, Köln, S. 207–225.

Pelinka, Anton (2000): Grundzüge der Politikwissenschaft, Wien/Köln/Weimar.

Plasser Fritz (2004): Politische Kommunikation in medienzentrierten Demokratien, in: Ders. (Hg.), Politische Kommunikation, S. 21–36.

Plasser, Fritz (2004) (Hg.): Politische Kommunikation in Österreich, Wien 2004.

Pollak, Johannes/Sager, Fritz/Sarcinelli, Ulrich/Zimmer, Anette (Hg.): Politik und Persönlichkeit, Wien.

Quakernack, Jürgen (1991): Politische Bildung in der Schweiz. Ein republikanisch-demokratisches Musterbeispiel?, Opladen.

Radbruch, Gustav (1970): Die Aufgaben des staatsbürgerlichen Unterrichts, in: Fischer, Kurt Gerhard (Hg.): Politische Bildung in der Weimarer Republik. Grundsatzreferate der „Staatsbürgerlichen Woche" 1923, Frankfurt a. M.

Rathkolb, Oliver (2005): Die paradoxe Republik. Österreich 1945 bis 2005, Wien.

Retter, Hein (2002): Studienbuch Pädagogische Kommunikation, 2., durchgesehene Auflage, Bad Heilbrunn/OBB, S. 46–74.

Reinhardt, Sibylle (1988): Kontroverses Denken. Überwältigungsverbot und Lehrerrolle, in: Gagel, Walter/Memme, Dieter (Hg.): Politikunterricht. Handbuch zu den Richtlinien NRW. Rolf Schörken zum 60. Geburtstag, Opladen, S. 65–73.

Reinhardt, Sibylle (2005): Moralisches Lernen, in: Sander (Hg.), Handbuch politische Bildung, S. 363–378.

Reinmann-Rothmeier, Gabi/Mandl, Heinz (2001): Unterrichten und Lernumgebungen gestalten, in: Krapp, Andreas/Weidenmann, Bernd (Hg.): Pädagogische Psychologie. Ein Lehrbuch, 4. Auflage, Weinheim, S. 601–646.

Richter, Dagmar (2007) (Hg.): Politische Bildung von Anfang an. Demokratie-Lernen in der Grundschule, Schwalbach/Ts.

Richter, Dagmar (2008): Kompetenzdimension Fachwissen. Zur Bedeutung und Auswahl von Basiskonzepten, in: Weißeno (Hg.), Politikkompetenz, S. 152–168.

Richter, Dieter (1987): Das fremde Kind. Zur Entstehung der Kindheitsbilder des bürgerlichen Zeitalters, Frankfurt a. M.

Rimschka, Roberta von (2004): Die Bushs. Weltmacht als Familienerbe, Frankfurt a. M.

Rioux, Jean-Pierre (1998): Laïcisations, massifications, sécessions (1885–1918), in: Ders./Sirinelli, Jean-François: Histoire culturelle de la France, Bd. 4. Le temps de masse. Le vingtième siècle, Paris, S. 9–127.

Rohlfes, Joachim (2005): Geschichte und ihre Didaktik, 3., erweiterte Auflage, Göttingen.

Rorty, Richard (1989): Kontingenz, Ironie, Solidarität, Frankfurt a. M.

Rossmeissl, Dieter (1988) (Hg.): Demokratie von außen. Amerikanische Militärregierung in Nürnberg 1945–1949, München.

Rothe, Klaus (2000): Lehrgang, in: Kuhn/Massing (Hg.), Lexikon der politischen Bildung 3, S. 98–100.

Rothfels, Hans (1953): Zeitgeschichte als Aufgabe, in: Vierteljahreshefte für Zeitgeschichte, 1, S. 1–8.

Rousseau, Jean-Jacques (1984): Dikurs über den Ursprung und die Grundlagen der Ungleichheit unter den Menschen. Kritische Ausgabe des integralen Textes mit sämtlichen Fragmenten und ergänzenden Materialien, Paderborn.

Rousseau, Jean-Jacques (1989): Economie ou Œconomie – Ökonomie, in: Berger, Günther (Hg.): Jean Le Rond d'Alembert, Denis Diderot u.a.: Enzyklopädie. Eine Auswahl, Frankfurt a. M., S. 105–127.

Rousseau, Jean-Jacques (1999): Émile ou de l'éducation, Paris.

Rühlmann, Paul (1908): Politische Bildung. Ihr Wesen und ihre Bedeutung, Leipzig.

Rüsen, Jörg: Historisches Erzählen, in: Bergmann u.a. (Hg.), Handbuch der Geschichtsdidaktik, S. 57–63.

Sampson, Edward E. (1993): Celebrating the other. A dialogic account of human nature, Boulder.

Sander, Wolfgang (2004): Politik in der Schule. Kleine Geschichte der politischen Bildung in Deutschland, Marburg.

Sander, Wolfgang (2005) (Hg.): Handbuch Politische Bildung, 3., völlig überarbeitete Auflage, Schwalbach/Ts.

Sander, Wolfgang (2006): Politische Bildung in der Demokratie – Herausforderungen im europäischen Kontext, in: Diendorfer, Gertraud/Steininger, Sigrid (Hg.): Demokratie-Bildung in Europa. Herausforderungen für Österreich. Bestandsaufnahme, Praxis, Perspektiven, Schwalbach/Ts., S. 23–38.

Sander, Wolfgang (2007): Vom „Stoff" zum „Konzept" – Wissen in der Politischen Bildung, in: polis, 4, S. 19–24.

Sander, Wolfgang (2008a): Politik entdecken – Freiheit leben. Demokratische Grundlagen politischer Bildung, 3., durchgesehene Auflage, Schwalbach.

Sander, Wolfgang (2008b): Aus Fehlern lernen, in: Klepp/Rippitsch (Hg.), S. 201–207.

Sauer, Michael (2002): Methodenkompetenz als Schlüsselqualifikation. Eine neue Grundlegung des Geschichtsunterrichts?, in: Geschichte, Politik und ihre Didaktik 30/3–4, S. 183–192.

Sauer, Michael (2005): Geschichtsunterricht und Geschichtsdidaktik in Zeiten von Bildungsstandards und Kompetenzmodellen – Aufgaben, Probleme, Chancen, in: Geschichte und Politik in der Schule, 42, S. 32–45.

Sauer, Michael (2008): Geschichte unterrichten. Eine Einführung in die Didaktik und Methodik, 7. aktualisierte und erweiterte Auflage, Seelze-Velber.

Schaal, Gary S./Heidenreich, Felix (2006): Einführung in die Politischen Theorien der Moderne, Opladen & Farmington Hills.

Schausberger, Norbert (1970): Politische Bildung als Erziehung zur Demokratie, Wien/München.

Scheller, Hans Ulrich (1973): Das Bild des Mittelalters an den Zürcher Volksschulen. Ein Beitrag zur Geschichte des Geschichtsunterrichts und der volkstümlichen Historiographie, Dissertation, Zürich.

Schermaier, Josef (1990): Geschichte und Gegenwart des allgemeinbildenden Schulwesens in Österreich unter besonderer Berücksichtigung der Allgemeinbildenden Höheren Schulen (AHS), Wien.

Schiefele, Ulrich/Artelt, Cordula/Schneider, Wolfgang/Stanat, Petra (Hg.): Struktur, Entwicklung und Förderung von Lesekompetenz. Vertiefende Analyse im Rahmen von PISA 2000, Wiesbaden.

Schiele, Siegfried/Schneider, Herbert (Hrsg.) (1996): Reicht der Beutelsbacher Konsens? Schwalbach/Ts.

Schiele, Siegfried (1996): Der Beutelsbacher Konsens kommt in die Jahre. In: Schiele/Schneider (Hg.), Reicht der Beutelsbacher Konsens?, S. 1–13

Schirrmeister, Karl-Günter: Erziehung zum Hass. Geistige Militarisierung in der DDR, München 1987.

Schildt, Axel (1998): Zeitgeschichte, in: Goertz, Hans-Jürgen (Hg.): Geschichte. Ein Grundkurs, Reinbek b. H., S. 318–330.

Schneider, Gerhard (1988) (Hg.): Geschichtsbewußtsein und historisch-politisches Lernen, Pfaffenweiler, S. 1–24.

Schnell, Hermann (1993): Bildungspolitik in der Zweiten Republik, Wien.

Scholtz, Harald (1973): NS-Ausleseschulen. Internatsschulen als Herrschaftsmittel des Führerstaates, Göttingen.

Scholtz, Harald (1985): Erziehung und Unterricht unterm Hakenkreuz, Göttingen.

Schörken, Rolf (1998): Jugend, in: Benz, Wolfgang/Graml, Herbert/Weiß, Hermann (Hg.): Enzyklopädie des Nationalsozialismus, 2. Auflage, München, S. 203–219.

Schörken, Rolf (1978) (Hg.): Zur Zusammenarbeit von Geschichts- und Politikunterricht, Stuttgart.

Schreiber, Waltraud (2006): Grundlegung: Mit Geschichte umgehen lernen – Historische Komptenzen aufbauen, in: Krammer, Reinhard/Ammerer, Heinrich (Hg.): Mit Bildern arbeiten. Historische Komptenenzen erwerben, Neuried 2006.

Schreiber, Waltraud (2007): Kompetenzbereich historische Methodenkomptenz, in: Körber/Schreiber/Schöner (Hg.), Kompetenzen historischen Denkens, S. 194–235.

Schreiber, Waltraud/Körber, Andreas/Borries, Bodo von/Krammer, Reinhard/Leutner-Ramme, Sybilla/Mebus, Sylvia/Schöner, Alexander/Ziegler, Béatrice (2007): Historisches Denken. Ein Kompetenz-Strukturmodell (Basisbeitrag), in: Körber/Schreiber/Schöner (Hg.), Kompetenzen historischen Denkens, S. 17–53.

Schulz von Thun, Friedemann: Miteinander reden, Bd. 1. Störungen und Klärungen. Allgemeine Psychologie der Kommunikation, Reinbek b. Hamburg 1992.

Schütz, Alfred (1974): Der sinnhafte Aufbau der sozialen Welt. Eine Einleitung in die verstehende Soziologie, Frankfurt a. M.

Schütz, Alfred/Luckmann, Thomas (2003): Strukturen der Lebenswelt, Konstanz.

Schulz-Hageleit, Peter (2002): Grundzüge geschichtlichen und geschichtsdidaktischen Denkens, Frankfurt a. M.

Scott, Joan W. (1986): Gender. A Useful Category of Historical Analyses, in. American Historical Review, 91/5, S. 1053–1075.

Seiler, Thomas Bernhard (1973) (Hg.), Kognitive Strukturiertheit. Theorien, Analysen, Befunde. Stuttgart.

Selmann, Robert L. (1984): Die Entwicklung des sozialen Verstehens. Entwicklungspsychologische und klinische Untersuchungen, Frankfurt a. M.

Spinner, Kaspar H. (2004): Lesekompetenz in der Schule, in: Schiefele, Ulrich/Artelt, Cordula/Schneider, Wolfgang/Stanat, Petra (Hg.): Struktur, Entwicklung und Förderung von Lesekompetenz. Vertiefende Analyse im Rahmen von PISA 2000, Wiesbaden, S. 125–138.

Spivak, Marcel (2007): L'École patriotique d'après 1871, in: Fisch, Stefan/Ganzy, Florence/Metzger, Chantal (Hg.): Lehren und Lernen in Frankreich und Deutschland – Apprendre et enseigner en Allmagne et en France, Stuttgart, S. 33–40.

Staatssekretariat für Bildung und Forschung SBF (2005) (Hg.): Demokratie leben. Demokratie lernen. Textsammlung im Rahmen des Europäischen Jahres der politischen Bildung, Bern.

Stichweh, Rudolf (2005): Inklusion und Exklusion. Studien zur Gesellschaftstheorie, Bielefeld.

Suppanz, Werner (1998): Österreichische Geschichtsbilder. Historische Legitimation in Ständestaat und Zweiter Republik, Wien.

Sutor, Bernhard (1979): Geschichte als politische Bildung, in: Mickel, Wolfgang W. (Hg.): Politikunterricht im Zusammenhang mit seinen Nachbarfächern, München, S. 82–102.

Sutor, Bernhard (1992): Politische Bildung als Praxis. Grundzüge eines didaktischen Konzepts, Schwalbach/Ts.

Sutor, Bernard (2005): Historisches Lernen als Dimension politischer Bildung, in: Sander (Hg.), Handbuch politische Bildung, S. 347–361.

Tálos, Emmerich (2005) (Hg.): Austrofaschismus. Politik – Ökonomie – Kultur, 1933–1938, 5., völlig überarbeitete und erg. Auflage, Wien.

Tálos, Emmerich/Hanisch, Ernst/Neugebauer, Wolfgang (2000) (Hg.): NS-Herrschaft in Österreich. Ein Handbuch, Wien.

Tillmann, Klaus-Jürgen (2007): Sozialisationstheorien. Eine Einführung in den Zusammenhang von Gesellschaft, Institution und Subjektwerdung, 15. Auflage, Reinbek b. Hamburg.

Tillmann, Klaus-Jürgen/Lenz, Michael (2007): Sozialisation und Geschlecht – zugleich eine Einführung in psychologische Basistheorie, in: Tillmann, Sozialisationstheorien, S. 41–107.

Titze, Hartmut (1973): Die Politisierung der Erziehung. Untersuchung über die soziale und politische Funktion der Erziehung von der Aufklärung bis zum Hochkapitalismus, Frankfurt a. M.

Thömmes, Arthur (2005): Produktive Unterrichtseinstiege. 100 motivierende Methoden für die Sekundarstufe, Mülheim an der Ruhr.

Thömmes, Arthur (2006): Unterrichtseinheiten erfolgreich abschließen. 100 ergebnisorientierte Methoden für die Sek. Klasse 5–13, Mülheim an der Ruhr.

Troll, M.: Die Schule im dritten Reich. Ein Hilfsbuch für den Unterricht nach den Forderungen des Nationalsozialismus, Langensalza 1933.

Uhl, Herbert (1999): Orientierungswissen, in. Dagmar Richter/Georg Weißeno (Hg.): Lexikon der politischen Bildung. Bd. 1. Didaktik und Schule. Schwalbach/Ts.

Ulram, Peter A. (1997): Politische Kultur der Bevölkerung, in: Dachs u.a. (Hg.), Handbuch des politischen Systems Österreichs, S. 514–525.

Vigarello, Georges/Holt, Richard (2005): Gymnastes et sportifs au XIXe siècle, in: Corbin, Alain (Hg.): Histoire du corps, Bd. 2. De la Révolution à la Grande Guerre, Paris, S. 313–377.

Vögelin, Johann Caspar (1833): Die Schweizer-Geschichte für Schulen, Zürich.

Völkel, Bärbel (2008): Handlungsorientierung im Geschichtsunterricht, 2. Auflage, Schwalbach/Ts.

Vollmer, Helmut Johannes (2008): Kompetenzen und Bildungsstandards. Stand der Entwicklung in verschiedenen Fächern. In: Weißeno (Hg.), Politikkompetenz, S. 33–49.

Wagenschein, Martin (1975): Verstehen lernen, 5., erweiterte Auflage, Weinheim/Basel.

Wassermann, Heinz P. (2004): Verfälschte Geschichte im Unterricht. Nationalsozialismus und Österreich nach 1945, Innsbruck/Wien/München/Bozen.

Wehler, Hans-Ulrich (1987): Wie „bürgerlich" war das Deutsche Kaiserreich?, in: Kocka, Jürgen (Hg.): Bürger und Bürgerlichkeit im 19. Jahrhundert, Göttingen, S. 243–280.

Weinert, Franz E. (2001): Vergleichende Leistungsmessung in Schulen – eine umstrittene Selbstverständlichkeit, in: Ders. (Hg.): Leistungsmessung in Schulen, Weinheim, 17–31.

Weißeno, Georg (2000): Textanalyse, in: Kuhn, Hans-Werner/ Massing, Peter (Hg.) Lexikon der politischen Bildung, Bd. 3. Methoden und Arbeitstechniken, Schwalbach/Ts., S. 190–193

Weißeno, Georg (2008): Politikkompetenzen. Neue Aufgaben für Theorie und Praxis, in: Ders. (Hg.), Politikkompetenz, S. 11–21.

Weißeno, Georg (2008) (Hg.): Politikkompetenz. Was Unterricht zu leisten hat, Bonn 2008.

Wimmer, Rudolf (1979). Schule und politische Bildung, Bd. 1. Die historische Entwicklung der politischen Bildung in Österreich, Klagenfurt.

Wittmütz, Volkmar (2007): Die preußische Elementarschule im 19. Jahrhundert, in: Fisch, Stefan/Gauzy, Florence/Metzger, Chantal (Hg.): Lernen und Lehren in Frankreich und Deutschland. Apprendre et enseigner en Allemagne et en France, Stuttgart, S. 15–32.

Wolf, Andrea (1998) (Hg.): Der lange Anfang. 20 Jahre „Politische Bildung in den Schulen", Wien.

Wolf, Andrea (1998): Zur Geschichte der politischen Bildung an Österreichs Schulen, in: Dies. (Hg.), Der lange Anfang, S. 13–74.

Wolf, Armin (2006): Opfer und Täter zugleich. JournalistInnen als Adressaten und Konstrukteure medialer Inszenierung, in: Filzmaier u.a. (Hg.): Politik und Medien, S. 51–66.

Woodtli, Otto (1961): Erziehung zur Demokratie. Der politische Auftrag des höheren Bildungswesens in der Schweiz, Ehrlenbach b. Zürich/Stuttgart.

Bildnachweis

Verlag, Autor und Autorin haben sich bemüht, die Rechtsinhaber der Abbildungen ausfindig zu machen. In einigen Fälle konnten diese nicht oder nur ungenau ermittelt werden bzw. kamen keine Antworten auf Anfragen. Sollten dadurch Urheberrechte verletzt worden sein, wird der Verlag diese nach Anmeldung berechtigter Ansprüche entgelten.

S. 14: Dieter Richter: Das fremde Kind. Zur Entstehung der Kindheitsbilder des bürgerlichen Zeitalters, Frankfurt a. M.: Fischer 1987 (Quellenangabe: Hamburger Kunsthalle); *S. 55:* VBK Wien, 2010; *S. 209*: Ullstein Bild, Image Research & Sales, Axel-Springer-Str. 65, DE-10888 Berlin; *S. 232:* Marie Marcks, Heidelberg; *S. 241:* Françoise Thébaud: Geschichte der Frauen, Bd. 5, Frankfurt/New York/ Paris: Campus Verlag/Editions de la Fondation Maison des Sciences 1995; *S. 242:* Jim Heimann (Hg.): The Golden Age of Advertising. The 60s, Köln: Taschen 2005; S. 257: Karl-Heinrich Bette/Uwe Schimank: Doping: der entfesselte Leistungssport, in: Aus Politik und Zeitgeschichte 29–30 (2008); *S. 258:* Kurier, 9. August 2009; *S. 269 (Amorbach):* Große Deutsche Kunstausstellung 1940 im Haus der deutschen Kunst zu München, Juni–Oktober 1940, Bildteil, o.O. 1940; *S. 269 (Breker):* Joachim Petsch: „Unersetzliche Künstler“. Malerei und Plastik im „Dritten Reich“, in: Hans Sarkowicz (Hg.): Hitlers Künstler. Die Kultur im Dienst des Nationalsozialismus, Frankfurt a. M./Leipzig 2004, S. 265f; *S. 290:* Burkhard Mohr, Königswinter (BRD); *S. 299:* Marion G. Müller: Politische Bildstrategien im amerikanischen Präsidentschaftswahlkampf 1828-1996, Berlin 1997; *S. 301:* http://mrwiz.files.wordpress.com/2006/07/citizen_kane.jpg, 25. Juni 2010.

Register

Der Autor und die Autorin

Dr. Thomas Hellmuth, Senior Scientist an der Johannes Kepler Universität Linz, Institut für Neuere Geschichte und Zeitgeschichte, wissenschaftlicher Koordinator des Masterstudiums Politische Bildung an der Johannes Kepler Universität, Lektor an der Universität Salzburg, der Universität Wien und der Pädagogischen Hochschule Oberösterreich, teilzeitbeschäftigter AHS-Lehrer.

Dr. Cornelia Klepp, Universitätsassistentin an der Universität Wien, Arbeitsbereich Didaktik der Politischen Bildung, geschäftsführende Leiterin und wissenschaftliche Koordinatorin des Masterstudienprogrammes Politische Bildung an der Donau-Universität Krems.